河北省社会科学基金项目
河北省高校重点学科建设项目
河北地质大学长城研究项目

基于"互联网+"的鲜活农产品流通模式创新研究

王成敏　李美羽　著

中国财经出版传媒集团
中国财政经济出版社

图书在版编目（CIP）数据

基于"互联网＋"的鲜活农产品流通模式创新研究／王成敏，李美羽著． -- 北京：中国财政经济出版社，2020.7

ISBN 978 - 7 - 5095 - 9735 - 4

Ⅰ.①基… Ⅱ.①王… ②李… Ⅲ.①互联网络－应用－农产品流通－研究 Ⅳ.①F304.3 - 39

中国版本图书馆 CIP 数据核字（2020）第 049504 号

责任编辑：彭　波　　　　　责任印制：史大鹏
封面设计：卜建辰　　　　　责任校对：胡永立

中国财政经济出版社 出版

URL：http：//www.cfeph.cn
E - mail：cfeph@cfemg.cn

（版权所有　翻印必究）

社址：北京市海淀区阜成路甲 28 号　邮政编码：100142
营销中心电话：010 - 88191537
北京财经印刷厂印装　各地新华书店经销
710×1000 毫米　16 开　15 印张　270 000 字
2020 年 7 月第 1 版　2020 年 7 月北京第 1 次印刷
定价：68.00 元
ISBN 978 - 7 - 5095 - 9735 - 4
（图书出现印装问题，本社负责调换）
本社质量投诉电话：010 - 88190744
打击盗版举报热线：010 - 88191661　QQ：2242791300

前　言

　　农产品一边联结着千家万户的农民，是乡村的主要产出，是农民的重要收入来源，关乎着农民的增收问题，是农民幸福、农村繁荣的重要因素；另一边联结着千家万户的消费者，关乎着消费者的饮食、健康。创新农产品流通模式，提高农产品流通效率是破解当前"三农"问题难题、解决"卖难买贵""菜贱伤农""菜贵伤民"问题的重要途径，也是实施乡村振兴战略、推动城乡融合发展、实现农业现代化、突破"三农"问题的基础性手段。互联网技术和互联网思维已经融入当今社会生活和后面的生产经营中。基于"互联网+"创新鲜活农产品流通模式，契合了当前互联网时代特征，适应了农民、消费者、流通企业等相关利益者在互联网时代的生产、经营和消费特征。因此，本书基于"互联网+"研究鲜活农产品流通模式的创新问题，能够更好地破解"三农"问题的重要问题，推动现代农业发展，具有重大的现实价值；从微观层面研究鲜活农产品流通问题，在理论架构、模式设计及案例研究等方面能够充实农产品流通研究领域的研究成果，具有较高的理论价值。

　　鲜活农产品流通模式包括渠道模式和流通主体的经营模式两个层面。鲜活农产品流通主体经营模式的核心是利润生成模式，由营销模式和成本控制模式两个维度组成。营销模式的核心是收益生成模式，影响因素包括销量与定价、产品结构与研发、服务、整合营销渠道、整合营销传播、目标顾客与定位、内部管理等方面。成本控制模式的核心是成本形成模式，由固定成本模式和变动成本模式构成。

　　传统鲜活农产品流通模式存在以下问题：主流的流通渠道模式节点和环节过多；流通渠道沟通不顺畅，信息传递迟缓；冷链普及率极低，很难保证鲜活农产品真正的安全、新鲜和营养；信息化对鲜活农产品流通渠道的贡献率很低，信息化对解决鲜活农产品的核心问题的作用不明显；各流通主体操作环节有待规范，专业人才缺乏。这些问题导致的直接结果是：鲜活农产品流通过程中的消耗居高不下，流通成本很难控制，质量保持程度（鲜活程度）很难达到较高水平，价格的成本加成率居高不下，消费者对其满意程度参差不齐。从根本上解决传统鲜活农产品流通模式的流通效率问题，就要从系统的角度来审视和寻找突破，而不是"头疼治头，脚疼治脚"。

基于"互联网+"的鲜活农产品流通模式创新是在充分考虑互联网背景下消费者消费习惯和消费特征的基础上，将互联网技术、互联网思维与鲜活农产品流通模式深入融合，实现鲜活农产品流通模式的深度变革，从而大幅度提升流通效率，实现顾客感知价值与流通利润率的双赢。

基于"互联网+"的鲜活农产品流通的本质，就是利用互联网思维和互联网技术重新审视和设计鲜活农产品流通过程的各个节点和各个环节，解决现有鲜活农产品流通渠道模式中存在的环节多、链条长、成本高、时间长、生产者和消费者都不满意等问题，降低鲜活农产品流通成本，提高鲜活农产品安全、新鲜和营养水平，提高流通效率，让生产者更受益，让消费者更满意。基于"互联网+"的鲜活农产品流通模式的总体逻辑模型，是将互联网思维、互联网技术与鲜活农产品流通渠道深度融合的基本逻辑。互联网思维与技术和鲜活农产品流通模式的融合包含两个层面：一是互联网思维、技术与鲜活农产品流通渠道模式的融合；二是互联网思维、技术与鲜活农产品流通主体经营模式的融合。

传统的主流鲜活农产品流通模式互联网化逻辑模型是对三大类传统的主流鲜活农产品模式互联网化后的普遍化拟合，包括以下两个方面：第一，构建一个系统化的鲜活农产品综合信息系统，各节点及各节点之间流动的数据和信息都通过这个综合信息平台用可视化的方式存储和展现，为各节点提供信息服务及决策支持，从而解决当前流通过程中存在的诸多问题；第二，鲜活农产品流通综合信息平台包括四

前　言

个子系统：需求供给预测与市场化统筹子系统；集成化综合交易子系统；信息反馈、数据挖掘分析及决策支持子系统；鲜活农产品质量安全追溯子系统。

基于"互联网＋"创新鲜活农产品流通模式包括：以企业为核心的基于"互联网＋"的鲜活农产品流通C2B模式；以企业为核心的基于"互联网＋"的鲜活农产品流通O2O模式。这两种模式正在和即将引领未来发展方向。基于"互联网＋"的鲜活农产品流通C2B模式的逻辑起点是消费者的个性化需求，落脚点是满足消费者的个体化需求，从而形成"需求—供给"链条的闭环。消费者可以根据自己的个性化需求来确定订单，而生产者需要评估消费者甚至对消费者个性化需求快速反应而实现鲜活农产品的柔性生产。基于"互联网＋"的鲜活农产品流通O2O模式以消费者需求为导向和逻辑起点，以满足消费者需求为目标和逻辑终点，通过将线上和线下融合实现线上和线下的互补和效率最优。这两种创新模式都是在考虑鲜活农产品特点和消费特征，力图解决行业"痛点"及流通环节的核心问题，吸取当前鲜活农产品电商各模式的经验和教训，借鉴各类产品C2B模式的基本思想和基本经验，融入互联网思维和互联网技术的基础上而设计出来的。

用系统动力学对鲜活农产品流通系统进行系统分析并对流通效率进行评价，是可行的，也是有效的手段。通过鲜活农产品流通模式系统动力学建模来分析我国鲜活农产品流通模式效率的影响因素及其动态演化机制，根据模拟结果找出各影响因素间的运行机制，找出制约我国鲜活农产品流通模式效率提升的主要原因，提出提升策略；同时，改变影响因素的参数比例，模拟对比不同流通模式下鲜活农产品的流通效率，从而为鲜活农产品流通模式创新提供参考。在对鲜活农产品流通主体、流通模式效率目标进行系统分析的基础上，构建了鲜活农产品流通模式效率评价的系统动力学通用模型。所构建的鲜活农产品流通模式系统动力学模型，充分考虑了系统各要素的特性及相互关系，对各要素及其关系进行了较详细的界定和描述，尝试以通用模型评价企业或系统采用不同流通模式的流通效率，或采用同一模式但不同组织管理细节下的效率分析，为企业及行业的实践研究提供参考。

随着政策、经济、科技、市场、消费者等环境的变化，鲜活农产品流通模式就要随之调整。本书研究团队将密切跟踪环境变化对不同的鲜活农产品流通模式的流通效率的影响，及时研究适应环境变化的新模式。

　　本书是河北省社会科学基金的研究成果，同时也融入了河北地质大学长城研究项目的研究成果，受到了河北省高校企业管理重点学科的资助，由笔者和李美羽博士合作完成。由于学术水平有限，书中难免存在一些缺陷和不足，敬请读者批评指正。

王成敏

2020 年 3 月

目 录

第1章　绪论 … 1
1.1　研究背景 … 1
1.2　研究意义 … 3
1.3　研究内容、研究方法与研究逻辑 … 3
1.4　研究的创新点与展望 … 5

第2章　文献综述 … 6
2.1　互联网技术、互联网思维与"互联网+"的相关研究述评 … 6
2.2　农产品流通相关研究述评 … 9
2.3　基于"互联网+"的农产品运营模式相关研究述评 … 13
2.4　基于"互联网+"的鲜活农产品流通模式相关研究述评 … 14
2.5　本章小结 … 15

第3章　基础理论 … 17
3.1　相关概念的界定 … 17
3.2　鲜活农产品流通体系、市场体系与流通模式 … 24
3.3　"互联网+"理论的内涵与外延 … 28
3.4　当前我国鲜活农产品流通模式分析 … 46
3.5　传统的鲜活农产品流通模式存在问题分析 … 57
3.6　互联网时代鲜活农产品消费特征 … 59
3.7　基于"互联网+"的鲜活农产品流通模式创新理论 … 61

3.8 本章小结 …………………………………………………………… 61

第4章 鲜活农产品流通现状分析 …………………………………… 62
4.1 中国鲜活农产品流通现状分析 …………………………………… 62
4.2 河北省鲜活农产品流通现状分析 ………………………………… 72
4.3 国外鲜活农产品流通模式现状分析 ……………………………… 76
4.4 小结 ………………………………………………………………… 83

第5章 基于"互联网+"的鲜活农产品流通模式总体设计 ………… 84
5.1 基于"互联网+"的鲜活农产品流通模式总体逻辑模型 ……… 84
5.2 传统主流鲜活农产品流通模式的互联网化设计 ………………… 87
5.3 基于"互联网+"创新鲜活农产品流通模式的总体设计 ……… 91
5.4 本章小结 …………………………………………………………… 92

第6章 基于"互联网+"的鲜活农产品流通C2B模式设计 ………… 93
6.1 C2B概述 …………………………………………………………… 93
6.2 基于"互联网+"的鲜活农产品流通C2B模式总论 …………… 98
6.3 基于"互联网+"的鲜活农产品流通C2B个性化定制模式 …… 101
6.4 基于"互联网+"的鲜活农产品流通C2B会员定制模式 ……… 106
6.5 基于"互联网+"的鲜活农产品流通C2B社群定制化模式 …… 111
6.6 基于"互联网+"的鲜活农产品流通C2B餐饮定制模式 ……… 117
6.7 基于"互联网+"的鲜活农产品流通C2B大规模定制模式 …… 123
6.8 基于"互联网+"的鲜活农产品流通C2B综合定制模式 ……… 128
6.9 本章小结 …………………………………………………………… 133

第7章 基于"互联网+"的鲜活农产品流通O2O模式设计 ………… 134
7.1 O2O概述 …………………………………………………………… 134
7.2 基于"互联网+"的鲜活农产品流通O2O模式总体逻辑 ……… 138
7.3 基于"互联网+"的鲜活农产品流通地产地销O2O模式 ……… 140

目　录

7.4　基于"互联网＋"的鲜活农产品流通超市 O2O 模式…………… 145
7.5　基于"互联网＋"的鲜活农产品流通前置仓式 O2O 模式………… 151
7.6　基于"互联网＋"的鲜活农产品流通家店一体化 O2O 模式……… 160
7.7　基于"互联网＋"的鲜活农产品流通职能终端式 O2O 模式……… 170
7.8　本章小结……………………………………………………………… 176

第 8 章　鲜活农产品流通模式的系统动力学建模……………… 177

8.1　系统动力学概述……………………………………………………… 177
8.2　系统动力学对鲜活农产品流通模式建模的可行性与优势………… 182
8.3　鲜活农产品流通模式 SD 建模………………………………………… 183
8.4　本章小结……………………………………………………………… 194

第 9 章　加强鲜活农产品流通模式创新的对策建议………………… 195

9.1　政府层面相关对策建议……………………………………………… 195
9.2　行业产业层面相关对策建议………………………………………… 198
9.3　企业层面相关对策建议……………………………………………… 199
9.4　本章小结……………………………………………………………… 201

第 10 章　研究结论、创新点与展望…………………………………… 202

10.1　研究结论…………………………………………………………… 202
10.2　研究创新点………………………………………………………… 207
10.3　研究展望…………………………………………………………… 207

参考文献…………………………………………………………………… 208
后记………………………………………………………………………… 228

第1章

绪 论

本章提出本书的研究背景、研究意义、研究逻辑及研究的创新点,是本书的简要的、整体概述。

1.1 研究背景

"三农"(农业、农村、农民)问题是关系国计民生的根本性问题。农业问题的核心是提效,是"三农"问题的基础;农村问题的核心是繁荣,是"三农"问题的前提;农民问题的核心是农民幸福,是"三农"问题的落脚点。党的十九大提出了"乡村振兴战略",中共中央、国务院制定和发布了《国家乡村振兴战略规划(2018~2022年)》,提出要按照产业兴旺、生态宜居、乡风文明、治理有效、生活富裕的总要求,建立健全城乡融合发展体制机制和政策体系,加快推进农业农村现代化。可以看出,乡村振兴战略是党和政府在当前和相当长的一段时期内推动"三农"工作的总基调,产业兴旺、生态宜居、乡风文明、治理有效、生活富裕是乡村振兴战略的总要求,也是总框架,农业农村现代化是落脚点。而产业兴旺是乡村振兴战略的基础,其目标是实现农业现代化。

农业的最终产品是农产品,农产品一边联结着千家万户的农民,是乡村的主要产出,是农民的重要收入来源,决定着农民的增收问题,是农民幸福、农村繁荣的主要因素;另一边联结着千家万户的消费者,决定着消费者的饮食安全、健康和美味。"卖难买贵""菜贱伤农""菜贵伤民"是现实中农产品运行过程中的重大难题,一方面,农民的农产品"卖得难",增产难以增收;另一方面,消费者"买得贵",买得贵还未必好,这已成为实施乡村振兴战略、推动城乡融合发展、实现农业现代化，从而破解三农问题的突出症结。是什么原因造成这样的难题？农产品的流通！

农产品流通是指农产品中的商品部分，通过买卖的形式实现从农业生产领域到消费领域转移的一种经济活动。农产品流通包括农产品的收购、运输、储存、销售等一系列环节。改革开放以来，我国农产品流通体系发展迅速，个体户、经纪人、各类农业合作组织、农业龙头企业及各种形式的流通主体共同发展，逐步形成了多形式、多渠道的农产品流通渠道，形成了活跃的农产品流通市场。然而，制约和影响农产品流通效率、造成"卖难买贵"的重要因素还没有从根本上破解，表现在：一是农产品供需信息不对称，这直接影响农产品流通的效率；二是在流通过程中，农产品损耗率很高，造成流通成本居高不下，这是农产品流通效率低下的核心原因；三是由于受地域、交通、运输等基础条件限制，有些区域的农产品流通"最先一公里"比较难，造成一些区域"好产品、运不出、卖不掉、难增收"的困境。创新农产品流通模式，提高农产品流通效率是破解以上难题、解决"卖难买贵""菜贱伤农""菜贵伤民"问题的核心途径，也是实施乡村振兴战略、推动城乡融合发展、实现农业现代化、突破"三农"问题的基础性手段。

这是互联网时代。数字化、互联网化、互联网思维构成了互联网逻辑。门户网站、搜索引擎、BBS、社交媒体、移动互联网、物联网、人工智能（AI）、虚拟现实（VR）、增强现实（AR）、射频（RFID）、地理信息系统（GIS）、全球定位系统（GPS）、红外遥感等技术构成了互联网时代主流的技术手段。互联网逻辑和互联网时代的技术手段正在改变着我们的生活、生产和生意，正在与各行各业深度融合，正在颠覆传统，开拓新的技术、模式和方式。在此背景下，"互联网+"的概念应运而生。"互联网+"是两化（信息化和工业化）融合的升级版，将互联网作为当前信息化发展的核心特征提取出来，并与工业、商业、金融业等服务业的全面融合。本质上，"互联网+"就是互联网思维和互联网技术与传统行业的深度融合，创造新的发展生态。本书认为，"互联网+农产品流通"，即将互联网思维、互联网技术与农产品流通深度融合，创新农产品流通模式，将适应当前互联网时代的环境特征，适应农民、消费者、流通企业等相关利益者在互联网时代的经营和消费特征。

鲜活农产品是农产品中最常见却又很特殊的一类，是指与居民生活息息相关的新鲜蔬菜、水果、水产品、禽畜及其肉类产品。与一般农产品不同的是，鲜活农产品具有鲜活性、易腐性、流通要求高等特点。本书聚焦于鲜活农产品这一农产品中的特殊细分市场，研究"互联网+"背景下的鲜活农产品流通模式的创新问题。

第1章 绪 论

1.2 研究意义

鲜活农产品领域的研究主要集中在流通主体、效率测度、模式、机制、体制、现代化等方面的研究。将互联网思维和技术与鲜活农产品流通深度融合方面研究的文献尚少。本书聚焦于鲜活农产品,将互联网思维和技术与鲜活农产品流通深度融合作为研究主线,以鲜活农产品流通模式创新为研究视角,可以很好丰富农产品流通、农产品物流和农产品供应链理论体系,具有很好的学术价值。

农产品一方面关系"农业增产、农民增收、农村繁荣",另一方面关系"米袋子""菜篮子"等民众福祉问题,而"卖贱买贵"、流通成本高、效率低一直是困扰农产品流通中的难题。本书用互联网思维和技术破解鲜活农产品流通中的核心问题,为农民、流通主体、政府提出破解对策,具有重大的现实针对性和运用价值。

1.3 研究内容、研究方法与研究逻辑

本书以鲜活农产品行业为研究对象,在文献综述、搭建基础理论、分析鲜活农产品流通现状的基础上,首先,对基于"互联网+"的鲜活农产品流通模式进行总体设计;其次,基于"互联网+"对鲜活农产品流通的C2B模式和O2O模式分别进行具体的模式设计,对C2B的6个子模式、O2O的5个子模式分别进行详细的设计,并分别进行了案例研究;再次,构建鲜活农产品流通系统动力学模型,试图对各种鲜活农产品流通模式进行效率评价,从而比较不同模式之间的优劣;最后,给出加强鲜活农产品流通模式创新的对策。本书共十章,分别是:

第1章 绪论。重点论证该研究的背景、意义及逻辑。

第2章 文献综述。对与本书相关的文献进行综述,论证本书的研究角度和研究内容的创新性。

第3章 基础理论。对本书相关的概念和理论进行梳理和重新界定,是本书

立论的基础。

第4章 鲜活农产品流通现状分析。对我国、河北省及国外的鲜活农产品流通现状进行分析,是本书模式创新方向的依据。

第5章 基于"互联网+"的鲜活农产品流通模式总体设计。

第6章 基于"互联网+"鲜活农产品流通C2B模式设计。

第7章 基于"互联网+"的鲜活农产品流通O2O模式设计。

第8章 鲜活农产品流通模式的系统动力学建模。

第9章 加强鲜活农产品流通模式创新的对策建议。

第10章 研究结论、创新点与展望。

研究方法与研究逻辑见图1.1。

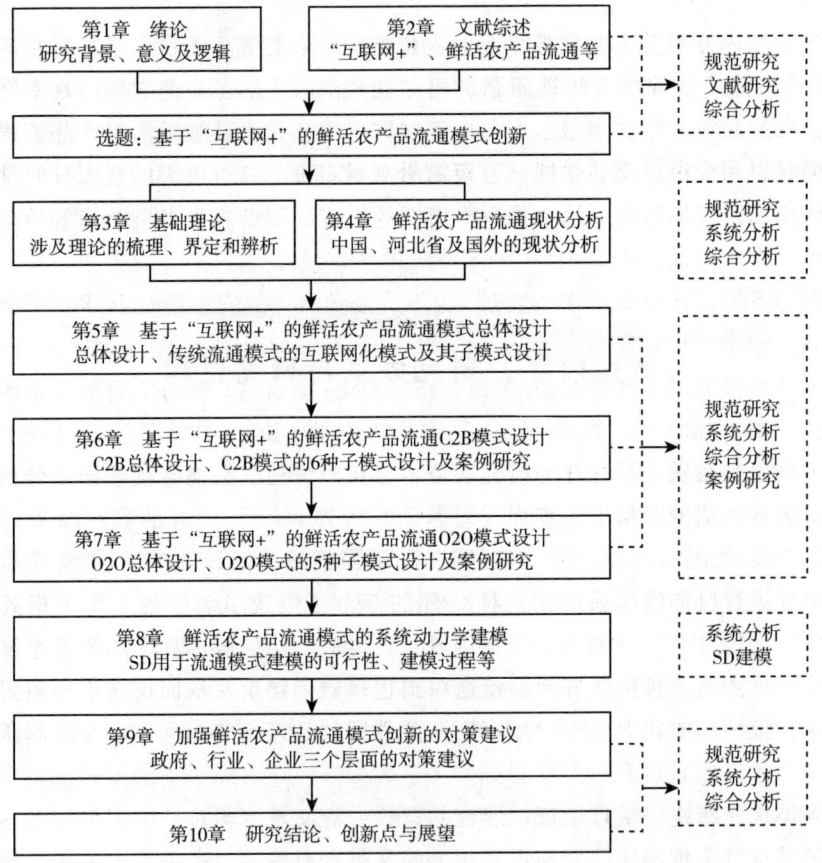

图1.1 本书的技术路线

第1章 绪　　论

1.4 研究的创新点与展望

　　本书主要的创新之处在于：从微观层面研究基于"互联网+"的鲜活农产品流通模式创新问题；重新梳理、界定和辨析了与本书相关的基础理论；提出了基于"互联网+"的鲜活农产品流通模式创新的基本理论及理论框架，对基于"互联网+"的鲜活农产品流通模式创新进行了总体设计；对传统主流鲜活农产品流通模式的互联网化进行了总体设计，并详细论证和设计了四种子系统；对基于"互联网+"的鲜活农产品流通C2B模式及O2O模式分别进行了总体设计，对各自的子模式进行了论证和设计；基于系统动力学对鲜活农产品流通模式的效率评价进行建模。本书研究团队将在鲜活农产品流通模式的创新设计上随着环境变化不断深化，并进一步优化流通效率评价的方法与实证研究。

第 2 章

文献综述

互联网概念及技术自出现以来,在较短时间迅速发展并辐射壮大,为人类社会各个领域带来巨大影响力。中国自引入互联网并大规模应用于商业领域后,引发实业界与理论界的高度关注,关于互联网技术、互联网思维及"互联网+"等热词及研究成果显著。

2.1 互联网技术、互联网思维与"互联网+"的相关研究述评

2.1.1 互联网技术相关研究述评

20世纪后期以来,以互联网为代表的信息技术经过数次升级换代,将人类社会推进互联网时代的同时,既带来人类社会的多方面变革,又改变了人们的生产生活与思维方式。作为一种技术革命的互联网,自产生至今一直颇受关注,学者们从多个视角对其开展了研究。初期集中在互联网的本质和属性特征以及对社会的影响方面,而后围绕互联网安全和治理展开研究。伴随互联网的发展,互联网技术也不断与其他行业及技术融合发展,如互联网与智能手机的融合带来的移动互联网时代、互联网与物联网技术的融合发展、互联网与大数据、云计算等技术的融合发展、互联网与人工智能等智能技术的融合发展(王山,2018)[1]。

随着互联网的普及与互联网技术的升级迭代,家用电脑、手机及安全信用支付系统等越来越普及,互联网及其技术的发展与研究成果也日渐丰富,与人们社会生活关系密切的相关技术主要有移动互联网技术、信息化技术、大数据、物联网技术、云计算和智能技术等,这些技术以应用于模式创新推动社会经济的发展

第2章 文献综述

与生产力的提升。李骏阳（2014）指出信息技术的应用推动流通组织结构再造并提升效率[2]；刘明宇和芮明杰（2012）指出互联网推进流通组织分工深化，始于20世纪90年代的电商崛起也是源于互联网技术的革命[3]；根据工信部发布的《移动互联网白皮书》的界定，移动互联网是以移动网络作为接入网络的互联网及服务，包括移动终端、移动网络和应用服务3个要素（工信部，2011）[4]。随着4G、5G技术的进一步发展，移动互联网技术发展迅猛且与人类生活、工作、社交等关系越发密切。移动互联网技术的发展主要集中于移动终端、智能服务、网络安全及接入网络等方面（郎为民等，2012；文军等，2014；李越，2018；傅耀威和孟宪佳，2017）[5-8]。

罗珉和李亮宇（2015）基于价值创造视角探讨了连接的重要性及互联网时代的商业模式[9]；李海舰等（2014）分析了互联网对流通中间环节的影响[10]；谢莉娟（2015）基于供应链逆向整合视角对互联网时代的流通组织重构进行了分析[11]；李成钢（2015）指出互联网经济更关注消费者及消费市场[12]；李冠艺和徐从才（2016）探讨了互联网对流通组织变革的影响[13]；宋则和王京（2002）提出以电商为核心的流通业态创新[14]；聂林海（2015）针对我国电商发展现状，讨论了O2O模式对互联网与传统企业融合的引导作用[15]；李飞（2013）探讨了全渠道零售商业模式[16]。综合学者们的研究及社会实践的发展现状，可知在目前的互联网时代下，将互联网思维与先进的互联网技术于流通业融合，将提升企业流通组织变革，影响企业流通效率，但就目标的研究成果而言，尚未进一步解答深度融合的思路与路径，以及对流通效率的影响机制这两个核心问题。

物联网技术（IoT）是互联网技术的泛化发展（李帆欢，2018）[17]，2005年国际电信联盟（ITU）发布《ITU互联网报告》中对物联网概念进行了界定，指出物联网技术的发展中内嵌了射频识别（RFID）技术、信息传感技术、全球定位、智能识别等技术需求（ITU，2005）[18]。物联网技术的内嵌应用及实用场景一直是学者们的研究重点，刘焕舒等（2016）、米永巍等（2016）提出的基于IoT的医疗设备系统[19-20]。

在当前信息化及网络化时代，互联网技术的相关研究日渐丰富，创新性的技术成果与实际生产生活的高效融合形式及具体实现过程将是未来研究的主要课题。

2.1.2 互联网思维相关研究述评

互联网思维首先源于实业界中各企业管理者。李彦宏在2011年做了题为

"中国互联网创业的三个新机会"的演讲,提出互联网思维为基于互联网的特征来思考[21],互联网思维一词开始受到大家的关注;雷军于 2012 年提出用互联网思想做事[22];马化腾于 2013 年强调传统企业要具备互联网思维[23];赵大伟于 2014 年出版《互联网思维——独孤九剑》,提出互联网思维的 9 种思维模式[24];陈光锋(2014)出版了《互联网思维:商业颠覆与重构》一书,提出互联网思维的 12 大核心思维[25];上述言论引起了理论研究人员的关注,开始出现围绕互联网思维内涵、特征与内容、基于互联网思维的企业/行业战略转型的研究。如人大教授金元浦(2014、2015)提出互联网思维是"跨界融合"思维[26,27];徐哲(2016)指出互联网思维是一种思维模式[28];李冠艺(2016)提出互联网思维下传统物流与电商物流的融合[29];胡国栋与王琪(2017)提出基于互联网思维的平台型企业构建[30]。

在互联网思维中,实业界中主要是针对互联网思维的内涵任务等带指导方向性的解读研究,理论界则多侧重企业战略转型研究。这些研究成果多在概念及互联网思维将带来企业的战略转型的理论研究层面,具体的实证研究成果尚有待进一步完善。

2.1.3 "互联网+"相关研究述评

"互联网+"是顺应互联网技术的出现而生,是互联网思维在实践中的成果体现(王敏,2018)[31]。该词最早可追溯到学者 Jaffe 的专著 *Introducing the Internet PLUS: A Model Presentation for Trainers*[32]。随着中国互联网新技术、电子商务的兴起及经济发展形势,作为互联网思维的延伸,"互联网+"在中国顺应而生,被视为"互联网+各行业"的省略,是依托互联网和物联网信息技术,通过组织结构及业态创新、商业模式及运营机制的重构等途径实现互联网与各行业的深度融合。国内"互联网+"理念的首次提出可追溯到 2012 年易观国际董事长于扬在易观第五届移动互联网博览会上的主题演讲[33],2014 年成为社会热词,2015 年 3 月李克强总理在 12 届全国人大上提出"互联网+"行动计划,7 月国务院发布《国务院关于积极推进"互联网+"行动的指导意见》后上升为国家战略,至此受到学者们的高度关注,仅 cnki 上以"互联网+"为主题的年均发文量均为万篇以上,各行业开展"互联网+"的融合研究。如"互联网+农业"的融合研究(陈运平、黄小勇和成忠厚等,2019;喻琳玲和陈贻设,2019;刘益等,2018;但斌等,2018,2017;阮荣平等,2017;杜松华等,2017;谢安世,2017;解春艳等,2017;单泪源等,2017;朱苗绘和秦开大,

第 2 章 文献综述

2016；赵敏，2017)[34-45]、"互联网+医疗"的融合研究（沈玉芹，2019；王莉等，2019；黄志杰等，2019；许维青，2019；杨云净，2017；朱劲松，2016)[46-51]、"互联网+教育"的融合研究（韩锡斌和陈明选，2019；陈丽等，2019；张大良，2018；施珺等，2017；黄炜等，2016)[52-56]、"互联网+金融"的融合研究（李梅，2019；刘晓艳等，2019；马广奇和黄伟丽，2018；周斌等，2017)[57-60]、"互联网+政府服务"的融合研究（王敏，2018；董玉青，2019；孙建娥和张志雄，2019；贾开，2019；张会平和胡树欣，2018；吴燕，2019；吴开松和王昱，2019)[31,61-66]、"互联网+营销"的融合研究（邹群，2019；梁道雷和郑军红，2018；王娟，2019)[67-69]、"互联网+电商"的融合研究（聂林海，2015；杨懋，2018；张旭梅等，2018；雷蕾，2018；刘举胜等，2017；武亮和于洪彦，2017)[15,70-74]、"互联网+流通"的融合研究（聂林海，2015；李骏阳，2015；郭宇，2016；李东方，2016；曾润喜，2015；黄骞，2015；李学工和张崎文，2019；胡逸冰，2018)[15,75-80]、"互联网+交通"的融合研究（李永伟等，2019；张春菊等，2017；刁仁群等，2017；吕林涛等，2017)[81-84]、"互联网+制造业"的融合研究（白松等，2019；石喜爱等，2018；许民利等，2018；巫月娥，2019；姚锡凡等，2019；许晓彬等，2016；沈苏彬和杨震，2015)[85-91]、"互联网+旅游"（戴克清等，2019；王颖等，2019；孙雨等，2017；王敏等，2017；马跃如和余航海，2018）等[92-96]。

综上所述，当前针对"互联网+"的内涵研究学者们已取得了较一致的认识，并且展开了其传统各行业的融合研究，视角越来越广泛，且针对某一行业的融合研究内容多有重复，但在研究深度、研究视角、研究内容创新及实证方面明显不足，目前的研究内容及结论具有较高的重复性，对现实世界的实践指导性不强。

2.2 农产品流通相关研究述评

2.2.1 农产品流通理论体系研究述评

国外关于农产品流通的研究起步较早，Crowell（1901）最先关注农产品物流[97]，此后众多学者开始关注，国外学者主要集中在流通模式及渠道和流通效率两大方面。例如，Srimanee 和 Routray（2012）探讨了泰国果蔬产品供应链中的五种农超对接流通模式[98];Ahumada 和 Villalobos(2011)则基于优化建模思想探讨了墨西哥的农产品配送决策问题等[99]。

国内对农产品流通研究起步较晚,真正意义上的理论实践研究发轫于改革开放以后(赵锋,2013)[100]。国内农产品流通的研究主要围绕流通理论体系、流通模式及渠道、流通效率三个方面展开。

关于农产品流通理论体系的研究以农产品流通中的相关概念及理论框架研究为主。任兴洲(2012)、吕俊杰和孙双双(2013)、孙明明等(2017)分析了我国鲜活农产品流通体系构建现状,研究者们对农产品流通、流通体系、流通渠道等基本取得了较一致的看法[101-103]。我国因研究起步得较晚及农业现代化程度的限制,对农产品流通理论体系的研究多是国外研究成果的简单引荐,结合本国本土实际的理论创新研究尚显苍白。

2.2.2 农产品流通模式及渠道研究述评

关于农产品流通模式及渠道的研究中,国际上主要分为以日韩为代表的东亚模式(以农产品批发市场为农产品流通的主要渠道)、以德国和荷兰为代表的欧洲模式(以农产品产销一体化为主要流通模式)和以美国和加拿大为代表的美洲模式(以产品直销为主要渠道)(赵敏敏,2016;邢鹏超,2015;侯朝卿,2017;李成林,2018)[104-107];近年来电商模式也受到大家的关注,例如,Lee 和 Whang(2001)、Rabinovich 和 Bailey(2004)指出农产品电子商务配送模式下要充分考虑客户需求和满意度[108-109];许多发达国家的农产品流通模式趋向社区支持农业的"产销对接"短链模式(赵亚丽,2016)[110]。张闯和夏春玉(2005)基于实证角度对我国农产品流通渠道失衡问题进行了分析[111];涂洪波(2013)对中美日等三国的农产品流通模式进行了对比研究,指出我国在流通组织与经营方式上的不足[112];陈炳辉等(2006)、赵尔烈(2009)、刘小兰(2014)指出我国农产品流通以批发市场为主要流通渠道[113-115];Sachan 等(2005)、Valentinov(2005)、Moustier 等(2010)、袁华(2005)提出以农民合作组织为主体的流通模式[116-119];余晓东(2010)对农产品配送中的直销型、批发市场主导型和加工企业主导型三种传统配送模式进行了对比分析[120];凌宁波和朱凤荣(2006)、宾幕容和周发明(2007)、梁海红(2012)提出农超对接模式[121-123];陈德宝(2013)提出了 P2C2B2F 的农产品流通模式[124];李明等(2016)对我国农产品流通的传统模式、电子模式、"互联网+农产品"模式、农产品批发市场的运营模式、交易模式进行了对比研究[125];李艳菊(2014)提

第2章 文献综述

出"公司+农户+网络"的流通模式[126];李冬梅(2016)探讨了互联网背景下农产品直营模式[127];孙群花(2015)基于实证视角探讨了不同电商模式下农产品物流配送体系[128];张树梁(2014)探讨了电商环境下云配送物流模式[129];赵亚丽(2016)提出发展以食品供应短链为基础的农产品现代流通体系[110];薄琳(2017)提出通过构建物流联盟提升生鲜农产品配送效率[130];刘妍(2017)分别针对生鲜农产品的六种传统流通模式和O2O模式下四种新型流通渠道进行对比分析[131]。

综观我国学者在农产品流通模式及渠道的研究,可知多是对现有模式的梳理,研究成果分散且多流于表面,缺少系统性分析,更缺少微观层面的企业流通模式的创新研究。

2.2.3 农产品流通效率研究述评

关于农产品流通效率的研究,主要围绕农产品流通效率内涵及影响因素、评价指标体系及流通效率测定等方面。

农产品流通效率内涵及影响因素的研究成果主要有:Rausser 等(1985)、van Anrooy(2003)、李辉华和何曙(2001)、徐从才和李颐(2008)、寇荣和谭向勇(2008)、龚梦和祁春节(2012)等从资源配置、成本和费用等不同视角对农产品流通效率内涵的界定[132-137];Sachan 等(2005)、Mavi 等(2012)、Hameri 和 Pálsson(2013)、Cadilhon 等(2003)、Fearne 和 Hughes(1999)、Pan 和 Kinsey(2002)、Jones 和 Lynch(2007)、Lindgreen 和 Hingley(2003)、Palmer(1996)、Kliebenstein 和 Lawrence(1995)、Ting 等(2014)等主要探讨了农产品流通渠道、流通环节与机制、农产品市场化程度、流通组织程度、基础设施、物流技术、供应链质量等因素影响农产品流通效率[116,138-147]。国内学者中,马凤才(2008)、王家旭(2013)、刘亚楠(2017)、陈金波等(2017)、仲昇(2018)对影响农产品流通效率的诸多因素进行了分析[148-152],既涵盖渠道类因素、基础设施类因素、物流环境类因素,又涵盖物流风险类和互联网技术(董承华和刘国辉,2013;田乐,2016;谢莉娟,2015;赵敏,2017)等因素[153-154,11,45]。由上述研究成果可知,学者们对农产品流通效率内涵及影响因素的认知逐步深入,对流通效率的影响因素也随着时代背景的变化进一步拓展延伸,但目前的研究并未揭露影响因素与流通效率的内部影响机制。

农产品流通效率评价指标体系的研究成果主要有:福井清一(1995)、Garcia 等(2012)、姚力鸣(1992)、宋则和张弘(2003)、寇荣和谭向勇(2008)、杨宝宏等（2009）、杜红平等（2009）、涂洪波（2012）、王伟新和祁春节（2013）、李耀华（2015）、赵敏（2017）[155-163,136,45]。这些学者在构建其效率评价指标时，多围绕有关效率影响因素的已有研究成果展开。国外学者大多基于单一视角构建流通效率指标，评价指标较简单；国内学者多是在借鉴国外学者的研究成果基础上，基于流通现代化视角对指标进行改进。目前伴随新零售、新技术等背景的演变发展，要求流通效率指标也进行应有的拓展。

关于农产品流通效率测定的研究国内外则多基于实证测度角度探讨。国外学者多围绕技术效率的测度探讨，先后出现计量经济学范畴内的边界生产函数法、运筹学范畴内的数据包络分析和 C2GS2 技术效率评价模型、数量经济分析法、拉瓦雷模型法、相关系数法、协整检验法和比价界限模型法等（赵锋，2013；田乐，2016）[100,154]，例如，Kumar 和 Husain（1998）、Chahal 等（2004）分别针对印度鹰嘴豆和水产品的流通效率测度分析[164-165]；Athanassopoulos 和 Ballantine（1995）、Donthu 和 Yoo（1998）、Keh 和 Chu（2003）使用 DEA 模型进行流通业效率测算[166-168]；Kuosmanen（2006）、Barros（2005）采用随机前沿法对流通业效率进行测算[169-170]。国内学者徐良培和李淑华（2013）、汪旭晖和文静怡（2014）、李专和于爱森（2016）运用随机前沿生产函数法对我国各省区市的相关农产品技术效率进行了测度[171-173]；王彬等（2008）构建了"消耗—输出型"鲜活农产品流通效率体系和"DEA-偏好型"评价模型[174]；肖艳丽和冯中朝（2009）、杨贵梅等（2016）使用层次分析法对农产品流通效率进行了实证研究[175-176]；张浩等（2009）、欧阳小迅和黄福华（2011）、任艳红（2012）使用数据包络分析法农产品流通进行效率测度[177-179]；孙剑（2011）、赵锋和段风军（2014）、李晓青（2013）使用因子分析法对我国农产品流通效率进行实证测度[180-182]。这些研究成果多基于宏观层面，虽力图使用定量方法测度说明某区域的农产品流通效率，但这些方法缺少推广适用性，相应的研究结论多为理论层面，与现实实际的调研存在相当的差距，更遑论对微观企业实践的指导参考性。

总体而言，国内外学者关于农产品流通效率的研究从单一的农业经济管理学科向外部交叉学科发展，取得了较为丰富的理论与实证成果。因学者们对流通效率的理解基于不同的研究视角，使至今未能形成统一的界定，因此导致农产品流通效率评价体系和评价方法也存在较大差异性。总体而言，农产品流通效率的研究已具备一定的理论基础和方法，但在研究领域拓宽（如将农产品流通视为整体系统开展研究）和研究方法的综合运用方面仍需进一步深入。主要不足体现在以下三个方面：一是已有文献大多只是针对某特定农产品或农产品流通中的某一方面开展研究，并未将农产品流通作为一个整体进行系统分析；二是已有文献

第 2 章 文献综述

对农产品流通效率的专门研究不多，对流通效率也未形成统一的界定，部分学者设计了流通效率评价体系并开展了相应的实证测度，但因农产品流通相关数据的难以获得，使现有文献中关于流通效率评价指标的设计视角单一；三是研究视角多为宏中观，对微观企业的理论指导及实践参考意义不足。

2.2.4 鲜活农产品流通研究述评

在鲜活农产品流通中，国外研究重点在流通风险与流通质量安全监管等方面，如 Luca Urcid（2012）、Neil Vass（2006）、Yandra Rahadian Perdanaps（2012）探讨了鲜活农产品冷链物流问题，主要围绕冷链物流安全、关键危害点识别及物流信息系统。国内则主要围绕流通机制、流通模式、流通障碍、流通安全与监管等方面展开研究。无论国内外，在鲜活农产品的流通中，已均对冷链物流的重要作用达成共识。但对鲜活农产品流通的理论及实践体系化研究尚待完善。

综上所述，学者们从多种视角对农产品流通开展研究，且各模块都有学者基于不同视角进行了一定程度的研究，但仍然存在研究视角多有重叠和交叉而缺乏系统性、研究内容的高集中度和低整合度使覆盖面广却不全、对流通模块进行了分割研究而欠缺体系化成果、与发达国家相比仍存在较大差距、新零售与时代背景下对消费端的关注偏少、必须创新流通模式以顺应时代及消费需求；信息时代背景下，针对"互联网＋"鲜活农产品电商流通渠道领域的研究较少；虽然多样化的探索角度使我国在探索农产品流通方面具备了相对全面和足够广度的理论，但仍欠缺一定的深度，存在交叉和重合的情形，缺少系统化全方位的探索，主要是面向某一问题，科学有效可操作的举措探索不足。

2.3 基于"互联网＋"的农产品运营模式相关研究述评

在"互联网＋"背景下，农产品运营模式已经由传统走向现代，基于不同的视角，出现了多种运营模式。赵云龙等（2018）、范宇（2018）、金琰和侯媛媛（2017）、牛鹤燕等（2017）、徐明（2016）、潘冠男（2015）等基于营销视角，研究了"互联网＋"背景下农产品全渠道运营模式[183-188]；薄琳（2017）、刘妍（2017）、吴宇轩（2017）、陈民（2018）等基于流通视角，研究了"互联网＋"背景下的第三方物流主导模式、联盟式、电商平台主导模式[130-131,189-190]；

Marsden（2000）、Renting 等（2003）、Ilbery 和 Maye（2006）、Chiffoleau（2009）、Alvarez 2010）、赵玻和葛海燕（2014）、殷戈（2016）、赵亚丽（2016）、李红卫（2019）等基于供应链视角，研究了"互联网+"背景下的短链模式、农消/产消对接模式和社区支持农业模式[191-198,110]。

综上所述，基于"互联网+"的农产品运营模式因研究视角不同而产生一定差异的研究成果，较多的研究集中在"互联网+"对农产品运营模式的影响层面，对结合实际的实证研究及不同模式的对比研究成果尚待进一步丰富完善。

2.4
基于"互联网+"的鲜活农产品流通模式相关研究述评

随着科学技术的发展，通过互联网思维、技术与传统流通渠道模式的深度融合、适度变革，形成新的流通渠道模式，将成为创新鲜活农产品流通模式、提升消费者满意、提高流通效率的重要手段。"互联网+"背景下鲜活农产品流通渠道问题的研究成为待深入研究的崭新课题。当前与之相关的研究主要聚焦在鲜活农产品的电子商务及"互联网+"下供应链、物流的商业模式研究两个方面。

关于鲜活农产品电子商务问题的研究，学者们主要侧重于鲜活农产品电子商务内涵与结构、重要性及运作模式三个层面。在内涵和结构层面，郭娜和刘东英（2009）从实操的层面总结了农产品交易过程中的 B2B、B2C 和 C2C 模式[199]。骆毅（2012）认为农业生产、加工、物流、营销和网站建设构成农产品电子商务[200]。赵志田等（2014）认为电子商务运用、信息化管理、物流信息技术和农产品物流功能构成了农产品电子商务物流理论框架[201]。孙炜等（2014）将以信息中介和垂直门户为主要内容的电子商务视为传统农产品供应链中的复杂结构[202]。在电子商务重要性层面，Bao 等（2012）、Parker 等（2016）分别研究了电子商务平台对农产品供应链垂直协作体系的良性影响、对生鲜农产品供应链管理的支撑作用及对生鲜农产品供应链下游市场透明化的促进作用[203-204]。Verdouw 等（2014）、Srivastava 等（2015）、王柯等（2014）均认为现代信息技术所支撑的电子商务对降低生鲜农产品供应链流程成本、缩短渠道结构具有重要作用[205-207]。在运作模式层面，赵晓飞和李崇光（2012）构建了一种现代农产品供应链运作体系，该体系以信息化为基础，以渠道体系为核心，以组织体系为支撑[208]。刘刚（2013）构建了基于农民专业合作社，包括零售商对接模式、直销模式及龙头企业对接模式为主要内容的鲜活农产品流通模式[209]。王胜和丁忠兵

(2015) 从环境扫描、结构分析、功能分析三个方面构建了农产品电商生态系统框架,分析农产品电商生态系统的演化趋势和主要障碍[210]。刘振滨和刘东英(2015)提出了以共享资源整合为主要依托的农产品供应链的构想和思路[211]。Renyuan 和 Yang(2018)提出通过融合敏捷项目物流与电子商务的理念与技术,构建鲜活农产品敏捷物流体系架构与模式[212]。

在基于"互联网+"鲜活农产品供应链、物流的商业模式研究方面,李骏阳(2015)、白桦(2016)、剧希(2016)、武沁宇(2016)分别从宏观的角度探讨了"互联网+流通"的概念和意义、基于"互联网+"的农产品物流发展对策、基于"互联网+"优特农产品供应模式再造、"互联网+生鲜农产品"宅配业态等问题[75,213-215]。但斌等(2016,2017)从价值主张、核心资源、运作流程、盈利模式四个方面提出了基于社群经济的"互联网+"生鲜农产品供应链C2B商业模式,基于消费众筹的"互联网+"生鲜农产品供应链预售模式[216,38]。刘助忠、龚荷英(2015)将农产品供应链的各种分布式资源虚拟化为"云",协同线上线下营销,为最终顾客与供应链的其他主体提供服务,形成以供应链服务集成主体为核心、以云服务为纽带的农产品供应链模式[217]。马晨和李瑾(2017)调研了天津农产品流通主体、全程信息化发展和应用现状,提出天津推动"互联网 + 农产品流通"的对策建议[218]。Yan等(2017)讨论了使用物联网技术的鲜活农产品三级供应链协调中利润分配与收益共享合同的设计[219]。Shen等(2018)构建了基于"互联网+"的农产品质量控制供应链模型[220]。

综合以上文献研究发现,目前学者们对鲜活农产品电子商务问题的理解和认识比较一致,认为生鲜农产品电子商务是在流通中融入基于互联网技术的电子商务系统,实现线上交易;也普遍认为电子商务有利于优化生鲜农产品供应链;在此基础上,学者们针对传统鲜活农产品流通渠道的不足,提出了基于互联网技术的鲜活农产品流通过程运作机制。目前学者对"互联网+鲜活农产品流通"重要性、物流体系、供应链模式再造在技术层面和商业模式上进行了一些探讨。然而遗憾的是,现有的文献对"互联网+"的认识仅仅体现在互联网技术层面,对更深层次的互联网思维及与整个流通链条的融合认识不足。

2.5 本章小结

对互联网技术、互联网思维、"互联网+"及农产品流通的国内外相关研究进行了详细调研及评述，在此基础上，根据全书的研究内容与重点，对基于"互联网+"的农产品运营模式及鲜活农产品流通模式的相关文献进行了综述，在总结前人丰富研究成果的基础上，对国内外"互联网+"鲜活农产品流通模式的现状及理论实践研究有了较充分的认识，为后续与国家本土实际情况紧密结合的我国"互联网+"鲜活农产品流通模式现状及其创新的研究奠定了坚实的理论意义与基础。

第3章

基础理论

本章在第2章理论综述的基础上,界定农产品、鲜活农产品、鲜活农产品流通等该研究涉及的相关概念,提出鲜活农产品流通模式理论、市场体系理论、流通体系理论,研究"互联网+"理论的内涵与外延及互联网时代对鲜活农产品的消费特征,分析鲜活农产品流通存在的问题,并提出基于"互联网+"的鲜活农产品流通模式变革理论。

3.1 相关概念的界定

3.1.1 农产品与主要类别

本书对农产品概念遵循《农产品质量安全法》上的界定:农产品是指来源于农业的初级产品,即在农业活动中获得的植物、动物、微生物及其产品。[221]

农产品作为初级的农业产品,包括种植业、畜牧业和渔业产品,不包括经过加工的各类产品。农产品具有以下特征:

(1)农产品接近绝对需求。

(2)农产品需求比较稳定,农产品需求弹性小于供给弹性,农产品供给量发生的较小变化,都可能导致农产品市场价格发生暴涨或暴跌。

(3)农产品生产具有明显的季节性、周期性和地域性。

(4)农产品生产受气候条件的影响较大,年度之间的产量难以保持稳定,市场难以实现均衡。

(5)大多数农产品具有地域禀赋,品质与区域有直接的关联性。

农产品存在以下主要类别：

（1）烟叶。以各种烟草的叶片经过加工制成的产品，因加工方法不同，又分为晒烟叶、晾烟叶和烤烟叶。

（2）毛茶。从茶树上采摘下来的鲜叶和嫩芽（即茶青），经吹干、揉拌、发酵、烘干等工序初制的茶。

（3）食用菌。自然生长和人工培植的食用菌，包括鲜货、干货以及农业生产者利用自己种植、采摘的产品连续进行简单保鲜、烘干、包装的鲜货和干货。

（4）瓜、果、蔬菜。自然生长和人工培植的瓜、果、蔬菜，包括农业生产者利用自己种植、采摘的产品进行连续简单加工的瓜、果干品和腌渍品（以瓜、果、蔬菜为原料的蜜饯除外）。

（5）花卉、苗木。自然生长和人工培植并保持天然生长状态的花卉、苗木。

（6）药材。自然生长和人工培植的药材。不包括中药材或中成药生产企业经切、炒、烘、焙、熏、蒸、包装等工序处理的加工品。

（7）粮油作物。包括：小麦、稻谷（含粳谷、籼谷、元谷）、大豆、杂粮（含玉米、绿豆、赤豆、蚕豆、豌豆、荞麦、大麦、元麦、燕麦、高粱、小米、米仁）、鲜山芋、山芋干、花生果、花生仁、芝麻、菜籽、棉籽、葵花籽、蓖麻籽、棕榈籽、其他籽。

（8）牲畜、禽、兽、昆虫、爬虫、两栖动物类。包括：牛皮、猪皮、羊皮等动物的生皮；牲畜、禽、兽毛（未经加工整理的动物毛和羽毛）；活禽、活畜、活虫、两栖动物，如生猪、菜牛、菜羊、牛蛙等；光禽和鲜蛋（光禽，是指农业生产者利用自身养殖的活禽宰杀、褪毛后未经分割的光禽）；动物自身或附属产生的产品（如蚕茧、燕窝、鹿茸、牛黄、蜂乳、麝香、蛇毒、鲜奶等）；其他陆生动物。

（9）水产品。包括：淡水产品（淡水产动物和植物的统称）；海水产品（海水产动物和植物的统称）；滩涂养殖产品（利用滩涂养殖的各类动物和植物）；水产品类（包括农业生产者捕捞收获后连续进行简单冷冻、腌制和自然干制品）。

（10）林业产品。包括：原木（将伐倒的乔木去其枝丫、梢头或削皮后，按照规定的标准锯成的不同长度的木段）；原竹（将竹砍倒后，削去枝、梢、叶后的竹段）；原木、原竹下脚料（原木、原竹砍伐后的树皮、树根、枝丫、灌木条、梢、叶等）；生漆（漆树的分泌物，包括从野生漆树上收集的大木漆和从种植的漆树上收集的小木漆）；天然树脂（木本科植物的分泌物，包括松脂、虫胶、阿拉伯胶、古巴胶、黄耆树胶、丹麦胶、天然橡胶等）；除上述以外的其他

第3章 基础理论

林业副产品。

（11）其他植物。包括：棉花（未经加工整理的皮棉、棉短绒、籽棉）；麻（未经加工整理的生麻、宁麻）；柳条、席草、蔺草；其他植物。

（12）上述第1条至第11条所列农产品应包括种子、种苗、树苗、竹秧、种畜、种禽、种蛋、水产品的苗或种（秧）、食用菌的菌种、花籽等。

3.1.2 鲜活农产品

鲜活农产品是指与居民生活息息相关的新鲜蔬菜、水果、水产品、禽畜及其肉类产品。需要说明的是，在当前学术界和产业界有"生鲜农产品"（简称"生鲜"）的提法。本书认为，生鲜农产品与鲜活农产品在概念内涵与外延上是基本一致的。本书将鲜活农产品与生鲜农产品按照一个概念来看待，统一称"鲜活农产品"。

与一般的农产品相比，鲜活农产品具有以下独特性：

（1）鲜活性。这是鲜活农产品区别与其他的农产品的基础特征，新鲜程度是其商品价值的基础性要求。

（2）易腐性。鲜活农产品保存时间较短，容易失水，品质容易发生变化，甚至发生腐烂。

（3）产量和质量影响变量敏感。产量和质量受生产者素质、意识、经验、技术及天气状况的影响较大，产品类别与质量特性受区域影响较大。

（4）价格波动性大。产品需求及价格波动性较大，需求弹性适中，消费者对安全、营养、口味和新鲜等要素要求较高。

（5）流通要求高。由于鲜活性和易腐性的特点，对流通过程要求很高，确保在有限时间内实现保鲜。流通过程中实现冷链就显得非常重要。流通效率决定了损耗率及流通成本。

鲜活农产品包括以下类别：

（1）新鲜蔬菜。包括：白菜类（大白菜、普通白菜、油菜、小青菜、菜薹）；甘蓝类（菜花、芥蓝、西兰花、结球甘蓝）；根菜类（萝卜、胡萝卜、芫菁）；绿叶菜类（芹菜、菠菜、莴笋、生菜、空心菜、香菜、茼蒿、茴香、苋菜、木耳菜）；葱蒜类（洋葱、大葱、西香葱、大蒜、蒜苗、蒜薹、韭菜）；茄果类（茄子、青椒、辣椒、西红柿）；豆类（扁豆、荚豆、豇豆、豌豆、四季豆、毛豆、蚕豆、豆芽、豌豆苗）；瓜类（黄瓜、丝瓜、冬瓜、西葫芦、苦瓜、南瓜、舌瓜、佛手瓜、蛇瓜）；水生蔬菜（莲藕、荸荠、水芹、茭白）；新鲜食用菌（平菇、原菇、金针菇、滑菇、蘑菇、木耳）；多年生和杂类蔬菜（竹笋、芦笋、金针菜、黄花菜）。

（2）新鲜水果。包括：仁果类（苹果、梨、海棠、山楂）；核果类（桃、李、杏、杨梅、樱桃）；浆果类（葡萄、提子、草莓、猕猴桃、石榴）；柑橘类（橙、桔、柑、柚、柠檬）；热带及亚热带水果（香蕉、菠萝、龙眼、荔枝、橄榄、枇杷、椰子、芒果、杨桃、木瓜、火龙果、番石榴、榴莲）；什果类（枣、柿子、无花果）；瓜果类（西瓜、甜瓜、哈密瓜、香瓜）。

（3）鲜活水产品。包括：普通水产品（鱼类、虾类、贝类、蟹类）；其他水产品（海带、紫菜、海蜇）。

（4）活的畜禽、家畜。包括：畜禽类（猪、牛、羊、马、驴、骡）；家禽类（鸡、鸭、鹅、鸽等）；蜜蜂（转地放蜂）。

（5）新鲜的肉、蛋、奶。包括：新鲜的鸡、鸭、鹅、鹌鹑蛋、新鲜的家畜肉和家禽肉、新鲜奶。

3.1.3 鲜活农产品流通、物流、营销渠道与供应链

鲜活农产品流通是指鲜活农产品通过交换的形式实现从农业生产领域到消费领域转移的全过程，包括鲜活农产品的收购、运输、储存、销售等环节。

鲜活农产品物流是指鲜活农产品从生产者到消费者之间的物理性流动，即以鲜活农产品为对象，通过产后加工、包装、储存、运输和配送等物流环节，最终到达消费者手中的过程。

鲜活农产品营销渠道是指鲜活农产品从生产者向消费者移动时，取得鲜活农产品所有权或帮助转移其所有权的所有企业或个人，即鲜活农产品从生产者向消费者转移过程的具体通道或路径。

鲜活农产品供应链是指围绕核心组织，从鲜活农产品生产资料开始，制成中间产品以及最终产品，最后由销售网络把鲜活农产品送到消费者手中的，将供应者、生产者、中间商到最终消费者连成一个整体的功能网链结构。鲜活农产品供应链包括产品流通、商业流通、信息流通和资金流通四个流程，四个流程有各自不同的功能以及不同的流通方向。

为了更好地把握和理解鲜活农产品流通的本质，解决鲜活农产品流通过程中的核心问题，本书基于系统观从供应链的角度定义鲜活农产品流通的概念，认为鲜活农产品流通是以不断商业交换的方式将鲜活农产品生产、收购、运输、储存、商品化处理（分级与包装）、配送、分销、信息处理、市场反馈等功能有机

第3章 基础理论

结合、优化管理来满足消费者需求，并实现价值增值的过程。

图 3.1 显示的是对鲜活农产品流通、鲜活农产品物流、鲜活农产品营销渠道、鲜活农产品供应链四个相近概念的辨析示意。鲜活农产品流通的核心是从生产者到消费者之间的商业流动，其背后是鲜活农产品及其所有权及其资本的流动，所有权与资本的流动是双向的。鲜活农产品物流的重点是从收购开始到销售给终端的物流动。鲜活农产品营销渠道的重点是流通过程中的组织节点及其交易过程。鲜活农产品供应链是生产资料供应商——生产者——中间商——消费者全过程的供应、生产、流通和销售的系统化过程，包括各节点、各流动所构成的系统。

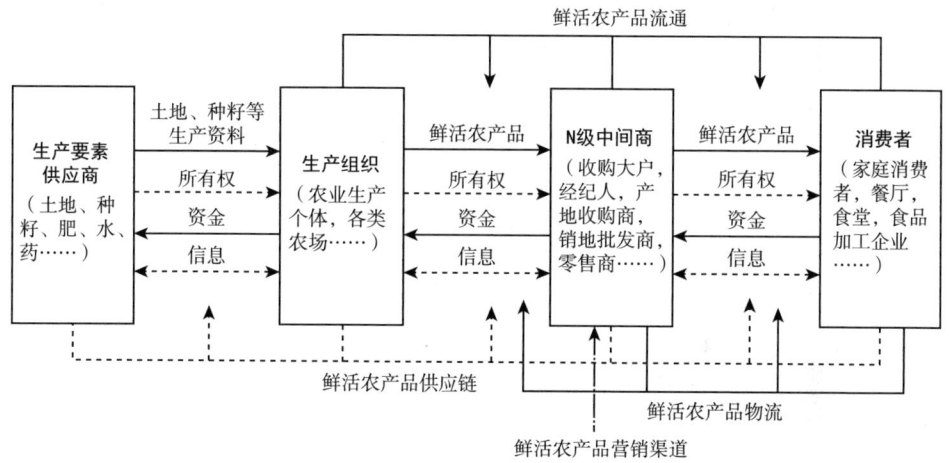

图 3.1 鲜活农产品流通—物流—营销渠道—供应链概念辨别示意图

3.1.4 商业模式、流通模式与营销模式

（1）商业模式。关于商业模式的概念，全球有几十种界定的角度。本书认同并采用 Oster Walder 的界定，认为商业模式是一种包含一系列要素及其关系的概念性工具，用以阐明某个特定实体的商业逻辑。它描述了公司所能为客户提供的价值以及公司的内部结构、合作伙伴网络和关系资本等用以实现（创造、推销和交付）这一价值并产生可持续盈利收入的要素。[222]

图 3.2 是 Oster Walder 提出的商业模式九要素逻辑模型，他认为一个企业的商业模式包含以下要素：

第一，价值主张。企业通过其产品和服务所能向消费者提供的价值，价值主

· 21 ·

张确认了公司对消费者的实用意义。

第二，目标顾客。企业瞄准的消费者群体。这些群体具有某些共性，从而使公司能够有针对性地为其创造价值。

第三，分销渠道。企业将鲜活农产品传递给消费者的各种途径，主要规定分销渠道的布局与管理。

第四，客户关系。企业与目标消费者群体之间所建立的联系。

第五，资源配置。资源和活动的配置。

第六，核心能力。企业执行其商业模式时自己具备的而竞争对手难以复制的能力和资格。

第七，伙伴关系。企业与其生产要素供应商、中间商等商业伙伴之间的关系。

第八，成本结构。商业模式所使用的工具和方法的货币描述。

第九，盈利模式。企业通过各种收入流来创造财富的途径。

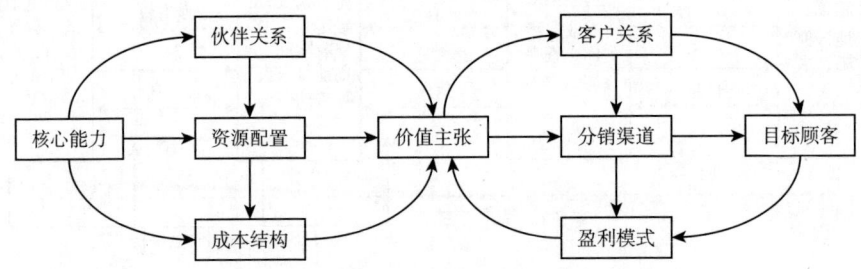

图 3.2　Oster Walder 商业模式九要素逻辑模型

Oster Walder 认为商业模式重在回答和解决以下四个方面的问题：

第一，企业如何确定目标消费群，为目标消费者提供什么产品或服务？

第二，如何获取为创造和生产这一产品或服务所需要的资源和能力？

第三，如何将产品或服务传递给目标顾客？

第四，如何确定提供产品或服务的成本和收益？

（2）流通模式。流通模式是指产品和服务按照一定方向不断交换的一般性范式。流通模式包括产品与服务的流动模式以及流通主体的经营模式。

产品和服务的流通过程，实质上是商流和物流的统一。一个经营组织构成商流与物流的主体，促进商流与物流的达成。

（3）营销模式。在国内外各种文献中，营销模式是一个被经常使用的概念，但是对营销模式概念有明确界定的文献却很少。Romm 和 Pliskin Clarke（1997）认为，营销模式是一种系统化的体系，包括三个方面的内容：第一，为实现企业

第3章 基础理论

价值而设定的产品和服务范围；第二，企业在经济生态圈中的位置；第三，为实现企业营销目标所采取的系统化方法。[223]这个概念把营销模式看作系统有一定的道理，但提出的系统要素没有紧扣营销本质，难以体现营销的内涵。田汉认为，营销模式是对营销活动的抽象总结，在一定理念下形成的固有形态、流程和规则。[224]陈杨把营销模式看作营销活动中可以参照的标准样式和方法，是归纳出来的一套程序化标准营销的样式。[225]王博把营销模式界定为营销活动全面概括和总结，他认为营销模式是一种模板化的营销体系。[226]营销的本质是实践，营销理论来源于实践，并运用于实践，是科学性与艺术性的结合体，把营销模式简单地归结为固有形态、流程、规则、程序化标准样式、模板化体系显然偏离了营销的本质。

本书将营销模式的概念界定为：企业或品牌为消费者创造、传递和沟通价值而实现营销绩效的系统化逻辑范式。之所以这样界定营销模式的概念，是出于以下考虑：第一，本书认同陈世清对模式概念的界定，他认为模式是主体行为的一般方式，理论和实践之间的中介环节，是一般性和特殊性的衔接。[227]因此，本书将模式看作连接理论与实践、一般性与特殊性、过程与目标的系统化逻辑范式。第二，营销的本质是通过让消费者幸福而获得营销绩效的逻辑，其核心是寻求消费者的价值主张，其过程是为消费者创造价值、传递价值和沟通价值。

作为一种系统化逻辑范式，本书将营销模式界定为五个方面：价值主张、价值创造模式、价值传递模式、价值沟通模式、营销绩效。图3.3体现了营销模式的概念模型。

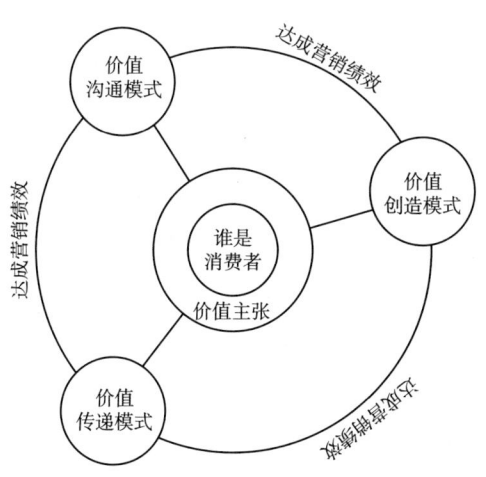

图 3.3　营销模式概念模型

第一,价值主张。在确定"谁是消费者"基础上,围绕消费者的心理、行为等环境因素和自身条件,规划和设计企业或品牌价值创造、价值传递和价值沟通的风格。这既是营销模式的逻辑起点,也是贯穿营销模式始终的主线。

第二,价值创造模式。围绕价值主张,企业或品牌规划和实施产品与服务的系统化逻辑范式,这是营销模式的基础。

第三,价值传递模式。围绕价值主张,企业或品牌将产品和服务传递给消费者的流通渠道的系统化逻辑范式。

第四,价值沟通模式。围绕价值主张,企业或品牌与消费者之间信息传递、互动,使双方互相信任、互相依赖、互相忠诚的系统化逻辑范式。

第五,营销绩效。营销模式导向下营销活动产生的绩效,本书将营销绩效的考量概括为三个层次:短期考量收益和利润、中期考量与消费者的关系、长期考量品牌价值。这既是营销模式的逻辑终点,也是营销活动的落脚点。

3.2 鲜活农产品流通体系、市场体系与流通模式

3.2.1 鲜活农产品流通体系

鲜活农产品流通体系是鲜活农产品流通各环节的流通组织和流通渠道的总称。农产品流通是运用现代组织形式解决农产品从生产到销售过程中所包含的所有组织、市场信息和流通过程。

鲜活农产品流通组织是指鲜活农产品从生产滞后到消费者购买之前介于生产者和消费者之间,参与农产品流通的各类组织。这一概念涵盖了专门从事鲜活农产品流通活动的流通组织、农产品加工组织,以及为流通过程或其他组织提供各项专门服务的组织等。鲜活农产品流通渠道指的是各个流通组织之间的结构和关系。流通组织与流通渠道两部分共同构成了农产品流通体系。

鲜活农产品流通包括流通主体、客体、农产品流通载体三个实体部分,流通当事人是主体,流通商品是客体,各种基础设施和设备是载体。不同要素之间通过一定的市场条件,可以形成不同的流通体系。

鲜活农产品流通体系的构成要素包括以下方面:

(1)流通主体及构成。

鲜活农产品流通主体不仅包括农户、生产商和供应商,也包括参与农产品流

第3章 基础理论

通的组织和个人，还包括流通的终点——消费者。根据 SCP 范式（市场结构决定市场行为，市场行为决定市场绩效），鲜活农产品流通的主体构成决定流通运行与行为，流通运行与行为决定了运行效率。鲜活农产品流通主体具体包括农民个体生产者，农产品产销组织，农民专业合作组织如合作社、经纪人、农产品流通企业等。其中数量最多的主体是具有分散性和小规模生产的个体农户家庭。

首先，农户是鲜活农产品流通体系的重要主体。流通环节与生产环节日益融合，农户既可以是农产品的生产者，又可以是农产品的流通者。不少国家建立了具有较强稳定性和竞争力的专业农民合作组织，这些组织不仅可以从事农产品的生产和初加工，同时也参与鲜活农产品的流通，较强势的农产品协会和组织在某些情况下还会控制某类鲜活农产品或某地区的鲜活农产品销售。

其次，商贸企业也是鲜活农产品流通体系的重要主体。在鲜活农产品流通体系中，商贸企业主要指从事鲜活农产品中介作用的具有独立法人资格的企业组织，这些企业从农户手中购买鲜活农产品，通过价差和增值服务获取收益。流通中的商贸企业数量的多少，主要根据企业与生产者的关系以及企业自身规模来决定。如果企业规模较大，拥有独立的收购、加工、包装、存储等流通业务流程，并且与生产者关系密切，信息反馈及时透明，那么此时流通中的商贸企业数量就会减少。

最后，消费者同样是鲜活农产品流通体系的重要主体。消费者意愿及可以接受的交易方式，将直接影响流通的方式，消费者作为鲜活农产品流通过程最终的使用者，对农产品流通的推动起到一定的作用。

（2）流通客体及构成。

鲜活农产品流通的客体即指流通中的交易对象：鲜活农产品。鲜活农产品概念的界定与分类已在 3.1.2 小节中论述，这也是本书的研究对象与研究范围。

（3）流通载体及构成。

鲜活农产品流通载体主要包括参与流通的各类鲜活农产品交易市场、流通渠道以及交易的方式。

鲜活农产品交易市场是交易的主要场所，包括批发零售市场、农贸市场、超级市场、网上交易平台以及期货市场，市场之间相互协调发展，功能上互为补充，可以引导农产品的生产、保障农产品的供应、保证农产品质量、调控农产品价格，是鲜活农产品顺畅流通的基础。

鲜活农产品流通渠道是鲜活农产品从农户等生产商到消费者手中所经历的各个环节和方式。渠道的结构受流通主体的组织结构及相互关系、流通客体的特性、流通环境的影响。以传统的流通渠道为例，鲜活农产品经过经销商、产地批发市场、销地批发市场、零售商再到消费者过程中，流通主体和流通环节涉及较多，流通渠道复杂程度也较强。如果农户与经销商或者消费者关系密切，形成"农户—消费者"直接的流通渠道；不同的渠道关系，例如，"农户—批发商—零售商—消费者""农户—零售商—消费者"，蕴含着不同的主体关系，如果生产商与零售商关系更加密切，就更有可能产生"农户—零售商—消费者"这样的流通渠道；相反，如果农户与零售商、消费者之间的各种关系壁垒较大，那么农户想要出售鲜活农产品就需要借助关系更加密切的中间环节来衔接，因此就产生"农户—批发商—零售商—消费者"这种复杂的流通渠道模式。

（4）监管服务体系。

政府部门利用相关监管政策和法律，建立相关的信息技术平台以及配套服务设施，构成监管服务体系。信息技术平台可以为体系内买卖双方提供及时的信息和技术支持。通过宏观调控，使用法律法规以及政策引导来纠正"市场失灵"问题，规范市场行为主体、协调农产品的流通，以达到有效调节主体利益分配。按照调控的范围不同，流通政策可以分为农产品收购政策、税收政策、储备政策等。

3.2.2 鲜活农产品市场体系

鲜活农产品市场体系是指由市场主体、市场客体、市场机制、市场组织和市场类型等构成的综合体。其构成要素包括：

（1）市场主体。市场主体是指鲜活农产品进入市场并使之发生市场关系的当事人，是鲜活农产品的占有者或商品的所有者。市场主体包括生产者、经营者和调节者。其中，生产者和经营者主要是从事鲜活农产品生产和交换活动的企业或个人（农户），他们决定着鲜活农产品生产、交换的规模和方向。国家和各级政府部门作为市场的组织者和管理者，是市场的调节主体，在调节经济活动、推动经济运行中起着重要作用。

（2）市场客体。市场客体是指当事人之间发生交换关系的媒介物或交换关系的媒介物。针对鲜活农产品，市场客体就是鲜活农产品。市场客体具有有用性、有限性、相关性和伸缩性等特点。

（3）市场机制。市场机制是指在市场经济条件下，市场总体内部各个方面在市场交换中所建立的相互联系、相互制约的内在有机联系形式，是在客观经济规律的作用下，实现生产、分配、交换和消费的自动调节。市场机制的运行过程就是社会供求动态平衡的自我协调过程，其基本功能是在市场活动中自发配置市场资源，解决资源短缺与需求无限之间的矛盾。其主要包括价格机制、供求机制和竞争机制。这些机制之间相互联系和作用，共同构成市场的机制系统，以调节社会生产和流通活动。

（4）市场组织。市场组织是指为保证鲜活农产品交换顺利进行而建立的协调、监督、管理和服务等部门。其主要包括负责市场交易活动的流通组织机构；介于流通主体之间的中介组织，如证券交易所、职业介绍所、会计师事务所、信托投资公司、劳动服务公司等；负责市场一般活动的管理组织机构，如统计、审计、财政、税务、银行、工商行政等部门；负责市场活动中一些涉及技术问题的管理机构，如计量、质检、卫生、环保、商检等组织；负责维护不同市场行为主体利益的民间组织机构，如企业家协会、行业组织协会、消费者协会等。市场组织的主要功能是组织、调节、管理和监督市场运行，使市场活动趋于规范化。

（5）市场类型。市场类型是指根据市场的不同标准而划分的市场类别，由各种不同类型、不同性质的具体市场构成。从不同角度来看，按照不同的标准，可以把市场划分为各种不同的类型：

①按照市场流通区域的不同分为国内市场和国际市场。
②按照市场流通环节的不同分为采购市场、零售市场和批发市场。
③按照市场客体的不同分为生产资料市场和消费资料市场。
④按照市场经营方式的不同分为专业市场和综合市场。
⑤按照市场商品供求特征的不同分为买方市场和卖方市场。

不同的市场之间存在着相互联系、相互制约、相互影响的关系，它们在整个市场体系中具有不同的地位和作用。

3.2.3 鲜活农产品流通模式

3.1.3小节基于系统论从供应链角度界定了鲜活农产品的概念，3.1.4小节中把流通模式界定为产品和服务按照一定方向不断交换的一般式范式，包括流动模式及流通主体的经营模式，3.2.1小节论证了鲜活农产品流通体系的结构与功能。基于此，本书将鲜活农产品流通模式界定为：以不断的商业交换方式将鲜活农产品生产、收购、运输、储存、商品化处理（分级与包装）、配送、分销、信息处理、市场反馈等功能有机结合、优化管理从而实现价值增值的一般化范式。鲜活农产品流通模式包含以下层面：

（1）鲜活农产品流通的渠道模式。鲜活农产品流通渠道模式指的是鲜活农产品从收购、运输、储存、商品化处理（分级与包装）、配送、分销等过程的流动模式。

(2) 鲜活农产品流通主体的经营模式。鲜活农产品流通主体既可以是农民个体、农业协会、农场主,也可以是各个规模的农业企业。在鲜活农产品流通过程中,生产、收购、运输、储存、商品化处理、配送、分销等环节由一个或多个流通主体来分担流通任务。流通主体的经营模式,就是这些流通主体用什么样的范式来参与各个环节的经营活动,经营模式包括营销模式、成本控制模式等。

本书以鲜活农产品流通的渠道模式为主,以其流通主体经营模式为辅助。因此,本书中提到的农产品流通模式是在渠道模式为主干的基础上融入流通主体的经营模式。

3.2.4 鲜活农产品流通体系、市场体系与流通模式的概念辨析

鲜活农产品流通体系是用系统的、整体的观点来看待鲜活农产品的流通问题,系统结构包括流通主体、流通客体、流通载体与流通的监管服务。鲜活农产品市场体系,是用系统的、整体的观点来看待鲜活农产品市场,系统结构包括市场主体、市场客体与市场机制。鲜活农产品流通模式是鲜活农产品流通过程中所采取的一般化范式,包括流通渠道模式和流通主体的经营模式。

流通是市场的一部分。因此,流通体系是市场体系的子集,而流通模式是流通体系"落地"的一般化范式。

3.3 "互联网+"理论的内涵与外延

"互联网+"代表着一种新的经济形态,它指的是依托互联网信息技术实现互联网与传统产业的联合,以优化生产要素、更新业务体系、重构商业模式等途径来完成经济转型和升级。"互联网+"计划的目的在于充分发挥互联网的优势,将互联网与传统产业深入融合,以产业升级提升经济生产力,最后实现社会财富的增加。

3.3.1 互联网时代的演变

(1) Web1.0 时代(1990~2000 年)。

时间节点为 1990~2000 年,关键词是 Web、网,作用是联结知识,主要包

第3章 基础理论

括网页搜索引擎、网站、数据库、文件服务器等。Web1.0时代是一个群雄并起、逐鹿网络的时代，第一代互联网有一个共同的特征，表现在：

①Web1.0基本采用的是技术创新主导模式，信息技术的变革和使用对于网站的新生与发展起到了关键性的作用。新浪最初以技术平台起家，搜狐以搜索技术起家，腾讯以即时通信技术起家，盛大以网络游戏起家，在这些网站的创始阶段，技术性的痕迹相当之重。

②Web1.0的盈利都基于一个共通点，即巨大的点击流量。无论是早期融资还是后期获利，依托的都是为数众多的用户和点击率，以点击率为基础上市或开展增值服务，受众群众的基础决定了盈利的水平和速度，充分地体现了互联网的眼球经济色彩。

③Web1.0的发展出现了向综合门户合流现象。早期的新浪与搜狐、网易等，继续坚持了门户网站的道路，而腾讯、MSN、GOOGLE等网络新贵，都纷纷走向了门户网络，尤其是对于新闻信息，有着极大的、共同的兴趣。这使门户网站本身的盈利空间更加广阔，盈利方式更加多元化，占据网站平台，可以更加有效地实现增值意图，并延伸由主营业务之外的各类服务。

④Web1.0的合流同时，还形成了主营与兼营结合的明晰产业结构。新浪以"新闻+广告"为主，网易拓展游戏，搜狐延伸门户矩阵，各家以主营作为突破口，以兼营作为补充点，形成"拳头加肉掌"的发展方式。

⑤Web1.0不以html为语言，在Web1.0时代，动态网站已经广泛应用，如论坛等。

（2）Web2.0时代（2000~2010年）。

时间节点为2000~2010年，关键词是Social Web，社会网络，作用是联结知识。Web2.0是利用Web的平台，由用户主导而生成的内容互联网产品模式。Web2.0时代具有去中心化、开放、共享等显著特征，包括用户分享，信息聚合，以兴趣为聚合点的社群，还有开放的平台和活跃的用户。其具体表现为：

①用户参与网站内容制造。与Web1.0网站单向信息发布的模式不同，Web2.0网站的内容通常是用户发布的，使用户既是网站内容的浏览者也是网站内容的制造者，这也就意味着Web2.0网站为用户提供了更多参与的机会，例如，博客网站和Wiki就是典型的用户创造内容的指导思想，而Tag技术（用户设置标签）将传统网站中的信息分类工作直接交给用户来完成。

②Web2.0更加注重交互性。不仅用户在发布内容过程中实现与网络服务器之间交互，也实现了同一网站不同用户之间的交互，以及不同网站之间信息交互。

③符合 Web 标准的网站设计。通常所说的 Web 标准一般是指网站建设采用基于 XHTML 语言的网站设计语言，并不是某一标准，而是一系列标准的集合。其典型的应用模式是"CSS + XHTML"，摒弃了 HTML4.0 中的表格定位方式，其优点之一是网站设计代码规范，并且减少了大量代码，减少网络带宽资源浪费，加快了网站访问速度。符合 Web 标准的网站对于用户和搜索引擎更加友好。

④Web2.0 网站与 Web1.0 没有绝对的界限。Web2.0 技术可以成为 Web1.0 网站的工具，一些在 Web2.0 概念之前诞生的网站本身也具 Web2.0 特性，如 B2B 电子商务网站的免费信息发布和网络社区类网站的内容也来源于用户。

⑤Web2.0 的核心不是技术而在于指导思想。Web2.0 技术本身不是 Web2.0 网站的核心。与其说 Web2.0 是互联网技术的创新，不如说是互联网应用指导思想的革命。

⑥Web2.0 是互联网的一次理念和思想体系的升级换代，由原来的自上而下的由少数资源控制者集中控制主导的互联网体系，转变为自下而上的由广大用户集体智慧和力量主导的互联网体系。

⑦Web2.0 体现交互，可读可写。体现的方式包括各种微博、相册，用户参与性更强。其表现在多人参与，人是灵魂，可读可写互联网。

Web2.0 的元素包括：以 BBS 和博客为主要代表，"一对多"和"多对多"的传播模式并存，如 RSS、博客、播客、维基、P2P 下载、社会书签、SNS、社区、分享服务等。博客是 Web2.0 里十分重要的元素，因为它打破了门户网站的信息垄断，在未来，博客的地位将更为重要。

Web2.0 的技术包括：

①Blog。博客/网志，Blog 的全名应该是 Web log，后来缩写为 Blog。Blog 是一个易于使用的网站，您可以在其中迅速发布想法、与他人交流以及从事其他活动。所有这一切都是免费的。

②RSS。RSS 是站点用来和其他站点之间共享内容的一种简易方式（也叫聚合内容）的技术。最初源自浏览器"新闻频道"的技术，通常被用于新闻和其他按顺序排列的网站，如 Blog。

③Wiki，百科全书。Wiki 是一种多人协作的写作工具，Wiki 站点可以有多人（甚至任何访问者）维护，每个人都可以发表自己的意见，或者对共同的主题进行扩展或者探讨。Wiki 指一种超文本系统。这种超文本系统支持面向社群的协作式写作，同时也包括一组支持这种写作的辅助工具。有人认为，Wiki 系统属于一种人类知识网格系统，我们可以在 Web 的基础上对 Wiki 文本进行浏览、创建、更改，而且创建、更改、发布的代价远比 HTML 文本小；Wiki 系统

第3章 基础理论

还支持面向社群的协作式写作,为协作式写作提供必要帮助;Wiki 的写作者自然构成了一个社群,Wiki 系统为这个社群提供简单的交流工具。与其他超文本系统相比,Wiki 有使用方便及开放的特点,所以 Wiki 系统可以帮助我们在一个社群内共享某领域的知识。

(3) Web3.0 时代(2005~2020 年)。

Web3.0 又叫 Sementic web,语义网,作用是连接知识,由本体、语义查询、人工智能、智能代理、知识结点、语义知识管理等构成。Web3.0 到来具有三个前提:第一,以博客技术为代表,围绕网民互动及个性体验的互联网应用技术不断完善和发展;第二,普及虚拟货币,虚拟货币兑换成为现实;第三,大家认同网络财富,解决网络财务安全问题。Web3.0 跟 Web2.0 一样,仍然不是技术的创新,而是思想的创新,进而指导技术的发展和应用。Web3.0 之后将催生新的王国,这个王国不再以地域和疆界进行划分,而是以兴趣、语言、主题、职业、专业进行聚集和管理。

Web3.0 时代具有以下特征:

①有效聚合。Web3.0 将应用 Mashup 技术对用户生成的内容信息进行整合,使内容信息的特征性更加明显,便于检索。Web3.0 将精确地阐明信息内容特征的标签进行整合,提高信息描述的精确度,从而便于互联网用户的搜索与整理。同时,对于 UGC 的筛选性过滤也将成为 Web3.0 不同于 Web2.0 的主要特征之一。聚合技术的应用将在 Web3.0 模式下发挥更大的作用,TAG/ONTO/RSS 基础聚合设施,渐进式语义网的发展也将为 Web3.0 构建完备的内容聚合与应用聚合平台。Web3.0 将传统意义的聚合技术和挖掘技术相结合,创造出更加个性化、搜索反应迅速、准确的"Web 挖掘个性化搜索引擎"。

②普适性。Web3.0 的网络模式将实现不同终端的兼容,从 PC 互联网到 WAP 手机、PDA、机顶盒和专用终端,不只应用在互联网单一终端上。现有的 Web2.0 只能通过 PC 终端应用在互联网这一单一的平台上,而 Web3.0 将打破这一僵局,使各种终端的用户群体都可以享受到在互联网上冲浪的便捷。实现融合网络的普适化、公用显示装置与个人智能终端的通用,同时加入 E-RAD 的应用与研发,使嵌入式技术在 Web3.0 模式下发挥更大的效力。

③数字新技术。Web3.0 将建立可信的 SNS(社会网络服务系统),可管理的 VoIP 与 IM,可控的 Blog/Vlog/Wiki,实现数字通信与信息处理、网络与计算、媒体内容与业务智能、传播与管理、艺术与人文的有序有效结合和融会贯通。

④垂直网站。从 2010 年开始,垂直网站进入"Web 3.0 时代"。3.0 时代的特征是个性化、互动性和深入的应用服务;更加彻底地站在用户角度;多渠道阅

读、本地化内容;用户之间分享应用体验;应用拉动营销,用户口碑拉动营销。用户的应用体验与分享,对网站流量和产品营销具有决定性作用;移动互联网和垂直网络实现有效对接,不是对接内容,而是用户体验和分享层面。垂直网站将与B2C实现对接,从而实现产品数据库查询、体验、购买、分享等整个过程的一体化。

(4) Web4.0时代(2015~2030年)。

即Ubiquitous,无所不在的网,作用S是连接情报,核心在任何时候、任何地方能够提供给你任何需要的东西。

3.3.2 "互联网+"的内涵

"互联网+"是两化(信息化和工业化)融合的升级版,将互联网作为当前信息化发展的核心特征,提取出来,并与工业、商业、金融业等服务业的全面融合。这其中关键就是创新,只有创新才能让这个+真正有价值、有意义。正因如此,"互联网+"被认为是创新2.0下的互联网发展新形态、新业态,是知识社会创新2.0推动下的经济社会发展新形态演进。通俗来说,"互联网+"就是"互联网+各个传统行业",但这并不是简单的两者相加,而是利用信息通信技术以及互联网平台,让互联网与传统行业进行深度融合,创造新的发展生态。因此,"互联网+"具有以下特征:

(1) 跨界融合。"+"即跨界、变革、开放和重塑融合。敢于跨界,创新的基础就更坚实;融合协同,群体智能才会实现,从研发到产业化的路径才会更垂直。

(2) 创新驱动。增长方式由传统的粗放资源驱动型增长方式转变为创新驱动型增长方式,在增长过程中发挥"互联网+"的求变、自我革命和力求创新的力量。

(3) 重塑结构。信息革命、全球化、互联网业正在打破了原有的社会结构、经济结构、地缘结构、文化结构,权力、议事规则、话语权不断在发生变化。各行各业重塑结构是必然趋势。

(4) 尊重人性。尊重人性是推动科技进步、经济增长、社会进步和文化繁荣的基础性力量,强大的互联网力量来源于对人性的最大限度的尊重、对人们体验的敬畏和对人的创造性的重视。

(5) 开放生态。推进"互联网+"的一个重要方向是化解传统制约创新的环节,把"孤岛式"创新连接起来,形成大联合、大生态。

(6) 连接一切。"互联网+"的基础环节是连接,连接具有层次性、差异性、价值可塑性和目标性。

3.3.3 "互联网+"外延之一：互联网思维

互联网思维是在（移动）互联网、大数据、云计算等快速发展背景下，对市场、用户、产品、企业价值链乃至对整个商业生态进行重新审视的思考方式。[228] 一般认为，互联网思维主要包括以下思维模式：

（1）用户思维。对经营理念和消费者的理解。用户思维贯穿企业运营的始终。互联网时代，消费者话语权日益增大，并影响着企业各个环节的决策。

（2）简约思维。对品牌和产品规划的理解。以往厂商多习惯大而全，产品线显得冗长，产品包装展示卖点多而全。极简思维贯穿品牌和品牌规划。

（3）极致思维。对产品和服务体验的理解。只要产品和服务给消费者带来的体验足够好，才能真正抓住消费者，真正赢得消费者。

（4）迭代思维。对创新流程的理解。传统企业推进新品一般长达2~3年的周期，而互联网背景下的企业的产品开发采取迭代方式，在与用户不断碰撞中把握用户需求，完善产品，产品在用户体验中得以完善。

（5）流量思维。对业务运营的理解。互联网背景下的企业具有典型的流量思维，"流量即出口""流量即金钱"等理念推动互联网背景下企业流量为先的策略。

（6）IP思维。对业务经营信任的理解，是品牌在互联网时代的升级版。内容泛滥、同质化时代，谁能降低用户的搜索成本，谁就能打造出来自己的IP。

（7）社会化思维。对传播链和关系链的理解。互联网背景下企业面对ID而员工和用户都是以网络的形式存在的，企业经营需要融入社会化思维。

（8）大数据思维。对企业资产、核心竞争力的理解。大数据成为互联网背景下的核心资产，数据挖掘与分析是企业的核心竞争力。大数据思维贯穿企业的整个经营链条。

（9）平台思维。对商业模式、组织形态的理解。

（10）跨界思维。对产品边界与创新的理解。纯物理经济与纯虚拟经济开始深度融合，很多产业边界开始模糊。

3.3.4 "互联网+"外延之二：与互联网有关的技术

（1）移动互联网。

移动互联网是移动和互联网融合的产物，将移动通信和互联网两者结合起来,融为一体,它是互联网的技术、平台、商业模式和应用与移动通信技术结合并实践的活动的总称。它继承了移动随时、随地、随身和互联网开放、分享、互动的优势,是一个全国性的、以宽带 IP 为技术核心的,可同时提供话音、传真、数据、图像、多媒体等高品质电信服务的新一代开放的电信基础网络,由运营商提供无线接入,互联网企业提供各种成熟的应用。[229]

移动互联网的组成可以归纳为移动通信网络、移动互联网终端设备、移动互联网应用和移动互联网相关技术四大部分。

①移动通信网络。移动互联网时代无须连接各终端、节点所需要的网线,移动通信技术通过无形网络将网络信号覆盖延伸到每个角落,让我们能随时随地接入所需的移动应用服务。

②移动互联网终端设备。移动互联网终端设备是移动互联网发展的重要助推器。

③移动互联网应用。电子阅读、移动音乐、手机游戏、视频应用、手机支付、位置服务等移动互联网应用改变人们的生活和生意。

④移动互联网相关技术。移动互联网相关技术总体上分移动互联网终端技术、移动互联网通信技术和移动互联网应用技术三部分。移动互联网终端技术包括硬件设备的设计和智能操作系统的开发技术。用户体验是终端操作系统的最高要求。移动互联网通信技术包括通信标准与各种协议、移动通信网络技术和中段距离无线通信技术。移动互联网应用技术包括服务器终端技术、浏览器技术和移动互联网安全技术。

(2)大数据。

一般学术界认为,大数据(big data),是指无法在一定时间范围内用常规软件工具进行捕捉、管理和处理的数据集合,需要新处理模式才能具有更强的决策力、洞察发现力和流程优化能力的海量、高增长率和多样化的信息资产。

维克托·迈尔—舍恩伯格及肯尼斯·库克耶认为大数据指不用随机分析法(抽样调查)这样捷径,而采用所有数据进行分析处理的数据集。[230]

IBM 公司将大数据的特点总结为 5V:Volume(大量)、Velocity(高速)、Variety(多样)、Value(低价值密度)、Veracity(真实性)。

麦肯锡全球研究所认为大数据是一种规模大到在获取、存储、管理、分析方面大大超出了传统数据库软件工具能力范围的数据集合,具有海量的数据规模、快速的数据流转、多样的数据类型和价值密度低四大特征。

大数据需要特殊的技术,以有效地处理海量的数据。适用于大数据的技术,包括大规模并行处理(MPP)数据库、数据挖掘、分布式文件系统、分布式数

第3章 基础理论

据库、云计算平台、互联网和可扩展的存储系统。

大数据包括结构化、半结构化和非结构化数据,非结构化数据越来越成为数据的主要部分。据IDC的调查报告显示:企业中80%的数据都是非结构化数据,这些数据每年都按指数增长60%。认知大数据从以下三个方面来分析:

一是大数据理论。洞悉大数据的发展趋势;从大数据隐私特别而重要的视角审视人和数据之间的长久博弈。

二是技术。从云计算、分布式处理技术、存储技术和感知技术来实现大数据采集、处理、存储到形成结果的整个过程。

三是实践。从互联网的大数据、政府的大数据、企业的大数据和个人的大数据四个方面来实现大数据的各种运用和场景。

(3) 数据挖掘。

知识发现过程由数据准备、数据挖掘以及结果表达和解释三个过程组成。

数据挖掘是指从数据库的大量数据中揭示出隐含的、先前未知的并有潜在价值的信息的过程。数据挖掘是一种决策支持过程,它主要基于人工智能、机器学习、模式识别、统计学、数据库、可视化技术等,高度自动化地分析企业的数据,作出归纳性的推理,从中挖掘出潜在的模式,帮助决策者调整市场策略,减少风险,作出正确的决策。

数据挖掘是通过分析每个数据,从大量数据中寻找其规律的技术,主要有数据准备、规律寻找和规律表示三个步骤。数据准备是从相关的数据源中选取所需的数据并整合成用于数据挖掘的数据集;规律寻找是用某种方法将数据集所含的规律找出来;规律表示是尽可能以用户可理解的方式(如可视化)将找出的规律表示出来。数据挖掘的任务有关联分析、聚类分析、分类分析、异常分析、特异群组分析和演变分析等。

(4) 云计算。

云计算(cloud computing)又称网络计算,是分布式计算的一种,指的是通过网络"云"将巨大的数据计算处理程序分解成无数个小程序,然后通过多部服务器组成的系统进行处理和分析这些小程序得到结果并返回给用户。通过云计算技术在很短的时间内完成对数以万计的数据的处理,从而达到强大的网络服务能力[231-233]。

云计算具有高灵活性、可扩展性和高性比等特点,与传统的网络技术与模式相比,具有以下优势:

①虚拟化技术。虚拟化突破了时间、空间的界限,是云计算最显著的特点,包括应用虚拟和资源虚拟两种模式。通过虚拟平台对相应终端操作完成数据备

份、迁移和扩展等功能。

②动态可扩展。云计算具有高效的运算能力，在原有服务器基础上增加云计算功能能够使计算速度迅速提高，最终实现动态扩展虚拟化，从而实现对相关应用进行扩展。

③按需部署。云计算平台能够根据用户的需求快速配备计算能力及资源。

④灵活性高。虚拟化要素统一放在云系统资源虚拟池中进行管理，云计算的兼容性非常强，不仅兼容低配置机器、不同厂商的硬件产品，还通过外设获得更高性能计算能力。

⑤可靠性高。通过云计算，即使出现服务器故障也不影响计算与应用的正常运行。单点服务器出现故障可以通过虚拟化技术将分布在不同物理服务器上面的应用进行恢复或利用动态扩展功能部署新的服务器来实现计算。

⑥性价比高。将资源放在虚拟资源池中统一管理优化了物理资源，用户不再需要昂贵、存储空间大的主机，可以选择相对廉价的 PC 组成云，一方面减少费用，另一方面计算性能不逊于大型主机。

⑦可扩展性。用户可以利用应用软件的快速部署条件简单快捷地将自身所需的已有业务以及新业务进行扩展。在对虚拟化资源进行动态扩展的情况下，同时能够高效扩展应用，提高计算机云计算的操作水平。

云计算常用的服务类型有三类：基础设施即服务（IaaS）、平台即服务（PaaS）和软件即服务（SaaS）。

①基础设施即服务（IaaS）。基础设施即服务向云计算提供商的个人或组织提供虚拟化计算资源，如虚拟机、存储、网络和操作系统。

②平台即服务（PaaS）。平台即服务为开发人员提供通过全球互联网构建应用程序和服务的平台，为开发、测试和管理软件应用程序提供按需开发环境。

③软件即服务（SaaS）。软件即服务通过互联网提供按需软件付费应用程序，云计算提供商托管和管理软件应用程序，并允许其用户连接到应用程序并通过全球互联网访问应用程序。

云计算需要实现体系结构、资源监控和自动化部署等关键技术。

①体系结构。实现计算机云计算需要创造一定的环境与条件，尤其是体系结构必须具备以下关键特征：第一，要求系统必须智能化，具有自治能力，减少人工作业的前提下实现自动化处理平台智能响应要求，云系统应内嵌有自动化技术；第二，面对变化信号或需求信号云系统要有敏捷的反应能力，对云计算的架构有一定的敏捷要求；第三，随着服务级别和增长速度的快速变化，云计算同样面临巨大挑战，而内嵌集群化技术与虚拟化技术能够应付此类变化。云计算平台

第3章 基础理论

的体系结构由用户界面、服务目录、管理系统、部署工具、监控和服务器集群组成。

②资源监控。云系统上的资源数据十分庞大，同时资源信息更新速度快，想要精准、可靠的动态信息需要有效途径确保信息的快捷性。云系统能够为动态信息进行有效部署，同时兼备资源监控功能，有利于对资源的负载、使用情况进行管理。资源监控作为资源管理的"血液"，对整体系统性能起关键作用，一旦系统资源监管不到位，信息缺乏可靠性，那么其他子系统引用了错误的信息，必然对系统资源的分配造成不利影响。

③自动化部署。对云资源进行自动化部署指的是基于脚本调节的基础上实现不同厂商对于设备工具的自动配置，用以减少人机交互比例、提高应变效率，避免超负荷人工操作等现象的发生，最终推进智能部署进程。自动化部署主要指的是通过自动安装与部署来实现计算资源由原始状态变成可用状态。其与计算中表现为能够划分、部署与安装虚拟资源池中的资源为能够给用户提供各类应用于服务的过程，包括存储、网络、软件以及硬件等。系统资源的部署步骤较多，自动化部署主要是利用脚本调用来自动配置、部署与配置各个厂商设备管理工具，保证在实际调用环节能够采取静默的方式来实现，避免了繁杂的人际交互，让部署过程不再依赖人工操作。数据模型与工作流引擎是自动化部署管理工具的重要部分。

（5）物联网。

物联网（the internet of things，IOT）是指通过各种信息传感器、射频识别技术、全球定位系统、红外感应器、激光扫描器等各种装置与技术，实时采集任何需要监控、连接、互动的物体或过程，采集其声、光、热、电、力学、化学、生物、位置等各种需要的信息，通过各类可能的网络接入，实现物与物、物与人的泛在连接，实现对物品和过程的智能化感知、识别和管理。物联网是一个基于互联网、传统电信网等的信息承载体，使所有能够被独立寻址的普通物理对象形成互联互通的网络。[234-235]

物与物、人与物之间的信息交互是物联网的核心。物联网的基本特征包括整体感知、可靠传输和智能处理。

①整体感知。利用射频识别、二维码、智能传感器等感知设备感知获取物体的各类信息。

②可靠传输。通过融合互联网和无线网络，将物体的信息实时、准确地传送，以便信息交流和分享。

③智能处理。使用各种智能技术对感知和传送到的数据、信息进行分析处

理，实现监测与控制的智能化。

物联网主要功能包括：

①获取信息。包括信息感知和信息识别。信息感知是指对事物属性状态及其变化方式的知觉和敏感；信息识别是指能把所感受到的事物状态用一定方式表示出来。

②传送信息。包括信息发送、传输、接收等环节，把获取的事物状态信息及变化的方式从时间或空间上的一点传送到另一点，即通讯过程。

③处理信息。是信息的加工过程，利用已有的信息或感知的信息产生新的信息，本质是制定决策的过程。

④施效信息。是信息最终发挥效用的过程，有很多表现形式，比较重要的是通过调节对象事物的状态及其变换方式，始终使对象处于预先设计的状态。

物联网核心技术包括射频识别技术、传感网技术、M2M 系统框架和云计算等。

①射频识别技术。射频识别技术（Radio Frequency Identification，RFID）是一种简单的无线系统，由一个询问器（或阅读器）和很多应答器（或标签）组成。标签由耦合元件及芯片组成，每个标签具有扩展词条唯一的电子编码，附着在物体上标识目标对象，它通过天线将射频信息传递给阅读器，阅读器就是读取信息的设备。RFID 技术赋予物联网可跟踪性的特性。

②传感网。微机电系统（Micro-Electro-Mechanical Systems，MEMS）由微传感器、微执行器、信号处理和控制电路、通信接口和电源等部件组成的一体化的微型器件系统。其目标是把信息的获取、处理和执行集成在一起，组成具有多功能的微型系统，集成于大尺寸系统中，从而大幅度地提高系统的自动化、智能化和可靠性水平。微机电系统赋予普通物体新的生命，使其具有属于自己的数据传输通路、存储功能、操作系统和专门的应用程序，从而形成一个庞大的传感网。

③M2M 系统框架。M2M 系统架构（Machine-to-Machine/Man，M2M）是以机器终端智能交互为核心的、网络化的应用与服务，它使对象实现智能化的控制。M2M 技术涉及机器、M2M 硬件、通信网络、中间件和应用五个系统要素。基于云计算平台和智能网络，可以依据传感器网络获取的数据进行决策，改变对象的行为进行控制和反馈。

④云计算。

（6）区块链。

区块链起源于比特币，2008 年 11 月 1 日，一位自称中本聪（Satoshi Naka-

第3章 基础理论

moto）的人发表了《比特币：一种点对点的电子现金系统》一文，阐述了基于P2P网络技术、加密技术、时间戳技术、区块链技术等的电子现金系统的构架理念，这标志着比特币的诞生。两个月后理论步入实践，2009年1月3日第一个序号为0的创世区块诞生。2009年1月9日出现序号为1的区块，并与序号为0的创世区块相连接形成了链，标志着区块链的诞生。[236-237]

近年来，作为比特币底层技术之一的区块链技术日益受到重视。在比特币形成过程中，区块是一个一个的存储单元，记录了一定时间内各个区块节点全部的交流信息。各个区块之间通过随机散列（也称哈希算法）实现链接，后一个区块包含前一个区块的哈希值，随着信息交流的扩大，一个区块与一个区块相继接续，形成的结果就叫区块链。

区块链（Blockchain）是一个分布式的共享账本和数据库，具有去中心化、不可篡改、全程留痕、可以追溯、集体维护、公开透明等特点。这些特点保证了区块链的"诚实"与"透明"，为区块链创造信任奠定基础。区块链丰富的应用场景，基于区块链能够解决信息不对称问题，实现多个主体之间的协作信任与一致行动。

①去中心化。区块链技术不依赖额外的第三方管理机构或硬件设施，没有中心管制，除了自成一体的区块链本身外，通过分布式核算和存储，各个节点实现了信息自我验证、传递和管理。去中心化是区块链最突出最本质的特征。

②开放性。区块链技术基础是开源的，除了交易各方的私有信息被加密外，区块链的数据对所有人开放，任何人都可以通过公开的接口查询区块链数据和开发相关应用，因此整个系统信息高度透明。

③独立性。基于协商一致的规范和协议（类似比特币采用的哈希算法等各种数学算法），整个区块链系统不依赖其他第三方，所有节点能够在系统内自动安全地验证、交换数据，不需要任何人为的干预。

④安全性。只要不能掌控全部数据节点的51%，就无法肆意操控修改网络数据，这使区块链本身变得相对安全，避免了主观人为的数据变更。

⑤匿名性。除非有法律规范要求，单从技术上来讲，各区块节点的身份信息不需要公开或验证，信息传递可以匿名进行。

区块链涉及数学、密码学、互联网和计算机编程等众多科学技术问题，是分布式数据存储、点对点传输、共识机制、加密算法等计算机技术的新型应用模式。它本质上是一个去中心化的数据库，同时作为比特币的底层技术，是一串使用密码学方法相关联产生的数据块，每一个数据块中包含一批次比特币网络交易的信息，用于验证其信息的有效性（防伪）和生成下一个区。

一般意义上，区块链系统由数据层、网络层、共识层、激励层、合约层和应用层组成。数据层封装了底层数据区块以及相关的数据加密和时间戳等基础数据和基本算法；网络层则包括分布式组网机制、数据传播机制和数据验证机制等；共识层主要封装网络节点的各类共识算法；激励层将经济因素集成到区块链技术体系中来，主要包括经济激励的发行机制和分配机制等；合约层主要封装各类脚本、算法和智能合约，是区块链可编程特性的基础；应用层则封装了区块链的各种应用场景和案例。

区块链包括分布式账本、非对称加密、共识机制、智能合约等核心技术。

①分布式账本。分布式账本指的是交易记账由分布在不同地方的多个节点共同完成，而且每一个节点记录的是完整的账目，它们都可以参与监督交易合法性，同时也可以共同为其作证。与传统的分布式存储有所不同，区块链的分布式存储的独特性主要体现在两个方面：一是区块链每个节点都按照块链式结构存储完整的数据，传统分布式存储一般是将数据按照一定的规则分成多份进行存储；二是区块链每个节点存储都是独立的、地位等同的，依靠共识机制保证存储的一致性，而传统分布式存储一般是通过中心节点往其他备份节点同步数据。没有任何一个节点可以单独记录账本数据，从而避免了单一记账人被控制或者被贿赂而记假账的可能性。也由于记账节点足够多，理论上讲除非所有的节点被破坏，否则账目就不会丢失，从而保证了账目数据的安全性。

②非对称加密。存储在区块链上的交易信息是公开的，但是账户身份信息是高度加密的，只有在数据拥有者授权的情况下才能访问到，从而保证了数据的安全和个人的隐私。

③共识机制。共识机制就是所有记账节点之间怎么达成共识，去认定一个记录的有效性，这既是认定的手段，也是防止篡改的手段。区块链提出了四种不同的共识机制，适用于不同的应用场景，在效率和安全性之间取得平衡。区块链的共识机制具备"少数服从多数""人人平等"的特点，其中，"少数服从多数"并不完全指节点个数，也可以是计算能力、股权数或者其他的计算机比较的特征量；"人人平等"是当节点满足条件时，所有节点都有权优先提出共识结果、直接被其他节点认同后并有可能成为最终共识结果。

④智能合约。智能合约是基于可信的不可篡改的数据，可以自动化地执行一些预先定义好的规则和条款。

（7）虚拟现实技术（VR）。

虚拟现实技术（Virtual Reality，VR）是虚拟和现实的结合，是一种可以创建和体验虚拟世界的计算机仿真系统，它利用计算机生成一种模拟环境，使用户

第3章 基础理论

沉浸到该环境中。具体地讲,虚拟现实技术就是利用现实生活中的数据,通过计算机技术产生的电子信号,将其与各种输出设备结合使其转化为能够让人们感受到的现象,这些现象既可以是现实中真真切切的物体,也可以是我们肉眼所看不到的物质,最后通过三维模型表现出来。这些现象不是我们直接所能看到的,而是通过计算机技术模拟出来的现实中的世界,被称为虚拟现实。

虚拟现实技术(VR)受到了越来越多人的认可,用户可以在虚拟现实世界体验到最真实的感受,其模拟环境的真实性与现实世界难辨真假,让人有种身临其境的感觉;虚拟现实具有一切人类所拥有的感知功能,如听觉、视觉、触觉、味觉、嗅觉等感知系统;它具有超强的仿真系统,真正实现了人机交互,使人在操作过程中可以随意操作并且得到环境最真实的反馈。

虚拟现实技术具有沉浸性、交互性、多感知性、构想性和自主性等特征。

①沉浸性。沉浸性是虚拟现实技术最主要的特征,就是让用户成为并感受到自己是计算机系统所创造环境中的一部分。沉浸性取决于用户的感知系统,当使用者感知到虚拟世界的刺激(触觉、味觉、嗅觉、运动感知等)时,便会产生思维共鸣,造成心理沉浸,感觉如同进入真实世界。

②交互性。交互性是指用户对模拟环境内物体的可操作程度和从环境得到反馈的自然程度,使用者进入虚拟空间,相应的技术让使用者与环境产生相互作用,当使用者进行某种操作时,周围的环境也会做出某种反应。例如,使用者接触到虚拟空间中的物体,那么使用者手上应该能够感受到,若使用者对物体有所动作,物体的位置和状态也应改变。

③多感知性。多感知性表示计算机技术应该拥有诸如听觉、触觉、嗅觉等多种感知方式。理想的虚拟现实技术(VR)应该具有一切人所具有的感知功能。

④构想性。构想性也称想象性,使用者在虚拟空间中,可以与周围物体进行互动,可以拓宽认知范围,创造客观世界不存在的场景或不可能发生的环境。构想可以理解为使用者进入虚拟空间,根据自己的感觉与认知能力吸收知识,发散拓宽思维,创立新的概念和环境。

⑤自主性是指虚拟环境中物体依据物理定律动作的程度。例如,当受到力的推动时,物体会向力的方向移动,或翻倒,或从桌面落到地面等。

虚拟现实技术(VR)包括动态环境建模技术、实时三维图形生成技术、立体显示与传感器技术、应用系统开发工具等核心技术。

①动态环境建模技术。这是VR系统的核心内容,目的是获取实际环境的三维数据,并根据应用的需要建立相应的虚拟环境模型。

②实时三维图形生成技术。三维图形的生成技术已经较为成熟,那么关键就

是"实时"生成。

③立体显示与传感器技术。虚拟现实的交互能力依赖于立体显示和传感器技术的发展，现有的设备不能满足需要，力学和触觉传感装置的研究也有待进一步深入，虚拟现实设备的跟踪精度和跟踪范围也有待提高。

④应用系统开发工具。虚拟现实应用的关键是寻找合适的场合和对象，选择适当的应用对象可以大幅度提高生产效率，减轻劳动强度，提高产品质量。想要达到这一目的，则需要研究虚拟现实的开发工具。

⑤系统集成技术。由于VR系统中包括大量的感知信息和模型，因此系统集成技术起着至关重要的作用，集成技术包括信息的同步技术、模型的标定技术、数据转换技术、数据管理模型、识别与合成技术等。

（8）增强现实技术（AR）。

增强现实技术（Augmented Reality，AR），也称扩增现实技术，是促使真实世界信息和虚拟世界信息内容之间综合在一起的技术，其将原本在现实世界的空间范围中比较难以进行体验的实体信息在计算机等科学技术的基础上，实施模拟仿真处理，叠加将虚拟信息内容在真实世界中加以有效应用，并且在这一过程中能够被人类感官所感知，从而实现超越现实的感官体验。真实环境和虚拟物体之间重叠之后，能够在同一个画面以及空间中同时存在。

增强现实技术（AR）不仅能够有效体现出真实世界的内容，也能够促使虚拟信息内容显示出来，这些细腻内容相互补充和叠加。在视觉化的增强现实中，用户需要在头盔显示器的基础上，促使真实世界能够和电脑图形之间重合在一起，在重合之后可以充分看到真实的世界围绕着它。增强现实技术中主要有多媒体和三维建模以及场景融合等新的技术和手段，增强现实所提供的信息内容和人类能够感知的信息内容之间存在着明显不同。

增强现实技术（AR）包括跟踪注册技术、显示技术、虚拟物体生成技术、交互技术等核心技术。

①跟踪注册技术。为了实现虚拟信息和真实场景的无缝叠加，要求虚拟信息与真实环境在三维空间位置中进行配准注册。这包括使用者的空间定位跟踪和虚拟物体在真实空间中的定位两个方面的内容。

②显示技术。为了能够得到较为真实的虚拟相结合的系统，使实际应用便利程度不断提升，使用色彩较为丰富的显示器是其重要基础。在这一基础上，显示器包含头盔显示器和非头盔显示设备等相关内容，透视式头盔能够为用户提供相关的逆序融合在一起的情境，这些系统在具体操作过程中，操作的原理和虚拟现实领域中的沉浸式头盔等内容之间相似程度比较高级。其和使用者交互的接口及

第3章 基础理论

图像等综合在一起，使用更加真实有效的环境对其实施应用微型摄像机的形式，拍摄外部环境图像，使计算机图像在得到有效处理时，可以和虚拟以及真实环境融合在一起，并且两者之间的图像也能够得以叠加。光学透视头盔显示器可以在这一基础上利用安装在用户眼前的半透半反光学合成器，充分和真实环境综合在一起，真实的场景可以在半透镜的基础上，为用户提供支持，并且满足用户的相关操作需要。

③虚拟物体生成技术。当前虚拟物体的生成是在三维建模技术的基础上得以实现的，能够充分体现出虚拟物体的真实感，在对增强现实动感模型研发的过程中，需要能够全方位和集体化对物体对象展示出来。虚拟物体生成的过程中，自然交互是其中比较重要的技术内容，在具体实施时，对现实技术的有效实施有效辅助，使信息注册更好实现，利用图像标记实时监控外部输入信息内容，使增强现实信息的操作效率能够提升，并且用户在信息处理时，可以有效实现信息内容的加工，提取其中有用的信息内容。

④交互技术。交互就是帮助虚拟事物在现实中更好的呈现做准备，要实现更好的 AR 体验，交互是重中之重。AR 设备的交互方式主要有三种方式：第一，通过现实世界中的点位选取来进行交互；第二，将空间中的一个或多个事物的特定姿势或者状态加以判断，这些姿势都对应着不同的命令，使用者可以任意改变和使用命令来进行交互；第三，使用特制工具进行交互。

⑤合并技术。增加 AR 使用者的现实体验，就要求 AR 具有很强真实感，因此不单单只考虑虚拟事物的定位，还需要考虑虚拟事物与真实事物之间的遮挡关系以及具备四个条件：几何一致、模型真实、光照一致和色调一致，这四者缺一不可，任何一种的缺失都会导致 AR 效果的不稳定，从而严重影响 AR 的体验。

（8）人工智能（AI）。

人工智能（Artificial Intelligence，AI）是研究、开发用于模拟、延伸和扩展人的智能的理论、方法、技术及应用系统的一门新的技术科学。

人工智能是计算机科学的一个分支，它企图了解智能的实质，并生产出一种新的能以人类智能相似的方式做出反应的智能机器，该领域的研究包括机器人、语言识别、图像识别、自然语言处理和专家系统等。人工智能自诞生以来，理论和技术日益成熟，应用领域也不断扩大，未来人工智能带来的科技产品，将会是人类智慧的"容器"。人工智能可以对人的意识、思维的信息过程的模拟。人工智能不是人的智能，但能像人那样思考，也可能超过人的智能。

用来研究人工智能的主要物质基础以及能够实现人工智能技术平台的机器就是计算机，人工智能的发展历史是和计算机科学技术的发展史联系在一起的。除了计算机科学以外，人工智能还涉及信息论、控制论、自动化、仿生学、生物学、心理学、数理逻辑、语言学、医学和哲学等多门学科。人工智能学科研究的主要内容包括：知识表示、自动推理和搜索方法、机器学习和知识获取、知识处理系统、自然语言理解、计算机视觉、智能机器人、自动程序设计等方面。

（9）第五代移动通信技术（5G）。

第五代移动通信技术（5th Generation Mobile Network，5G技术）是最新一代蜂窝移动通信技术，也是继4G（LTE-A、WiMax）、3G（UMTS、LTE）和2G（GSM）系统之后的延伸。5G的性能目标是高数据速率、减少延迟、节省能源、降低成本、提高系统容量和大规模设备连接。

5G网络的主要优势：一是数据传输速率远远高于以前的蜂窝网络，最高可达10Gbit/s，比当前的有线互联网要快，比先前的4G LTE 蜂窝网络快100倍；二是较低的网络延迟（更快的响应时间），低于1毫秒，而4G为30~70毫秒。5G网络将不仅仅为手机提供服务，而且还将成为一般性的家庭和办公网络提供商，与有线网络提供商竞争。以前的蜂窝网络提供了适用于手机的低数据率互联网接入，但是一个手机发射塔不能经济地提供足够的带宽作为家用计算机的一般互联网供应商。

5G网络具有以下特点：峰值速率需要达到Gbit/s的标准，以满足高清视频、虚拟现实等大数据量传输；空中接口时延水平需要在1ms左右，满足自动驾驶、远程医疗等实时应用；超大网络容量，提供千亿设备的连接能力，满足物联网通信；频谱效率要比LTE提升10倍以上；连续广域覆盖和高移动性下，用户体验速率达到100Mbit/s；流量密度和连接数密度大幅度提高；系统协同化，智能化水平提升，表现为多用户、多点、多天线、多摄取的协同组网，以及网络间灵活地自动调整。

5G网络具有超密集异构网络、自组织网络、内容分发组织、D2D通信、M2M通信和信息中心网络等核心技术。

①超密集异构网络。在5G网络中，减小小区半径、增加低功率节点数量是保证未来5G网络支持1 000倍流量增长的核心技术之一，超密集异构网络成为未来5G网络提高数据流量的关键技术。

②自组织网络。在5G网络中，网络存在各种无线接入技术，网络节点覆盖能力各不相同，它们之间的关系错综复杂。因此，自组织网络（Self-organizing network，SON）的智能化将成为5G网络必不可少的一项关键技术。自组织网络技术解决的关键问题主要有：网络部署阶段的自规划和自配；网络维护阶段的自优化和自愈合。

第3章 基础理论

③内容分发网络。在 5G 网络中,面向大规模用户的音频、视频、图像等业务急剧增长,网络流量的爆炸式增长会极大地影响用户访问互联网的服务质量。如何有效地分发大流量的业务内容,降低用户获取信息的时延,成为网络运营商和内容提供商面临的一大难题。仅仅依靠增加带宽并不能解决问题,它还受到传输中路由阻塞和延迟、网站服务器的处理能力等因素的影响,这些问题的出现与用户服务器之间的距离有密切关系。内容分发网络(Content Distribution Network,CDN)会对未来 5G 网络的容量与用户访问具有重要的支撑作用。

④D2D 通信。在 5G 网络中,网络容量、频谱效率需要进一步提升,更丰富的通信模式以及更好的终端用户体验也是 5G 的演进方向。设备到设备通信(Device–to–device Communication,D2D)具有潜在的提升系统性能、增强用户体验、减轻基站压力、提高频谱利用率的前景。因此,D2D 是未来 5G 网络中的关键技术之一。D2D 通信是一种基于蜂窝系统的近距离数据直接传输技术。D2D 会话的数据直接在终端之间进行传输,不需要通过基站转发,而相关的控制信令,如会话的建立、维持、无线资源分配以及计费、鉴权、识别、移动性管理等仍由蜂窝网络负责。蜂窝网络引入 D2D 通信,可以减轻基站负担,降低端到端的传输时延,提升频谱效率,降低终端发射功率。当无线通信基础设施损坏,或者在无线网络的覆盖盲区时,终端可借助 D2D 实现端到端通信甚至接入蜂窝网络。在 5G 网络中,既可以在授权频段部署 D2D 通信,也可以在非授权频段部署。

⑤M2M 通信。M2M(Machine to Machine,M2M)作为物联网最常见的应用形式,在智能电网、安全监测、城市信息化、环境监测等领域实现了商业化应用。3GPP 已经针对 M2M 网络制定了一些标准,并已立项开始研究 M2M 关键技术。M2M 的定义主要有广义和狭义两种。广义的 M2M 主要是指机器对机器、人与机器间以及移动网络和机器之间的通信,它涵盖了所有实现人、机器、系统之间通信的技术;从狭义上说,M2M 仅仅指机器与机器之间的通信。智能化、交互式是 M2M 有别于其他应用的典型特征,这一特征下的机器也被赋予了更多的"智慧"。

⑥信息中心网络。随着实时音频、高清视频等服务的日益激增,基于位置通信的传统 TCP/IP 网络无法满足数据流量分发的要求。网络呈现出以信息为中心的发展趋势。信息中心网络(Information–centric Network,ICN)的思想最早是 1979 年由 Nelson 提出来的,后来被 Baccala 强化。作为一种新型网络体系结构,ICN 的目标是取代现有的 IP。ICN 所指的信息包括实时媒体流、网页服务、多媒体通信等,而信息中心网络就是这些片段信息的总集合。

3.4
当前我国鲜活农产品流通模式分析

3.4.1 流通渠道模式分析

图3.4体现的是传统的鲜活农产品流通渠道的总体逻辑模型，表现为"生产要素供应市场—生产者—中间商—消费者市场"的流通链条，包含物的流动、价值的流动、资金的流动、信息的流动。流通的逻辑起点是生产要素市场提供的生产要素的数量与质量水平，逻辑终点是消费者对鲜活农产品的满意度。这个逻辑终点也是在当前消费者主权的大环境下鲜活农产品流通的核心，所有环节都围绕这个核心展开。

传统的鲜活农产品流通过程包括物的流动、价值的流动、资金的流动和信息的流动，而时间和流通环境构成了农产品流通的核心要素。

（1）物的流动。生产介质（土地、水面、牧场、养殖场等）、技术、标准、种籽、生产物资、劳动力等构成鲜活农产品生产要素市场的供应物，这些供应物通过千家万户生产者的生产过程得到初级的鲜活农产品，初级的鲜活农产品或通过生产者，或通过N级中间商商品化处理和配送，最终传递到消费者手里。

（2）价值的流动。物的流动背后，隐含着价值流动和价值增值，价值增值既是利润的来源，又是各级利益相关者满意的基础。

（3）资金的流动。资金的流动是物的流动的逆流动，在各个节点物的流动与资金的流动构成营销意义上的交换，其核心因素是价值的"对等"，在价值"对等"基础上的交换形成各个节点的利润。

（4）信息的流动。信息的流动是双向的，正向的信息流动主要是上一级利益相关者对下一级利益相关者（生产要素供应商对生产者，生产者对下一级中间商，以此类推）的营销传播信息，营销传播信息主要包括广告、公共关系、营业推广、人员推销、口碑、社交化传播等。逆向的信息流动是下一级利益相关者对上一级利益相关者（消费者对最终端的中间商，最终端中间商对上一级中间商，以此类推）的需求信息及消费反馈的传递。信息的双向流动是流通渠道各个节点信息互动、最终促成顾客满意、实现持久利润的重要因素。

（5）时间和环境构成鲜活农产品流通效率的核心因素。这是鲜活农产品区别于其他产品流通的独特因素，也是由鲜活农产品产品本身和消费者需求特点所

第3章 基础理论

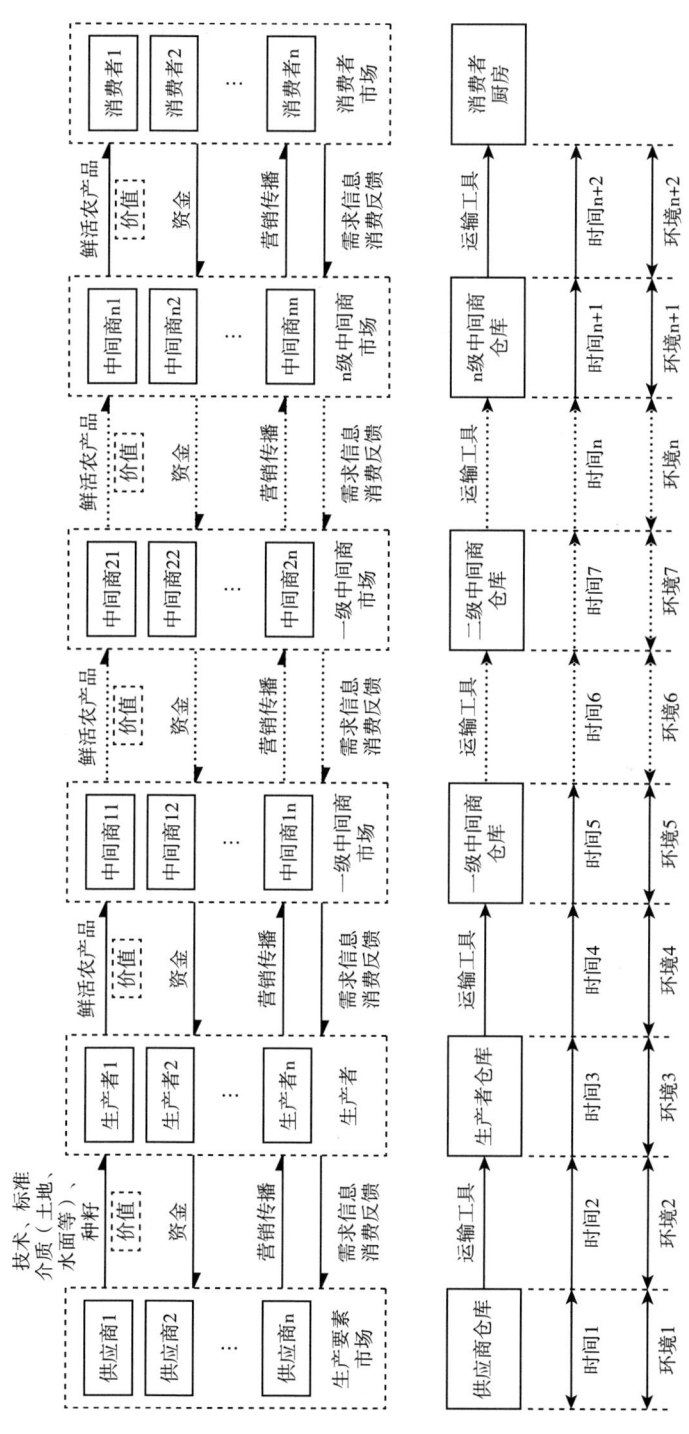

图 3.4 传统的鲜活农产品流通渠道模式总体逻辑模型

注：环境包括：温度、湿度、平稳性。

决定的。环境包括三个方面：温度、湿度及平稳性，各个节点的环境与时间既决定了鲜活农产品流通的水平，也决定了消费者满意的水平。全程冷链是鲜活农产品流通的趋势，但由于成本、基础设施等因素，鲜活农产品全程冷链流通模式处于小众状态。

根据中间商的类型与长度，本书将传统的鲜活农产品流通渠道模式分为四大类：以批发市场为核心的流通渠道模式，以农贸市场为核心的流通渠道模式，以连锁超市为核心的流通渠道模式，其他的流通模式。

（1）以批发市场为核心的鲜活农产品流通渠道模式。

图3.5体现的是传统的以批发市场为核心的鲜活农产品流通渠道模式，这是当前鲜活农产品流通渠道模式中比例最大的渠道模式。

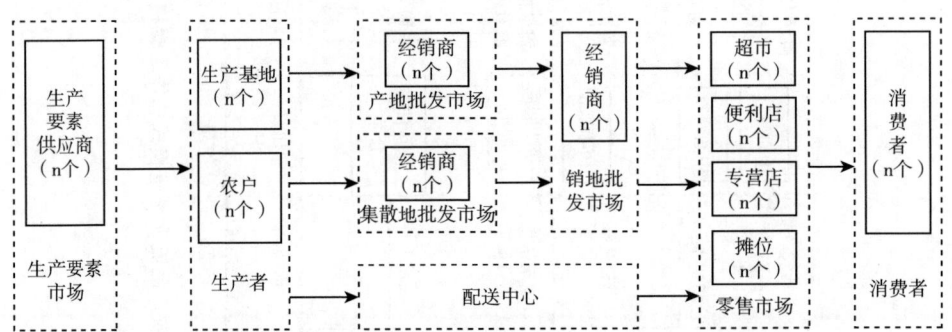

图3.5 传统的以批发市场为核心的鲜活农产品流通渠道模式逻辑模型

注："——"中隐含各种走向的物的流动、价值流动、资金流动、信息流动及对时间、环境（温度、湿度、平稳性）的需求。

根据中间商数量和类型不同，可以分五类具体的流通渠道模式：

第一类：生产要素市场—生产者—销地批发市场—零售市场—消费者；

第二类：生产要素市场—生产者—产地批发市场—零售市场—消费者；

第三类：生产要素市场—生产者—产地批发市场—销地批发市场—零售市场—消费者；

第四类：生产要素市场—生产者—集散地批发市场—销地批发市场—零售市场—消费者；

第五类：生产要素市场—生产者—配送中心—零售市场—消费者。

这种渠道模式把批发市场作为核心企业，作为联结生产要素供应商、生产者、各环节经销商、消费者的纽带。当前的很多农产品批发市场运营商通过不断拓展服务功能来进一步强化这种流通模式的科学性和合理性，这些功能包括批发

第3章 基础理论

交易、冷藏冷冻、仓储保管、流通加工、分货拣选、包装、配送等，更深层次的功能就是将这些功能整合，建立综合的现代鲜活农产品流通服务体系，批发市场还联结各个节点中利益相关者实施系统管理，建立利益共享、风险共担的运行机制。

这种渠道模式有容纳性强、规模大、对商品消化能力强等优势，但也存在信息传递滞后、环节过多、运输时间长、保鲜难、食品安全难保证、中间成本居高不下、生产环节薄利而零售环节价格过高、生产者和消费者都不满意等"软肋"。

（2）以农贸市场为核心的鲜活农产品流通渠道模式。

图3.6体现的是传统的以农贸市场为核心的鲜活农产品流通渠道模式，这是当前鲜活农产品流通渠道模式中仅次于以批发市场为核心的主流流通渠道模式。农贸市场是指用于销售包括鲜活农产品在内的各类农产品和食品的以零售经营为主的固定场所。不同于批发市场，农贸市场以零售为主。

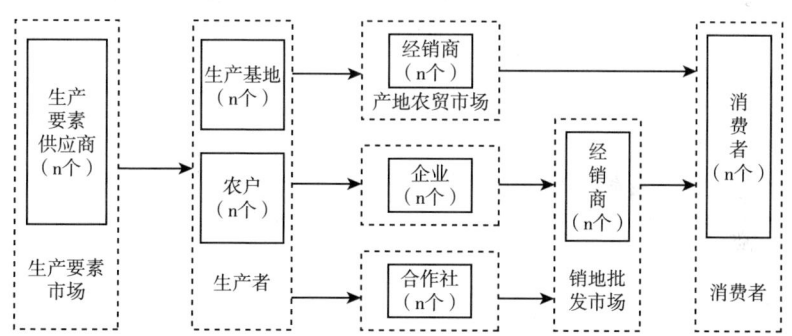

图3.6 传统的以农贸市场为核心的鲜活农产品流通渠道模式逻辑模型

注："——→"中隐含各种走向的物的流动、价值流动、资金流动、信息流动及对时间、环境（温度、湿度、平稳性）的需求。

根据中间商数量与类型不同，可以分三类具体的流通渠道模式：

第一类：生产要素市场—生产者—产地农贸市场—消费者；

第二类：生产要素市场—生产者—企业—销地农贸市场—消费者；

第三类：生产要素市场—生产者—农业合作社—销地农贸市场—消费者。

这种模式作为最传统的流通渠道模式，曾发挥着核心渠道作用。随着人们生活方式和生活习惯的变化，这种方式将面临退出、升级和转型。

这种渠道模式有容纳性强、规模适中、便民等优势，但存在环节多、中间成本高、时间长、保鲜难度大、食品安全难保证、生产环节薄利而零售环节价格过高等与以批发市场为核心的流通渠道模式一样的"软肋"。

（3）以连锁超市为核心的鲜活农产品流通渠道模式。

图3.7体现的是传统的以连锁超市为核心的鲜活农产品渠道模式，这是近20年来形成的鲜活农产品流通渠道模式。

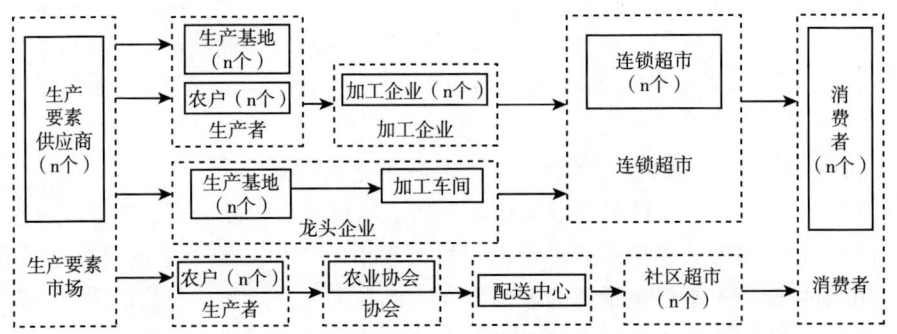

图 3.7 传统的以连锁超市为核心的鲜活农产品流通渠道模式逻辑模型

注："——"中隐含各种走向的物的流动、价值流动、资金流动、信息流动及对时间、环境（温度、湿度、平稳性）的需求。

根据中间商类型与数量，可以分为三类渠道模式：

第一类：生产要素市场—生产者—加工企业—连锁超市—消费者；

第二类：生产要素市场—龙头企业（生产、加工一体化）—连锁超市—消费者；

第三类：生产要素市场—生产者—农业协会—配送中心—社区超市—消费者。

另外，图3.8还体现一类特殊的以连锁超市为核心的渠道模式类型："连锁超市直采"模式：生产要素市场—连锁超市系统（采购、加工、销售一体化）—消费者。

这种渠道模式的优势是可以直接或间接通过农产品生产基地集中采购，中间环节减少，鲜活农产品的新鲜度和安全度有保障的可能。但是这种模式的"软肋"是：缺少高水平、专业化的鲜活产品的流通服务商，受制于上游环节，上游运作不顺畅、不稳定。

第3章 基础理论

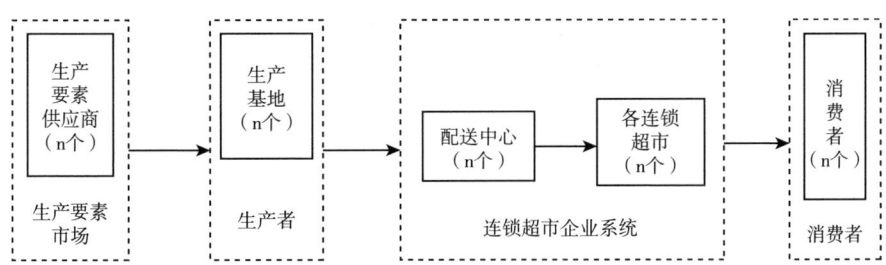

图 3.8 鲜活农产品流通"超市直采"模式逻辑模型

注:"——→"中隐含各种走向的物的流动、价值流动、资金流动、信息流动及对时间、环境(温度、湿度、平稳性)的需求。

(4) 其他的鲜活农产品流通渠道模式。

除当前三大类主流渠道模式外,还存在以物流企业为核心、以农业合作社为核心、以龙头企业为核心的流通渠道模式,而这三种模式的流通渠道与以上三大类主流渠道模式中的某些渠道模式重合,只是在渠道中起核心地位的利益相关者有所改变,本书不再赘述。除此之外,还存在众筹模式、社群模式、"农餐对接""采摘体验"、鲜活农产品电子商务等小众的流通渠道模式。

图 3.9 体现的是"农餐对接"的流通渠道模式,这种流通渠道模式是近两年部分地区兴起的、以"配送中心"为节点、以酒店食材集成为主要内容、以服务酒店为目标的渠道模式。这种模式尽管小众,但其本质是顾客导向、定制化服务、集成化运营,本书认为这成为将来以酒店、食堂为主要目标市场的鲜活农产品流通渠道的发展方向。

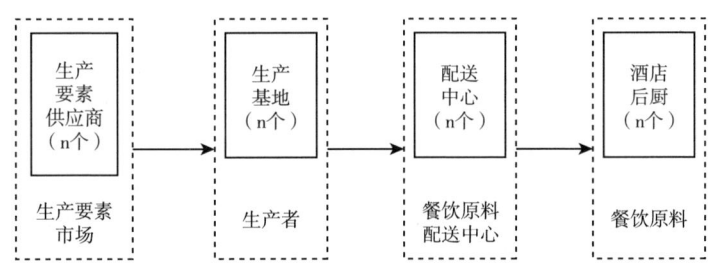

图 3.9 鲜活农产品流通"农餐对接"模式逻辑模型

图 3.10 体现的是近年来发展起来的、农业与旅游跨界运营的方式之一"采摘体验"。这种模式与三种主流的流通渠道模式比起来,无论从数量上还是从占比上也属于小众,但是这种模式带动了城市群体的全民参与,在采摘之外融入了更多的诸如购买菜园果园使用权、农事体验等创意性活动。在人们生活水平不断

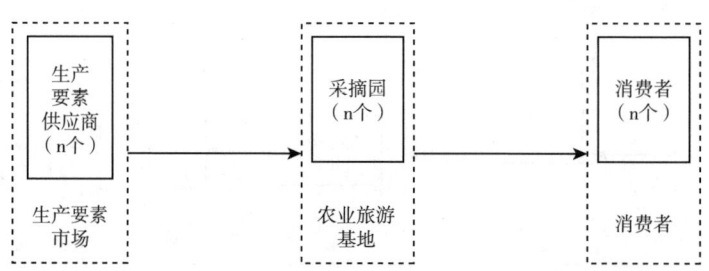

图 3.10　鲜活农产品流通"采摘体验"模式逻辑模型

提高、消费观念不断变化的过程中,这种模式也不能小觑。

图 3.11 体现的是鲜活农产品电子商务的流通渠道模式,这是电子商务发展的大环境下催生的流通渠道模式。其包括三大类:经销商通过电商平台进行流通;生产者通过电商平台进行流通;垂直电商"生产基地—加工车间—电商平台"一体化运营。这种渠道模式通过优化升级将来会成为鲜活农产品流通渠道模式的主流。但当前物流成本高、无法全程冷链、难以全局性铺设网络成为这种模式的"软肋"。

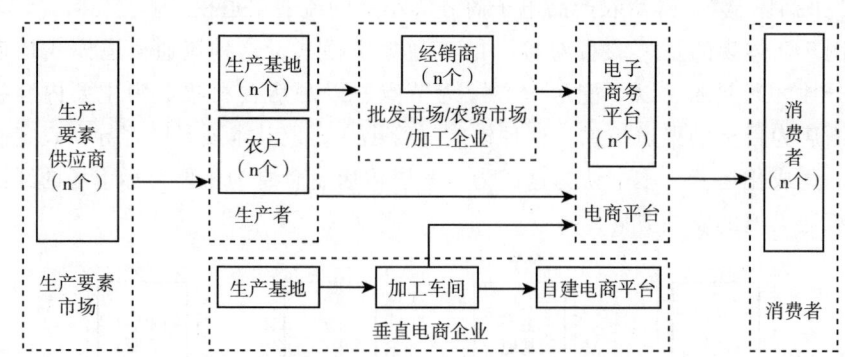

图 3.11　鲜活农产品电子商务流通渠道模式逻辑模型

注:"——→"中隐含各种走向的物的流动、价值流动、资金流动、信息流动及对时间、环境(温度、湿度、平稳性)的需求。

3.4.2　流通渠道模式的分布结构

图 3.12 体现的是当前的各种鲜活农产品流通渠道模式的占比(渠道数量占比)。从图中可以看出,传统的以批发市场为核心和以农贸市场为核心的鲜活农产品流通渠道仍然占据绝对优势,占 70%;以连锁超市为核心的鲜活农产品流通渠道占 22%;各类鲜活农产品电商渠道占 5%;其他各种渠道占 3%。

第3章 基础理论

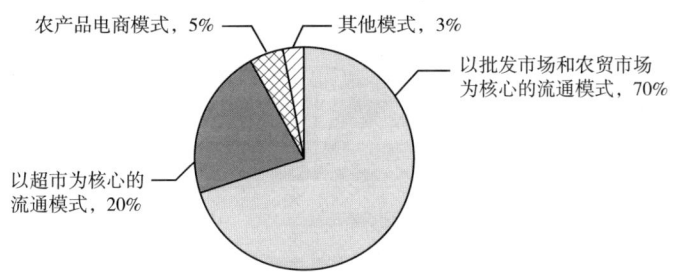

图 3.12 鲜活农产品流通模式分布结构示意图

资料来源：综合网上资讯绘制。

图 3.13 体现的是 2014～2019 年鲜活农产品流通终端结构分布图。从图中可以看出，当前农贸市场、超市和个体商贩仍然是鲜活农产品终端渠道的主流，共占到 90% 左右，同时呈现以下趋势：农贸市场和个体商贩占比在稳步下滑，超市占比在稳步上升，电商和便利店基本趋于稳定。

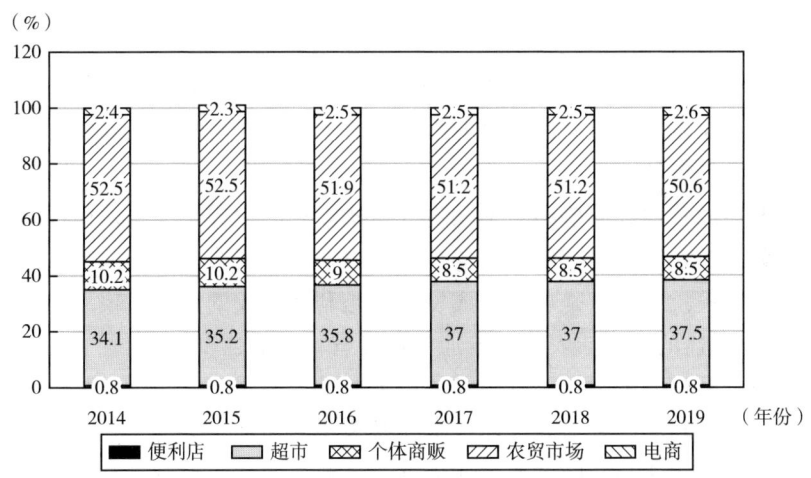

图 3.13 2014～2019 年鲜活农产品流通终端结构分布

资料来源：综合网上资讯绘制。

鲜活农产品流通渠道的上游包括"分散的农户＋龙头企业""分散的农户＋经纪人""分散的农户＋合作社""分散的农户＋连锁超市采购部门"和龙头企业种植基地等模式。图 3.14 体现的是当前我国鲜活农产品流通渠道上游模式结构分布图。从图中可以看出，鲜活农产品流通渠道上游仍然是以分散的农户为节点的模式为绝大多数，集中度非常低下是鲜活农产品流通渠道上游的显著特征。

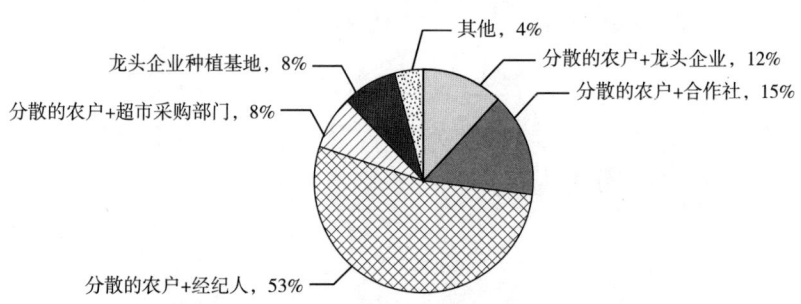

图 3.14　鲜活农产品流通渠道上游模式结构分布

从以上分析可以看到，传统的以批发市场和集贸市场为核心的鲜活农产品流通渠道占绝大多数；流通渠道终端以农贸市场、超市和个体商贩为主流；流通渠道上游以分散的农户为主流，集中度非常低下。

3.4.3　流通主体的经营模式分析

鲜活农产品流通主体包括分散的农户、农产品产销组织、农民专业合作组织、农产品经纪人、农产品流通企业等，分布于鲜活农产品流通的生产环节、中间流通环节和销售环节。

流通主体经营模式的核心是利润生成模式。利润生成模式由营销模式、成本控制模式两大模式构成。营销模式的核心是收益形成模式，是利润生成的正因素项；成本控制模式的核心是成本形成模式，是利润生成的负因素项。

图 3.15 描述的是鲜活农产品流通主体经营模式的逻辑模型。

鲜活农产品流通主体的经营模式从以下几个方面诠释：

第一，生成利润是鲜活农产品流通主体经营模式的逻辑终点，也是落脚点。持久利润的生成模式是激励流通主体提高流通效率的核心力量，是具有正向作用的营销模式和具有负向作用的成本控制模式共同工作作用、相互权衡的结果。

第二，营销模式的核心是收益生成模式，影响收益生成的因素构成了营销模式的组成部分。包括：

（1）销量与定价。销量与定价是营销模式的两个核心，其他的因素都是围绕这两个核心展开的。一般情况下，销量与定价呈反相关关系。降低价格，销量上升；增加价格，销量下降。降低价格是否引起收益的增加，取决于鲜活农产品是否富有弹性。富有弹性的鲜活农产品，降价会引起来收益的增加；缺乏弹性的鲜活农产品会引起收益的减少。

第3章 基础理论

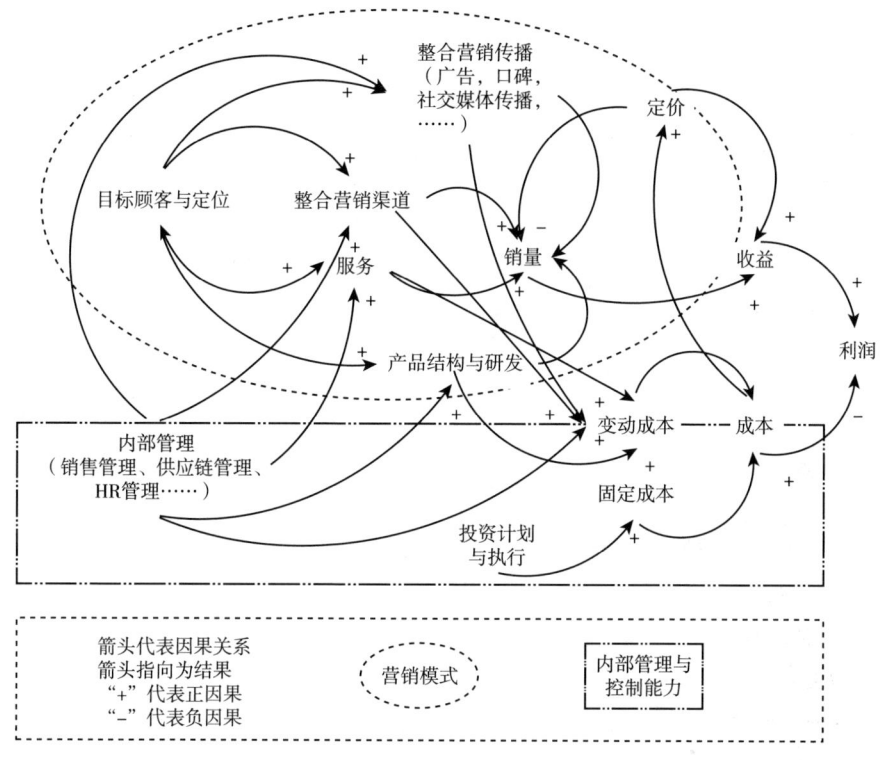

图 3.15　鲜活农产品流通主体经营模式逻辑模型

（2）产品结构与研发。其包括产品结构、质量水准、产品预设空间与研发水平。产品结构与研发水平是消费者认可与消费者容量的基础，也是收益的基础。

（3）服务。服务既可以是附加于产品的服务，也可以是服务性产品。服务直接影响消费者满意水平，直接影响销量与收益，是基础性环节。

（4）整合营销渠道。流通主体的整合营销渠道，等同于鲜活农产品流通渠道，是影响销量和收益的核心因素之一。

（5）整合营销传播。核心是流通主体与目标顾客或潜在顾客的有效沟通，这也是影响销量和收益的核心因素之一。

（6）目标顾客与定位。目标顾客与定位是鲜活农产品流通主体营销模式的方向，决定了营销模式的成败，是产品结构与研发、服务、整合营销渠道和整合营销传播等策略性行为的依据。

（7）内部管理。内部管理决定了目标顾客与定位、产品结构与研发、服务、整合营销渠道、整合营销传播的效率和效果,从而是收益生成的促进性因素。

第三,成本控制模式。成本控制模式的核心是成本形成模式,由固定成本和变动成本组成。固定成本体现的是固定投资模式。内部管理形成了管理费用,财务运营形成了财务费用,产品结构与研发、服务、整合营销渠道、整合营销传播形成了运营费用,这些都是鲜活农产品流通过程中重要的变动成本。成本既是鲜活农产品流通主体获得利润的核心因素之一,又是价格的决定因素,而价格是销量与收益的重要因素,因此成本也间接影响了收益。

表 3.16 显示的是鲜活农产品流通主体经营模式分析框架。分析某一个鲜活农产品流通模式的流通主体的经营模式就要从营销模式和成本控制模式两个大方面展开,从目标市场与定位、产品结构与研发模式、定价模式、整合营销传播模式、内部管理模式、变动成本控制模式、固定资产投资模式七个方面展开分析。

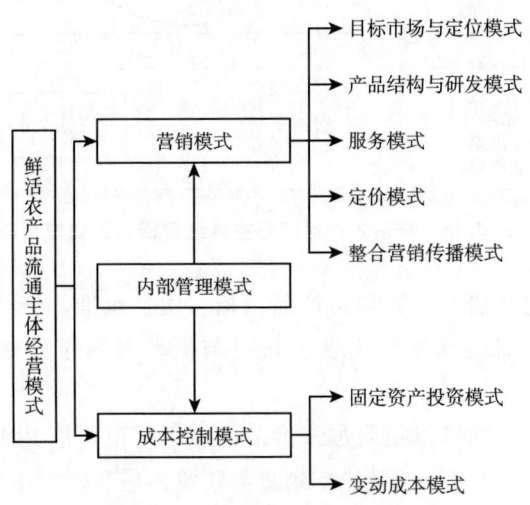

图 3.16 鲜活农产品流通主体经营模式分析框架

3.3.4 流通主体经营模式现状

根据我国当前鲜活农产品流通现状,主流流通主体可以分为三个层面:上游的分散的农户、经纪人,中游的中间商,下游的零售商。其经营模式现状如表 3.1 所示。

第3章 基础理论

表 3.1　当前我国主流鲜活农产品流通模式流通主体经营模式现状

经营模式类别	分散农户	收购经纪人	中间商	零售商
目标市场与定位模式	比较盲目	大多数比较盲目	比较明确	比较明确
产品结构与研发模式	基本没有	基本没有	部分明确	比较明确
服务模式	低水准	较低水准	较低水准	一般水准
定价模式	随行就市	随行就市	随行就市	随行就市+品牌价值
整合营销传播模式	基本没有	与中间商良好沟通	部分传播方式	有一定的传播方式
内部管理模式	比较随意	比较随意	一般水准	一般水准
固定资产投资模式	基本没有	基本没有	冷链装备	冷链装备+终端展陈
变动成本模式	农资	基本没有	周转金+囤货金	周转金+囤货金

3.5 传统的鲜活农产品流通模式存在问题分析

通过研究传统鲜活农产品流通模式，认为存在的问题主要表现在：

（1）主流的流通渠道模式节点和环节过多。当前以批发市场为核心、以农贸市场为核心的渠道模式占到鲜活农产品流通量的70%以上，以连锁超市为核心渠道模式占到鲜活农产品流通量的22%左右。前两种渠道模式存在的共性问题是流通的节点多，环节多，流通时间长，成本居高不下，很难完全保证新鲜营养，从而形成生产者"贱卖"、消费者"贵买"、两头都不满意的现象。而以连锁超市为核心的渠道模式，尽管缩短了节点和环节，降低了流通成本，但连锁超市系统很难控制上游，且连锁超市自身运营成本很高，很难破解生产者"贱卖"、消费者"贵买"的鲜活农产品流通"困局"。

（2）整个流通渠道沟通不顺畅，信息传递迟缓，直接影响流通各节点和各环节的决策。无论从生产要素市场到消费者市场以营销传播为主要内容的正向信息流动，还是以消费反馈和需求信息为主要内容的逆向信息，信息传达迟缓普遍存在，导致决策无法依托最及时的信息支撑，致使流通渠道各节点、各环节决策效率低下，最终形成因信息反馈不通畅、市场调节"失灵"而形成的种植结构不合理、"丰产不丰收"的现象。

(3) 冷链普及率极低，很难实现鲜活农产品真正的安全、新鲜和营养。鲜活农产品流通过程中，冷链普及率达不到10%，保鲜、保质靠的是常温下缩短流通时间。随着人们生活水平的日益提高，越来越多的消费者关注鲜活农产品以安全、新鲜、营养为核心的高品质，这对鲜活农产品全程冷链提出了更高的要求。

(4) 信息化对鲜活农产品流通渠道的贡献率很低，信息化对解决鲜活农产品的核心问题的作用不明显。鲜活农产品流通环节的信息化仅仅体现在电子商务等融入最基础的互联网技术，没有达到互联网思维和技术与鲜活农产品流通的深度融合。全国及大多数省都建有农产品信息服务平台，但是这些平台提供的功能离鲜活农产品流通过程中各节点对信息的需求还存在很大的距离。

(5) 各流通主体操作环节有待规范，专业人才缺乏。鲜活农产品的流通主体多为零散农户和个体经营商户，受教育程度普遍不高，缺乏鲜活农产品流通操作专业技能培训，缺乏规范化、标准化的流通意识。而鲜活农产品具有易腐烂、保质期短的特殊商品属性，对流通环节要求较高，新鲜度和品质恰恰是其价值所在。流通主体缺乏规范加剧商品损耗，降低鲜活农产品竞争优势，加剧因滞销引起的高损耗风险。同时，行业需要非常专业的鲜活农产品经营人才，从而通过专业的、规范的鲜活农产品流通环节降低由此而带来的消耗。

以上问题导致的直接结果是：鲜活农产品流通过程中消耗率居高不下，流通成本很难控制，质量保持程度（鲜活程度）很难达到较高水平，价格的成本加成率居高不下，消费者对其满意程度参差不齐。

图3.17体现的是传统的流通渠道存在问题的因果逻辑。归根结底，传统鲜活农产品流通模式存在的问题是流通效率低下问题，本书从顾客感知价值和流通利润率两个方面来审视流通效率，这是同时考虑顾客和流通主体两个方面所作出的判断，符合鲜活农产品流通的本质。顾客感知价值取决于质量保持度对消费者的满足感、流通时间及销售价格，流通利润率取决于销售价格和流通成本。质量保持度、流通时间、销售价格、流通成本都取决于流通过程中的各个环节的不同因素，也就是说，传统的鲜活农产品流通模式低下是由流通过程中诸多问题共同作用的结果。要从根子上解决传统鲜活农产品流通模式的流通效率问题，就要从系统的角度来审视和寻找突破，而不是"头疼医头，脚疼医脚"。

第3章 基础理论

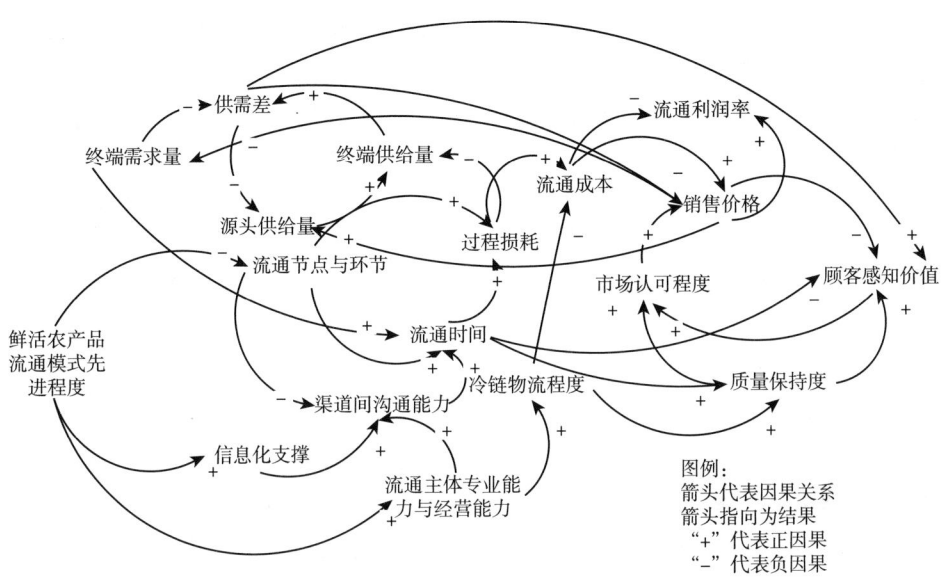

图 3.17 传统鲜活农产品流通模式存在问题的因果逻辑

3.6
互联网时代鲜活农产品消费特征

与过去的鲜活农产品消费相比,互联网时代鲜活农产品消费呈现以下特征:

(1) 网民总量、结构与电子商务环境影响互联网时代鲜活农产品的消费特征。2019 年,我国网民规模达 8.84 亿,互联网普及率为 61.2%。城镇网民占总网民的 83.7%,农民网民占总网民的 26.3%。我国移动网民规模达 8.71 亿,网民中使用手机上网人群占绝大多数。在线网购人数 6.2 亿,网购渗透率达 70.1%;电子商务市场规模达 29.8 亿元。这些环境的变化,影响着互联网时代鲜活农产品消费者心理与行为。

(2) 互联网时代,新群体崛起、新消费变化、新渠道融合使消费者呈现与过去不一样的鲜活农产品的消费偏好。[18] "80 后"和"90 后"逐步成为社会的主力消费人群,在鲜活农产品消费领域,"80 后"群体占比近 50%,他们的消费习惯和消费偏好成为企业/品牌关注的重点。伴随着新消费群体的崛起,新一代的消费理念和消费偏好呈现与上一代截然不同的特征,更加关注品质与便捷而非低价成为新消费变化的趋势。新消费群体是伴随中国互联网及数字时代的发展而成长的,他们更加偏爱于在线消费,更加关注于线上线下一体化的购物体验。

(3) 互联网背景下鲜活农产品的消费者成为新消费升级下的典型群体。互联网背景下鲜活农产品的典型用户群体,逐步从"菜场大妈"转向"精明主妇""网购达人""数字中产",后边的三者呈现与传统"菜场大妈"截然不同的消费特征和消费习惯。菜市场是中国鲜活农产品最为传统和典型的销售场所,环境较脏乱但价格便宜,受到传统中年家庭用户群体的青睐,成就了传统的"菜场大妈"。随着大型超市的不断涌现,其购物环境良好、商品品类繁多,可自主挑选等优势凸显,受到年轻群体及家庭的青睐,这成就了鲜活农产品消费中的"精明主妇"。随着电子商务及物流配送的逐步发展与完善,越来越多的年轻群体青睐于在线上购买鲜活农产品,低价团购在最初备受青睐,这成就了鲜活农产品消费的"网购达人"。随着线上线下全渠道的融合及数字化技术的发展,在互联网背景下中国鲜活农产品的用户呈现女性、高知、白领等典型特征,其对食品生鲜购买和消费呈现截然不同特征,这就成就了鲜活农产品消费的"数字中产"。

(4) 互联网背景下对鲜活农产品的消费观念正在发生变化。与传统鲜活农产品消费者着重关注产品价格不同,新一代的消费者更加关注产品品质的优劣、品类的丰富度、服务的便捷性等因素。中国鲜活农产品消费者更加关注产品的品质而非低价,伴随着收入增加及新一波的消费升级,高品质的鲜活农产品受到青睐消费者更加青睐于尝试更多新产品,产品品类丰富能吸引更多的消费者关注。互联网背景下的鲜活农产品消费者以"80后""90后"居多,他们伴随着中国互联网的快速发展而成长,更加青睐于依托互联网享受更为便捷的服务体验。鲜活农产品消费者关注品质的同时更加会关注于性价比,而非仅单纯的比价,物美价廉,高性价比备受青睐。

(5) 鲜活农产品的高频次消费特征决定了其多渠道融合。鲜活农产品周均购买三次及以上的用户群体占比近50%,其高频次消费决定了企业或品牌商必须进行渠道变革,为用户提供线上线下全渠道的服务与体验。有25%的用户青睐于线上购买鲜活农产品,而75%的用户更加青睐于线下渠道购买,不同属性的用户群体表现出不同的渠道购买特征。随着年龄的增长,中国鲜活农产品消费者更加偏爱于在线下购买,这与中国互联网的使用和渗透的年龄趋向基本一致的;已婚的食品生鲜数字用户更加偏爱于线下购买,而单身群体线上购买比例高。消费者青睐于在线上购买体积大、客单高、标准化商品,而青睐于在线下购买低价高鲜、非标准化、多频次需求的商品。综合电商以其丰富的产品品类、便捷的物流服务、良好的购物体验等因素,成为鲜活农产品消费者网购的首选线上渠道,美食内容社区和生鲜垂直电商分列第二、三位。

第3章 基础理论

3.7 基于"互联网+"的鲜活农产品流通模式创新理论

基于"互联网+"的鲜活农产品流通模式创新,就是在充分考虑互联网背景下消费者消费习惯和消费特征基础上,将互联网技术、互联网思维与鲜活农产品流通模式深入融合,实现鲜活农产品流通模式的深度变革,从而大幅度提升流通效率,实现顾客感知价值与流通利润率的双赢。流通模式创新,包括两个层面:

第一,传统的鲜活农产品流通模式的互联网化。

第二,互联网技术、互联网思维与鲜活农产品流通相融合所产生的新模式。

3.8 本章小结

本章界定了与本书相关的基本概念,包括农产品及其类别,鲜活农产品,鲜活农产品流通、物流、营销渠道、供应链,商业模式、流通模式与营销模式,鲜活农产品流通体系、市场体系与流通模式,"互联网+"理论的内涵与外延等。在此基础上,对当前我国鲜活农产品流通模式现状及存在的问题进行了分析,并且分析了互联网时代鲜活农产品消费特征。最后,提出了基于"互联网+"的鲜活农产品流通模式创新的简要逻辑性概念。

第4章

鲜活农产品流通现状分析

基于"互联网+"的鲜活农产品流通模式变革理论既进一步说明了本书主体内容的研究必要性，同时又为本书后续主体内容——我国"互联网+"鲜活农产品流通模式的创新研究提供了方向性的指导。为夯实后续"互联网+"鲜活农产品流通模式的创新研究，本章对鲜活农产品流通模式现状进行调研，以综合掌握我国及河北省鲜活农产品的流通模式现状。

4.1 中国鲜活农产品流通现状分析

本节重点分析我国鲜活农产品流通环境、行业发展现状及产业链分析。我国鲜活农产品流通模式分析、传统鲜活农产品流通模式存在的问题分析已在前面详细论述，在此不再赘述。

4.1.1 我国鲜活农产品流通的环境分析

（1）政策大力引导和扶持鲜活农产品行业发展。《"十三五"规划纲要》中提出："加强农产品流通设施和市场建设，完善农村配送和综合服务网络，鼓励发展农村电商，实施特色农产品产区预冷工程和'快递下乡'工程。深化供销合作社综合改革。"《全国农业现代化规划（2016～2020年）》中提出："完善农产品市场流通体系。在优势产区建设一批国家级、区域级产地批发市场和田头市场，推动公益性农产品市场建设。实施农产品产区预冷工程，建设农产品产地运输通道、冷链物流配送中心和配送站。打造农产品营销公共服务平台，推广农社、农企等形式的

第4章 鲜活农产品流通现状分析

产销对接，支持城市社区设立鲜活农产品直销网点，推进商贸流通、供销、邮政等系统物流服务网络和设施为农服务。"《国家质量兴农战略规划（2018～2022年）》对促进农业全产业链融合在深入推进产加销一体化、强化产地市场体系建设、加快建设冷链仓储物流设施、创新农产品流通方式和培育新产业新业态五个方面给出了政策性意见。国务院办公厅《关于加强鲜活农产品流通体系建设的意见》，对提高鲜活农产品的组织化程度、批发市场建设、营销服务体系建设、市场监管预警体系和质量安全监管提出了指导性意见。以此为基础，全国各地对贯彻这些规划和意见制定了各个地区的规划和意见。这些政策性规划和意见对推动鲜活农产品流通模式升级和体系建设起到重大的推动作用。

（2）稳中有升的经济态势有利于鲜活农产品行业发展。2020年2月28日，国家统计局发布的《2019年国民经济和社会发展统计公报》显示，2019年我国国内生产总值990865亿元，比上年增长6.1%，按年平均汇率折算达到14.4万亿美元，稳居世界第二位；人均国内生产总值70892元，按年平均汇率折算达到10276美元，首次突破1万美元大关。总体来看，我国综合国力迈上新台阶，大国发展基础不断巩固，实现高质量快速发展。

2019年，全国居民人均可支配收入30733元，比上年名义增长8.9%，扣除价格因素，实际增长5.8%。其中，城镇居民人均可支配收入42359元，增长（以下如无特别说明，均为同比名义增长）7.9%，扣除价格因素，实际增长5.0%；农村居民人均可支配收入16021元，增长9.6%，扣除价格因素，实际增长6.2%。2019年，全国居民人均消费支出21559元，比上年名义增长8.6%，扣除价格因素，实际增长5.5%。其中，城镇居民人均消费支出28063元，增长7.5%，扣除价格因素，实际增长4.6%；农村居民人均消费支出13328元，增长9.9%，扣除价格因素，实际增长6.5%。2019年，全国居民人均食品烟酒消费支出6084元，增长8.0%，占人均消费支出的比重为28.2%；人均衣着消费支出1338元，增长3.8%，占人均消费支出的比重为6.2%；人均居住消费支出5055元，增长8.8%，占人均消费支出的比重为23.4%；人均生活用品及服务消费支出1281元，增长4.8%，占人均消费支出的比重为5.9%；人均交通通信消费支出2862元，增长7.0%，占人均消费支出的比重为13.3%；人均教育文化娱乐消费支出2513元，增长12.9%，占人均消费支出的比重为11.7%；人均医疗保健消费支出1902元，增长12.9%，占人均消费支出的比重为8.8%；人均其他用品及服务消费支出524元，增长9.7%，占人均消费支出的比重为2.4%。

我国具有超大规模市场优势和内需潜力，2019年我国内需对经济增长贡献率为89.0%，其中，最终消费支出贡献率为57.8%。消费作为稳定我国经济运行的压舱石,是我国经济增大的第一大动力。在我国人均收入持续提升和居民消费形态不断升级下,我国内需潜力十分庞大且有待释放。随着互联网的加速进步和消费观念的转变,居民逐渐由线下消费转向线上消费,虽然此次疫情使消费需求在短期内受到制约,但进一步激发了居民的新兴消费潜力,不仅丰富了消费途径,也促进了消费新业态的发展。

我国经济仍属于稳中向好、稳中有升态势,将促进鲜活农产品行业快速发展。

(3) 技术进步将推动鲜活农产品流通方式变革。在鲜活农产品流通过程中,运用大数据技术更好地管理库存,分析消费者偏好,提升运营效率。直播、VR和智能终端能够给鲜活农产品流通带来越来越娱乐化、休闲化和体验化的变革。区块链和物联网技术可以使鲜活农产品在流通过程中进一步数字化、可视化、智能化,实现包括可视性追溯在内的流通渠道的系统化管理。①

(4) 消费者升级对鲜活农产品流通的机会与挑战。中国居民可支配收入的攀升,数字化普及每位消费者,这两种力量推动了消费者升级,使我国正迎来消费全面升级的新时代。消费者升级将带来五大趋势:一是线上线下一体化。线上网购和线下实体店逐渐形成一种平衡,从对立走向结合。线上网购主打方便快捷,实体店消费则强调餐饮、购物、休闲、娱乐的综合一体化体验。购物信息进一步透明化,比价行为越来越大众化,比价已不再是单纯的省钱行为,而是具有数字时代的消费烙印,高收入者利用手机比价反而更加活跃。他们不是为了省钱,而是为了做"精明的消费者";他们的时间成本是金钱,热衷比价的同时也深感时间的重要性。二是消费过程就是社交的过程。消费成为社交的附属品,年轻和高收入群体是通过社交媒体进行社交的活跃者,也是"社交消费"的带头者。以社交为核心的虚拟社群越来越细分,在这样的社群中,分享的力量越来越大。以兴趣中心组成虚拟社群是消费升级的重要推动力量。三是体验是消费者最关注的消费形式。我国消费者逐步从商品消费转向了体验消费,售前商家推送信息,售中商家的贴心服务,售后维修护理,构成了购物体验的全过程。他们希望通过视频、照片、VR/AR找到相关产品衔接并能够一键购买。四是消费者更加关注健康和健身。每周5小时以上的运动者,以及活跃在各类运动虚拟社群中的消费者是运动消费的主要买单者。他们关注环境,关注健康,对运动具有很强的兴奋点。五是共享成为这个时代的主流。越来越多的消费者有一种需求,就是让自己的物品更合理、更有价值的有效利用,共享就成了一个重要出口。消费者升级对鲜活农产品行业的升级和发展带来了挑战,更带来很多机会,鲜活农产品流通就要适应消费者升级做出决策和落实。

---

① 技术因素的细节,尤其是互联网技术的细节,在3.3节有详细论述,在此不再赘述。

(5) 新零售对鲜活农产品流通的推动力量。2016 年,马云在云栖大会第一次提出"新零售"。一般意义上,新零售被认为是个人、企业以互联网为依托,通过运用大数据、人工智能等先进技术手段并运用心理学知识,对商品的生产、流通与销售过程进行升级改造,进而重塑业态结构与生态圈,并对线上服务、线下体验以及现代物流进行深度融合的零售新模式[1]。2016 年 11 月 11 日,国务院办公厅印发《关于推动实体零售创新转型的意见》(国办发〔2016〕78 号),明确了推动我国实体零售创新转型的指导思想和基本原则,并在调整商业结构、创新发展方式、促进跨界融合、优化发展环境、强化政策支持等方面作出具体部署。该意见特别强调:"建立适应融合发展的标准规范、竞争规则,引导实体零售企业逐步提高信息化水平,将线下物流、服务、体验等优势与线上商流、资金流、信息流融合,拓展智能化、网络化的全渠道布局。"新零售的兴起和发展进一步促进了鲜活农产品流通的转型。

(6) 鲜活农产品消费呈上升态势。鲜活农产品零售增速将逐渐超过食品大类增速,我国家庭对鲜活农产品的消费需求持续增长。调查显示,我国家庭每月采购快速消费品的频率为 20 次,而鲜活农产品消费的频次高达 30 次。伴随着消费升级和新兴购买渠道出现,鲜活农产品市场成为超市的流量入口,在食品大类总体增速放缓的背景下,鲜活农产品品类增速保持在 10% 左右。传统农贸市场的鲜活农产品销售逐渐被新兴零售超市所替代,超市鲜活农产品销售渠道逐渐稳定,我国鲜活农产品消费空间很大。

(7) 冷链物流的发展推动了鲜活农产品流通的标准化水平,提高了鲜活农产品流通的效率。近年来,冷链物流逐渐走进人们的生活和生意,很多公司布局冷链。中国顺丰和美国夏晖成立冷链物流合资公司,京东物流与中国国际货运航空进行全球冷链物流体系合作,阿里巴巴投资驯鹿冷链,美团、饿了么布局短途冷链。中国冷藏车产量从 2012 年的 0.85 万辆增加到 2019 年的 5.67 万辆,预计 2022 年中国冷藏车产量将突破 10 万辆。2015 年我国冷链物流市场规模达到 1800 亿元,2016 年增长至 2250 亿元,2017 年增长至 2750 亿元,2018 年增长至 3100 亿元,2019 年增长至 4040 亿元。冷链物流的发展将影响鲜活农产品流通行业,尤其对鲜活农产品流通的质量和效率产生深远影响。

4.1.2 我国鲜活农产品流通行业发展现状

(1) 我国鲜活农产品交易额连年稳步增长。

图 4.1 体现的是 2013~2019 年鲜活农产品交易额情况。可以看出,2013~

2019年我国鲜活农产品市场交易规模不断扩大,交易额分别为13900亿元、14800亿元、15800亿元、16800亿元、17900亿元和20400亿元,每年同比增速在6.5%上下。

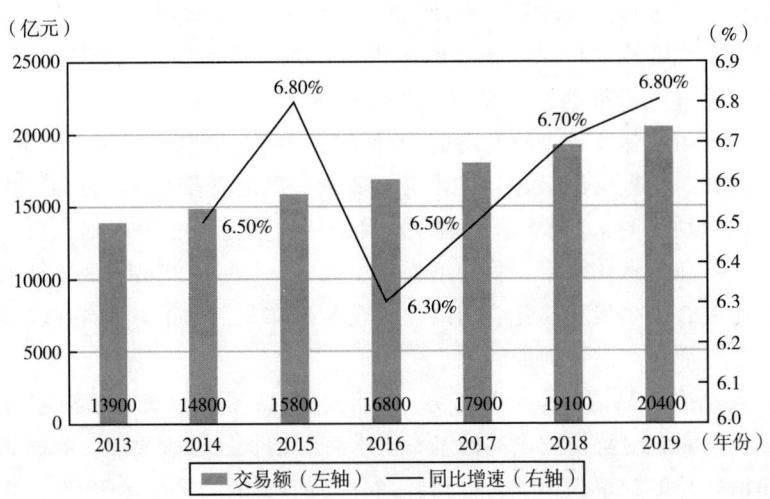

图4.1　2013~2019年鲜活农产品交易额示意图

资料来源:艾媒网。

我国冷链商业模式不断走向成熟,电商环境也越来越向好,这是我国鲜活农产品得以快速发展的主要因素。互联网和数字化给鲜活农产品市场带来了流通模式创新的崭新力量,新零售背景下也为线上线下一体化带来了更多的运营可能,这些都是市场交易规模不断扩大的动能。

(2) 鲜活农产品类别及交易额。

图4.2体现的是2019年鲜活农产品类别及交易额情况。可以看出,我国消费者在鲜活农产品消费上,蔬菜水果占比最大,为55%;其他分别为:肉禽单品17%,水产海鲜16%,牛奶乳品9%,其他3%。

(3) 鲜活农产品流通企业情况。

鲜活农产品具有高频、刚性需求、低毛利率等特征,在消费升级及数字化双重背景下,鲜活农产品成为各种资本关注的对象。到2019年12月,规模以上鲜活农产品相关企业2383家,其中以鲜活农产品配送为主要业务的企业占到93.2%。鲜活农产品企业较多的省份是江苏、广东、河南和山东,分别占比29.4%、14.3%、13.2%和11.0%。

自2013年以来,线上鲜活农产品电商出现"裁员倒闭风潮",线下鲜活农

第4章 鲜活农产品流通现状分析

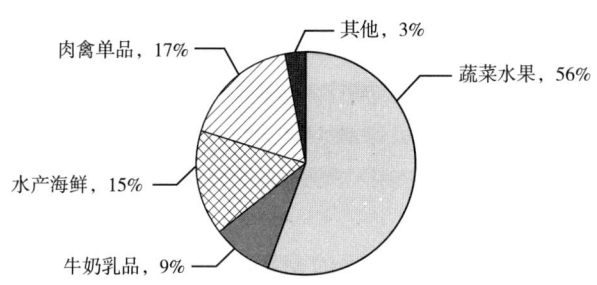

图 4.2　2019 年鲜活农产品分类别交易额示意图

资料来源：前瞻产业研究院。

产品经营回热。自 2017 年以来，与新零售融合的"线上线下一体化"的鲜活农产品流通企业逐步走进舞台，竞争激烈，优胜劣汰，如盒马鲜生、7FRESH、Su-FRESH、超级物种等。

鲜活农产品流通企业呈现的趋势是：一是区域连锁经营开始收编、整合。个体夫妻店或被大型企业收购，或被连锁企业"收编"，或在盈利压力下逐步被淘汰。同一区域的多个连锁品牌或进行整合，或激烈竞争。二是本土连锁或发展成区域割据的状态。本土鲜活农产品流通连锁品牌在盈利模式成功后，加快区域密集布局，持续向空白市场扩展，但它们很难跨区域扩张。三是竞争日益激烈，走向"红海"割据。

（4）鲜活农产品电商发展历程。

图 4.3 体现的是我国鲜活农产品电商发展历程。可以看出，我国鲜活农产品电商行业经历了多年的快速发展，前期大量中小企业进入，并依靠资本快速崛起。但大多数鲜活农产品企业靠补贴和价格战赢得消费者，盈利非常困难。2016 年行业大洗牌，大批中小企业倒闭，大型企业带着资金和物流等强大资源进入这个行业，资本向大型、巨型企业靠拢，企业不断整合，模式走向多元化，逐步走向线上线下融合的趋势。

图 4.4 体现的是 2014～2019 年我国鲜活农产品电商交易额及占鲜活农产品总交易额的百分比。可以看出，自 2014 年以来，我国鲜活农产品电商交易额持续上升，分别为 290.0 亿元、542.0 亿元、914.0 亿元、1402.8 亿元、2083.2 亿元和 2495.6 亿元，占鲜活农产品总交易额的百分比分别为 2.0%、3.4%、5.4%、7.8%、10.9% 和 12.2%。其增长的核心动力在于数字化浪潮与消费者升级，其直接动力在于各类资本进入鲜活农产品流通行业。

通过近十年的快速发展，鲜活农产品流通电商行业逐步发展成了四大类业态。

第一类是综合型电商。这类电商以淘宝、天猫、京东商城、1 号店、亚马逊为

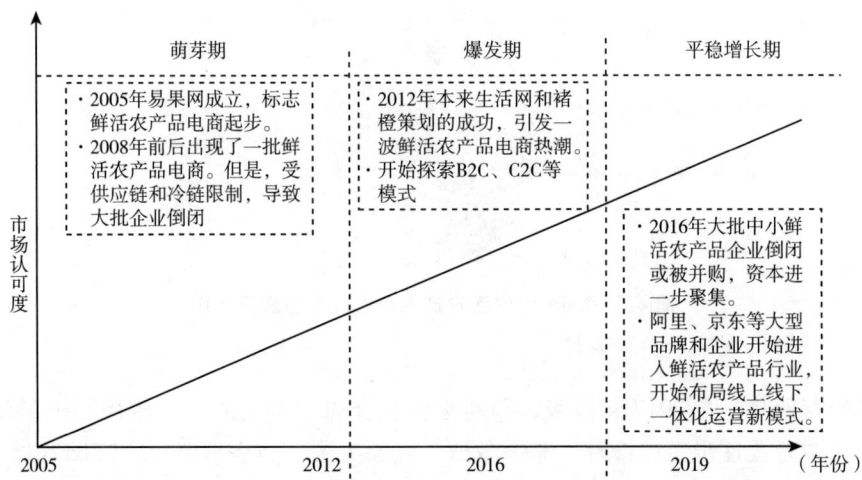

图 4.3 我国鲜活农产品电商发展历程

资料来源：综合网上公开资料整理。

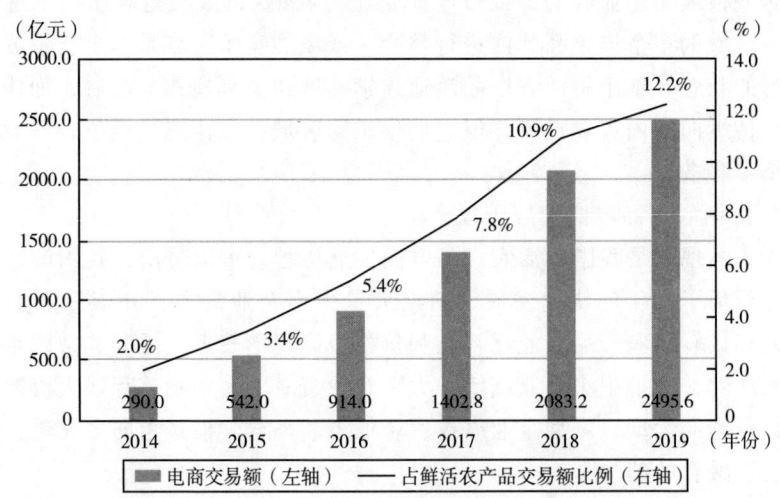

图 4.4 我国鲜活农产品电商交易额及占比示意图

资料来源：综合网上公开资料整理。

主。这类电商目的是做全品类，其中涉及生鲜。综合性电商做鲜活农产品的目的是增加消费黏性，模式是吸引各个鲜活农产品供应商和品牌入驻平台，由入住供应商和品牌负责冷链配送，平台负责监管。鲜活农产品配送属于战略性亏损品类。

第二类是垂直型电商。这类电商专门从事食品网络营销，主要由中粮我买网、沱沱工社、优菜网、本来生活网、优果网、易果网等，主打鲜活农产品，大

第4章 鲜活农产品流通现状分析

多数自建冷链配送体系。这类电商往往定位为鲜活农产品高端和高品质层面，具有明显的区域性特征。

第三类是物流企业。主要有顺丰优选等，这类电商自身强大的物流优势来发展鲜活农产品电商，它们往往通过发展鲜活农产品电商来为未来冷链物流体系建设铺路。

第四类是O2O型电商。这类电商主要有叮咚买菜、美团买菜、京东到家等。它们往往以"个性化定制＋线上购买＋线下体验"方式展开业务，通过订单化实现以销定产，加快生鲜产品的流转速度，减少仓储费用，降低售价。

除此以外，以消费者升级及数字化为主背景，以商业巨头的资本注入为前提，近几年催生出了以线上数字化运营、线下全新体验为核心的鲜活农产品电商业态，如永辉旗下的超级物种、阿里旗下的盒马鲜生、京东旗下的7FRESH、苏宁旗下的SuFRESH等。

（5）鲜活农产品流通行业融资现状。

自2012年以来，鲜活农产品流通行业，尤其是鲜活农产品电商行业被资本逐步看好，直接推动鲜活农产品流通行业的发展与优化升级。

图4.5体现的是2014～2019年我国鲜活农产品电商融资额及融资笔数，六年间投资额和投资笔数分别是：15.3亿元、25笔，59.7亿元、67笔，92.9亿元、45笔，52.6亿元、43笔，51.1元、22笔，72.6亿元、27笔。可以看出，尽管该行业起伏跌宕、胜胜败败，但资本仍然看好鲜活农产品流通中的电商领域，但是自2017年以来对该行业的投资趋向于理性。

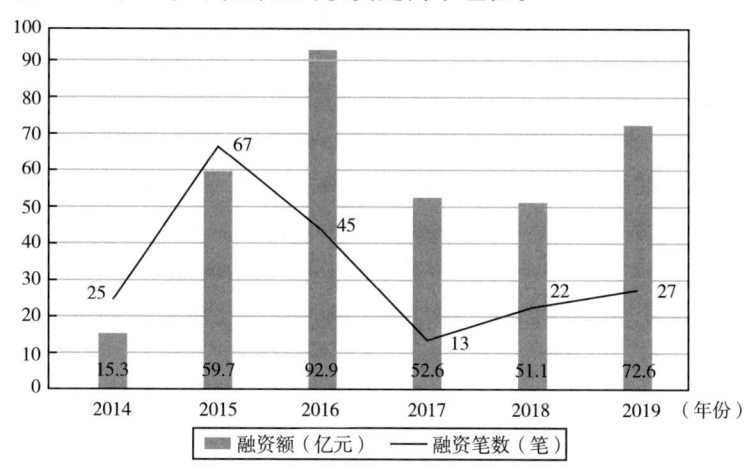

图4.5 2014～2019年我国鲜活农产品电商融资情况示意图

资料来源：艾媒网。

表 4.1 体现的是 2019 年的 27 笔对鲜活农产品电商行业投融资的概况。可以看出，受 2019 年投融资市场整体趋冷大形势影响，获投项目总数在下降，但扶持初创平台之外，投资巨头自身进入鲜活农产品流通电商行业的步伐在加快。有部分平台保持向好的融资状态。

表 4.1　　　　　2019 年我国鲜活农产品电商融资情况

序号	融资方	所在地	融资时间	融资轮次	融资金额	投资方
01	谊品生鲜	重庆市	2019.03.29	B 轮	20 亿元人民币	今日资本、钟鼎资本、腾讯投资
02	本来生活	北京市	2019.10.08	D 轮	2 亿美元	明德控股、北京电商、鼎晖资本
03	歌德盈香	北京	2019.03.19	战略投资	10 亿元人民币	光大控股
04	呆萝卜	合肥市	2019.06.28	A 轮	6.34 亿元人民币	晨兴资本、高瓴资本
05	朴朴超市	福州市	2019.12.26	B1 轮	1 亿美元	—
06	洪九果品	重庆市	2019.11.19	C 轮	5 亿美元	华人文化产业基金
07	朴朴超市	福州市	2019.03.02	B 轮	5500 万美元	泰合资本
08	妙生活	上海市	2019.11.29	B 轮	2 亿元人民币	今日资本
09	食行生鲜	苏州市	2019.08.08	C1 轮	2.5 亿元人民币	易果集团、苏州高新创投
10	大希地	杭州市	2019.03.13	B 轮	1 亿元人民币	国中创投、清科创投、泊富基金
11	T11	北京市	2019.06.03	天使轮	亿级人民币	IDG 资本、光大控投、国美资本
12	尚食主义	上海市	2019.10.25	A 轮	500 万美元	—
13	云菜园	北京市	2019.04.01	A2 轮	数千万元人民币	乐通资本、以太基金
14	源本生鲜	成都市	2019.01.31	A 轮	数千万元人民币	SIG 海纳亚洲、PreAngel
15	西富网络	北京市	2019.03.19	A 轮	数千万元人民币	钟鼎创投、晨光文具
16	懒龙龙	上海市	2019.01.07	前 A	数千万元人民币	君上资本、星瀚资本、青桐资本
17	飞熊领鲜	青岛市	2019.05.13	前 A	1000 万元人民币	巨丰科创
18	大鲜浪	长春市	2019.04.18	天使轮	数百万元人民币	中信地产
19	菜上菜	南京市	2019.05.28	天使轮	数百万元人民币	华和生鲜
20	钱大妈	广州市	2019.12.23	D 轮	未透露	启程资本、基石资本、兼顾资本
21	生鲜传奇	合肥市	2019.07.22	B1 轮	未透露	嘉实投资
22	绿色家园	苏州市	2019.01.07	A 轮	未透露	福之欣
23	吉及鲜	武汉市	2019.04.02	前 A	未透露	IDG 资本
24	吉及鲜	武汉市	2019.05.30	A 轮	未透露	经纬中国
25	欢乐番茄	深圳市	2019.01.15	前 A	未透露	清流资本
26	欢乐番茄	深圳市	2019.06.05	A 轮	未透露	经纬资本、贝塔斯曼亚洲投资公司
27	果然优	广州市	2019.01.30	战略投资	未透露	南丰行

资料来源：网经社。

第4章 鲜活农产品流通现状分析

4.1.3 鲜活农产品流通过程的产业链分析

鲜活农产品流通过程的产业链包括生产环节（上游）、中间流通环节（中游）和终端销售环节（下游）。

（1）上游的生产环节生产量庞大，但集中度很低。我国是农业大国，2019年蔬菜产量8.16亿吨，全球占比59.2%；猪肉0.54亿吨，全球占比49%；海鲜水产0.65亿吨，全球占比30.7%；水果2.61亿吨，全球占比34%。产量均为全球第一。不同于美国农业的规模化生产，我国农村土地制度和相对贫瘠的人均耕地资源，决定我国农业生产长期以个体"小农生产"为主，生产经营分散、集中度很低，我国的农业生产技术和农业自动化技术正在发展之中，这就决定了鲜活农产品品类很难标准化。

（2）中游的中间流通环节层级众多，损耗率高是这个环节最大的痛点。我国鲜活农产品生产集中度很低，鲜活农产品很难标准化，而我国鲜活农产品消费市场非常庞大，终端零售商需要品质稳定、标准化程度较高的鲜活农产品，这就造成了鲜活农产品市场"小农户，大市场"的矛盾。这个矛盾需要有庞大的中间流通环节对鲜活农产品进行集散和分销。我国鲜活农产品流通环节层级较多，参与者主要包括农户（生产者）、农民合作组织、产地采购商（菜贩子）、销地批发商（批发市场）等。目前农户→产地采购商（菜贩子）→销地批发商（批发市场）→零售终端的流通体系仍为我国主流的农产品流通模式。近20年来连锁超市、连锁便利店等规模化、品质化的终端渠道不断发展，基地直采等新型流通方式也开始出现。

就像3.5节中所论述的，我国鲜活农产品流通最大痛点是损耗率高。根据中国农产品流通产业发展报告（2019），我国果蔬、肉类、水产品流通损耗率分别高达25%、12%、15%，而欧美发达国家仅为5%左右。损耗高除因为流通链条长以外，主要原因之一是我国冷链物流建设落后。农产品冷链物流是指使肉、禽、水产、蔬菜、水果、蛋等鲜活农产品从产地采收（或屠宰、捕捞）后，在产品加工、贮藏、运输、销售等环节始终处于适宜的低温控制环境下，最大限度地保证产品品质和质量安全、减少损耗、防止污染的特殊供应链系统。尽管近年来我国冷链物流发展迅速，但与欧美发达国家相比仍比较落后。我国水产品、肉类、果蔬冷藏流通率分别为40%、30%和15%，但全程冷链覆盖率分别仅为23%、15%和5%，而日本、美国生鲜品冷藏流通率可分别高达98%以及80%~90%。

（3）下游销售终端，农贸市场和超市仍占主流。3.4.3小节有详细论述，在此不再赘述。

4.2 河北省鲜活农产品流通现状分析

4.2.1 河北省鲜活农产品流通现状

总结河北省鲜活农产品流通现状，主要包括以下几个方面：

（1）强有力的宏观政策措施推动河北省鲜活农产品流通行业发展。《河北省现代农业"十三五"规划》提出："突出服务京津，着力构建'一圈、两翼、多节点、双通道'的农产品市场骨干网络。到2020年，初步建立起以功能集聚的全国性农产品批发市场为中心，以绿色便捷的区域性市场、田头市场为基础，以高效规范的电子商务等新型市场为重要补充，产地销地市场相匹配的业态多元、互动有效的市场体系。""大力推进农超对接，鼓励超市增加对接合作社和对接品种数量，扩大对接销售规模。建立鲜活农产品直供、直销、直采长效机制，开展产销衔接活动，搭建产需对接平台。"2012年，河北省人民政府办公室下发《关于加强鲜活农产品流通体系建设的实施意见》，从加强市场规划布局、培育壮大流通主体、加强流通设施建设、推进产销衔接、完善市场调控、加强质量全程监管、推广典型试点等方面提出了政策性意见。2016年河北省发展与改革委员会、河北省农业农村厅、河北省商务厅联合发布《河北省农产品流通体系创新建设实施方案》，方案提出："力争用3年时间，新技术、新业态、新模式快速发展，基本构建起设施现代、功能集聚、便捷高效、竞争有序的农产品流通网络，初步形成全国农产品流通创新发展先行区。培育50家具有较高组织化、专业化、标准化水平的龙头示范企业；农产品在京津市场的占有率达到60%以上；规模以上连锁超市农产品统一配送率达到80%"，要建设"环京津一小时鲜活农产品流通圈"，健全农产品全程冷链体系，推进农产品批发市场转型升级，推进农产品流通重点环节改革创新，培育壮大农产品流通主体，建设农产品流通质量安全保障体系。2017年，北京市商务厅、天津市商务厅和河北省商务厅联合下发《环首都1小时鲜活农产品流通圈规划》，提出要构建与区域协同发展相融合、与满足城乡居民鲜活农产品需求相配套的环首都1小时鲜活农产品流通圈，进一步优化鲜活农产品流通功能布局，强化产供销衔接，增强流通服务能力，推

第4章 鲜活农产品流通现状分析

动新流通模式发展和业态创新,为建设北京国际一流的和谐宜居之都、推动津冀农业升级和农民增收提供有力支撑和保障。要构建建设"一核双层、五通道、多中心"的环首都鲜活农产品流通网络;创新流通模式,完善城乡供应体系;构建绿色供应链,推动行业节能节排;加速信息化运用,促进流通体系现代化;加强制度化建设,保障流通安全稳定。这些政策措施强有力地推动河北省鲜活农产品流通行业发展。

(2) 河北省鲜活农产品流通主体呈现多元化趋势,农村经纪人队伍承担重要角色。河北省已形成了由农民专业合作社、农产品加工企业、经纪人队伍、批发商等组成的多元化流通主体。然而,鲜活农产品往往需要通过龙头企业、批发商、果品经纪人等力量来推动整个行业的发展,运销专业户、农民经纪人、中介流通组织、加工企业、城镇职业零售商贩作为产品的流通主体,也承担着非常重要的角色。2019年,河北省农村经纪人注册总户数达29.23万户,经纪执业人员40.4万人,经纪公司4278个,这构成了河北省鲜活农产品的重要力量。河北省70%以上的鲜活农产品是靠农村经纪人推销出去的,农村经纪年交易额达1735.3亿元。农村经纪人的组织化程度需要不断提高。

(3) 农业信息化助推河北省鲜活农产品流通。河北省实施农业大数据工程,构建省级农业农村大数据中心,构建了鲜活农产品流通的综合数据管理体系。建立了适合河北省现代农业发展的电子商务服务体系,引导农民和新型农业经营主体运用互联网技术开展鲜活农产品流通方面的经营活动,推动农业市场化、倒逼标准化、促进规模化、提升品牌化。农产品网上零售额占全省农业总产值比重达到了8%。优化了省级农业物联网综合服务平台,提供集展示、监测、预警、控制、管理等多功能于一体的综合物联网服务,依托现代农业示范园(区)、农业科技园区和国有农牧场,开展了农业物联网应用示范,建立大田种植、设施园艺、畜禽养殖、水产养殖物联网示范基地,在环京津蔬菜大县推广网络化环境监测系统。以专业大户、家庭农场、农民合作社、农业产业化龙头企业等新型农业经营主体为重点培育对象,培育了一批综合素质高、生产经营能力强、主体作用明显的新型农民。把"互联网+"纳入新型职业农民培育、农村实用人才培训课程,以智能手机和信息化基础理论、示范应用、典型案例为主要内容,组织开展农民手机应用技能培训和竞赛。发挥信息进村入户和12316"三农"服务热线延伸基层的作用,提高农民利用互联网和手机获取生产市场信息、网络营销、在线支付、智能远程管理等能力。探索建立由政府统一领导、农业部门具体负责、相关部门协同配合、农民广泛参与的集教育培训、规范管理和政策扶持"三位一体"的新型农民培育格局。河北省农业信息化工作推动了鲜活农产品流通行业的高质量发展。

4.2.2 河北省鲜活农产品流通渠道模式现状分析

河北省鲜活农产品流通渠道模式现状是：以农产品批发市场、农民专业合作社、农贸市场为主流，直供直销、农超对接为补充。

(1) 以批发市场为主体的流通模式。该模式仍然是河北省鲜活农产品流通模式的主流。以赵县、宁晋、辛集、晋州、泊头等河北梨优势生产带为例，每年9月中旬到10月中旬是梨成熟的季节，在这一带的各个路边就有很多经纪人建立临时收购站，组织质检员、收购员驻村收购。梨农将采摘的梨运送到收购点，卖给经纪人。经纪人运至当地的批发市场，卖给大的收购商。大的收购商运到全国各地的批发市场。也有大的产地供应商屯货，找合适的时机卖到全国各地的批发商。消费端也基本是这个模式，销地批发市场接受来自全国各地供应商的各种鲜活农产品。再批给农贸市场商贩或夫妻店，最终到消费者手里。

河北省现有各类农产品批发市场612个，年交易额1000亿元左右，亿元以上农副产品批发市场89个，10亿元以上农副产品批发市场20个，20亿元以上11个，初步形成辐射全国，集收购、加工、保鲜、配送等功能为一体的农产品流通网络。这些农产品批发市场已经成为链接生产者和消费者的重要媒介，是从田间到餐桌一体化的重要节点。

(2) 以农民合作社为主体的鲜活农产品流通模式。农民合作社是鲜活农产品流通重要的节点，以农业合作社为主体面向中间商和消费者是河北省鲜活农产品流通的一个重要模式。

河北省一直把农民合作社规范化建设摆在重要位置，积极探索合作社发展模式，完善政策扶持办法，加大工作创新力度。当前河北省共有省级示范社1281家，国家级示范社359家。农民合作社综合指导部门通过帮助指导合作社与农户签订流转合同，探索以合作社为载体，发展适度规模经营；通过提供信息、牵线搭桥引导合作社以"供""销"为切入点，由技术指导、信息服务向农资采购、农产品销售和加工等深层次合作转变。专业合作社开展专业化生产、区域化布局、规模化经营，促进资金、技术、土地和劳动力等生产要素合理流动，使产业结构进一步优化。同时通过引进新品种、传授新技术，向社员提供科技和信息服务，提高了农业科技含量。河北省4000家合作社有自己的知名品牌，通过合作社品牌建设初步形成了"建一家品牌、兴一项产业、带一方经济"的局面，农产品市场竞争力明显提升。

(3) 以超市为主体的流通模式。河北省111家连锁经营企业开展了"农超对接",超市鲜活农产品经营面积达到46.8万平方米。到2019年,河北省扶持完成了北国超市等20多个"农超对接"项目,省内大中型连锁超市对接的农民专业合作社和生产基地超过3000个,鲜活农产品经营面积增加31.6%,销售额占超市总销售额的35%以上,通过"农超对接"采购的比例达到65%以上。到2019年,河北省共完成了3100个"万村千乡农家店",110个农村鲜活农产品配送中心,15个乡镇商贸中心。

(4) 以农产品加工企业为主体的流通模式。该模式是河北省内重要的流通模式,通过农产品加工企业做到鲜活农产品生产、加工、流通和销售的一体化。

到2019年,河北省共有蔬菜产业化龙头企业546家,营业收入达323.4亿元。年营业收入500万元以上的蔬菜加工企业213家。到2019年,河北省各类农产品加工企业2.05万家,总产值9870多亿元,利税1200多亿元。有590家企业营业收入过亿元,74家企业营业收入超过10亿元,15家企业营业收入超过50亿元,3家龙头企业营业收入超过100亿元。现有54家省级农产品加工示范基地县,规划建设了82个农产品加工园区,园区投资完成213亿元,拥有2235家企业,总产值达到了2200亿元。河北省现有的8000多家龙头企业中,建立省级以上研发中心113个,研发人员近80000人。34个农产品加工企业拥有"中国驰名商标"称号,2012个农产品加工企业和2765个农产品获得"三品"认证。

4.2.3 河北省鲜活农产品流通存在的问题分析

(1) 鲜活农产品流通主体过度分散。河北省鲜活农产品生产与全国整体情况基本一致,生产主体主要由极度分散经营、力量薄弱的小农户组成,规模小、实力弱,与市场信息不对称,经营封闭,很难有稳定的订单,更没有产销利益共同体,农民在鲜活农产品流通中仍然是弱势群体,这严重限制了鲜活农产品生产的品质。河北省是全国第九大农民工输出省,农村的青壮年劳动力都走向城市务工,已经成年的"80后""90后"新生代农民工都在城市务工,留守在农村进行农产品生产和流通的大多数都是"老弱病残幼"群体,大多数文化水平和整体素质较低,缺乏市场意识,难以准确把握市场走向,在种植结构选择上缺乏市场信息,生产的鲜活农产品品质较差,讨价还价的能力低,市场风险大,从而在鲜活农产品流通的上游形成了恶性循环。

农业合作社和鲜活农产品流通企业经营能力较差。河北省农民合作社和鲜活农产品流通企业主要解决初级农产品营销和初加工,缺乏更深层次领域的拓展,更难以形成产销一体化格局。农业合作社成员整体素质和文化水平普遍较低,管理水平无法适应外面市场,具有强烈的小农意识,缺乏法人治理结构的意识,更不可能形成行动。鲜活农产品流通企业大多数从农村发展起来的,包括产品谋划、品牌建设、市场营销在内的运营模式和运营策略远远不能适应外面的大市场。

农村经纪人是大多出身于农村稍有一点眼光的农民,文化知识和整体素质偏低,缺乏法律和管理素养,从业素养很差。同时,在河北省缺乏农村经纪人组织化,农村经纪人队伍大多数是自发的、松散的,与外边的大市场信息不对称。

(2) 鲜活农产品物流方式落后。在上游农村的田间地头主要靠人力搬运和简单的运输工具,进入市场后主要靠普通机动车运输,冷链运输还没有真正推广。大多鲜活农产品仅仅是简单的捆扎或塑料袋包装,既发挥包装的品质保护职能,又发挥品牌推广功能,还不过度包装的,具有市场意识的鲜活农产品包装很少。鲜活农产品商品化处理水平较低,还处于低级的分级、分拣和包装,与市场不接轨。鲜活农产品物流的信息化程度很低,远远落后于物联网、人工智能、区块链等技术进步所带来的物流变革。

同时,河北省的鲜活农产品物流企业商业意识较差,管理方式落后。大多数鲜活农产品物流企业规模小,资金不足,更难以被资本所青睐,缺乏具有市场意义和管理的水平的高级管理人员支撑。

(3) 鲜活农产品流通冷链比例很低,损耗大。河北省鲜活农产品流通过程中的冷链基础设施较差,冷链体系不完备。河北省鲜活农产品流通的冷链比例仅为4%,低于全国水平。与发达国家相比(美国、日本均为90%以上)具有非常大的差距。这是造成损耗大、成本高的重要原因之一。

(4) 鲜活农产品流通信息化有待进一步提高和完善。河北省当前的各种农业网络信息系统远远不能满足鲜活农产品流通的需要,真正流通信息化还没有达到大比例覆盖行业。与当前数字化和新零售浪潮相配套的流通信息化及流通模式,河北省在全国也是比较落户的地区。

4.3
国外鲜活农产品流通模式现状分析

4.3.1 日本鲜活农产品流通模式现状

日本鲜活农产品的流通过程经一系列的演变与改进,最终形成了以批发市场

第4章 鲜活农产品流通现状分析

为主导的"市场中"流通渠道模式和以超市为核心的分销渠道模式[240-241]。同时，受鲜活农产品自身特点的影响，日本蔬菜水果、水产品、食用肉类的批发市场流通途径又有一定差异，图4.6至图4.10分别体现了日本鲜活农产品流通模式。[242-243]

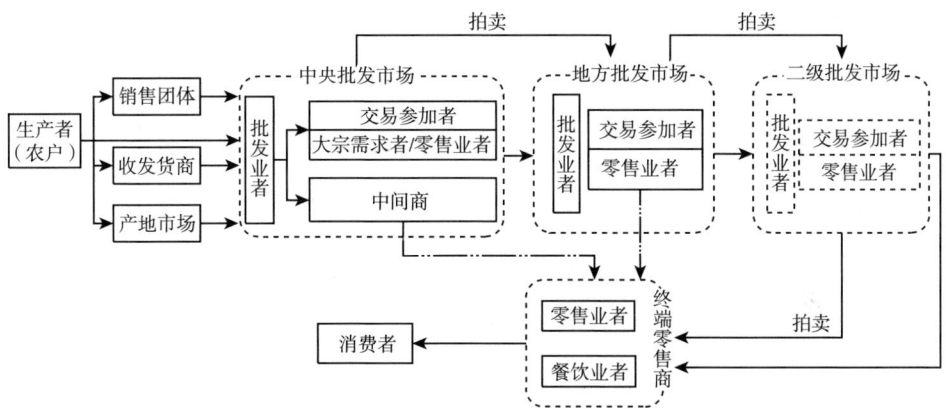

图 4.6 日本鲜活农产品流通模式

资料来源：文献［243］。

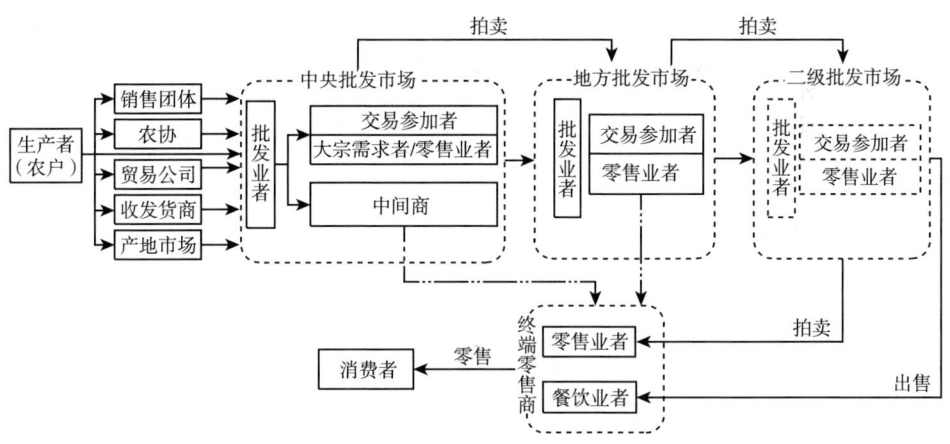

图 4.7 日本鲜活农产品流通模式

资料来源：文献［242］、文献［243］。

图4.6至图4.10不难看出，日本鲜活农产品的流通以批发市场为主导，产地及销地经多条供应链汇聚到相应批发市场，之后分散流向消费者，批发市场以拍卖为主要交易手段。

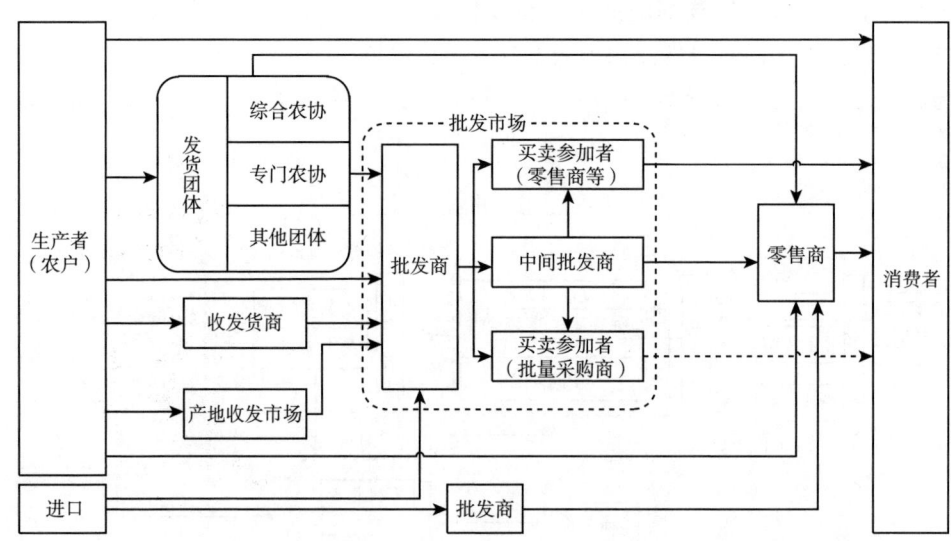

图 4.8 日本蔬菜水果流通途径

资料来源：文献［243］。

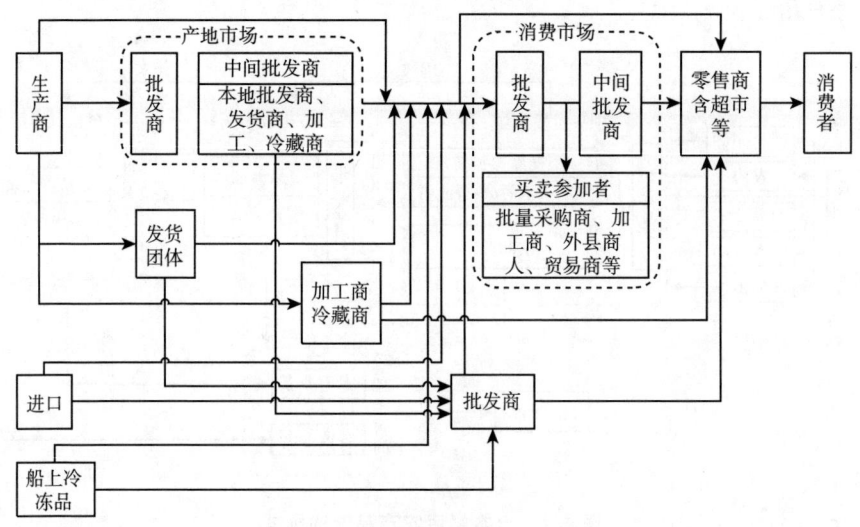

图 4.9 日本水产品流通途径

资料来源：文献［243］。

在日本鲜活农产品流通中，农协为流通主体，农产品批发市场为流通主渠道。根据人口数量，鲜活农产品批发市场分为政府投资的中央批发市场、半公半

第4章 鲜活农产品流通现状分析

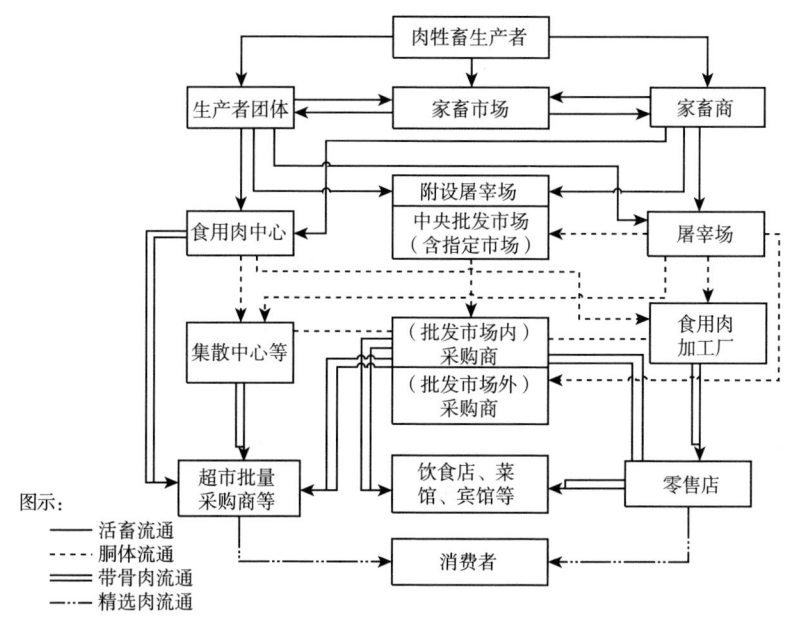

图 4.10　日本国产食用肉流通途径

资料来源：文献［243］。

企投资的地方批发市场和小企或个人投资的小型批发市场三类。以中央批发市场为例，鲜活农产品流通的过程描述如下：农产品生产者委托批发商销售自身的产品，批发商汇集规模化的产品后，通过拍卖、对手等交易方式出售给二级批发商或其他购买者；二级批发商将经过分拣、清洗、包装等工序的产品出售给零售商、超市、餐饮企业等；购买量较大的零售商、超市等消费主体也可直接参与批发商的拍卖交易。

4.3.2　韩国鲜活农产品流通模式

在韩国鲜活农产品流通中，主渠道是农产品批发市场，流通主体是农协，农产品从生产者到消费者途中经过收购、批发和零售环节，形成了"农民—协会—中间批发商—零售商—消费者"的流通模式，流程通常如下：农户生产的农产品，由产地流通组织收集、加工，而后通过农产品批发市场进行销售，图 4.11 展示了韩国农产品流通模式。韩国是政府主导型市场，政府调控农产品批发市场的布局、投资与管理，农产品批发市场主要有政府出资建设的公营批发市

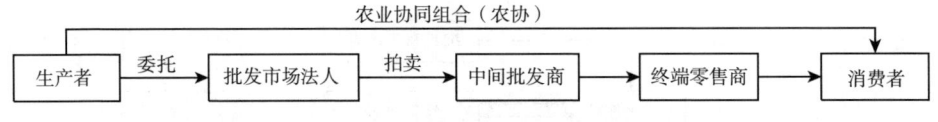

图 4.11 韩国农产品流通模式示意图

资料来源：文献［4］。

场、多渠道（含政府）投资的一般法定批发市场和个人或企业投资的民营批发市场（米新丽，2017）[241]。

4.3.3 欧盟鲜活农产品流通模式

在欧盟鲜活农产品流通中，批发市场与其他渠道并行，但批发市场发挥重要作用。欧盟鲜活农产品批发市场以拍卖为重要交易方式，农业合作社是鲜活农产品流通的中坚力量。欧盟国家大多拥有规模大、辐射能力强、完善的现代化农产品批发市场，在有全国性批发市场网络的国家，其鲜活农产品流通的主渠道仍是农产品批发市场，而在未形成全国性批发市场网络的国家中，批发市场是其鲜活农产品流通的重要渠道，如法国农产品批发市场的经由率达50%以上，其中果蔬类经由率达70%，拥有18个大型批发市场和40多个中小型地方批发市场；意大利农产品批发市场经由率达60%，德国具有多个分布均匀的大型批发市场；荷兰80%的果菜、95%的花卉经农产品批发市场进行分销。欧盟的农产品批发市场多具有中央批发市场的性质，多数由政府出资，公益性为主，大多采用对手交易，其主要交易流程如图4.12所示（米新丽，2017）[241]。但荷兰和比利时采取全国联合拍卖，荷兰的拍卖市场享誉世界，是荷兰农产品流通的重要一环，其拍卖流程为：农户按照国家质量标准对农产品进行分类、分级、清洗和包装，经政府派出机构检验合格后，进入拍卖大厅，通过拍卖的方式，由买方（批发商、出口商、超市）来竞价，谁出价高即可购买商品，而后再销售出去[241]，详见图4.12。图4.13和图4.14以荷兰阿斯米尔鲜花拍卖市场的交易为例，展示荷兰鲜活农产品交易及流通过程[6]。

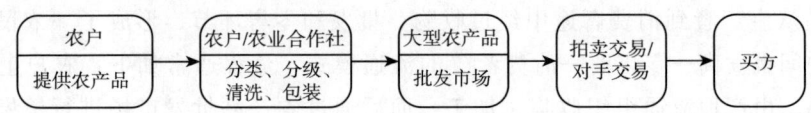

图 4.12 欧盟的农产品交易流程

资料来源：文献［244］。

第4章 鲜活农产品流通现状分析

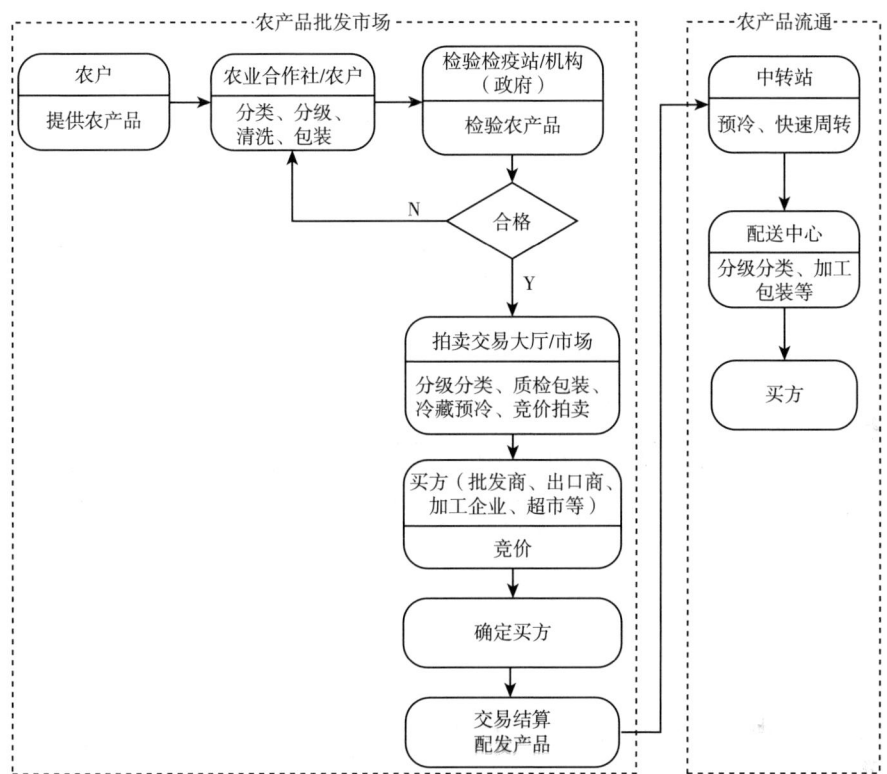

图 4.13 荷兰农产品拍卖流程

资料来源：文献 [244]。

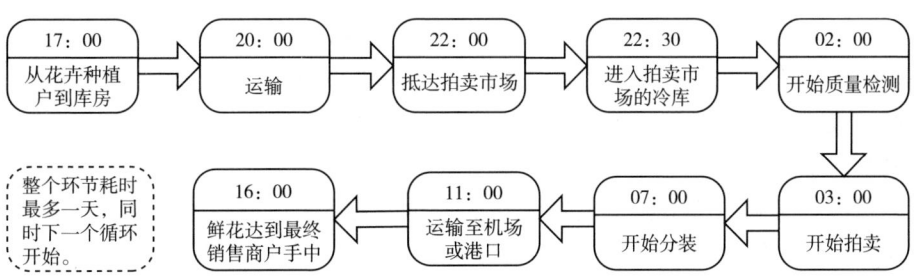

图 4.14 荷兰阿斯米尔鲜花拍卖市场交易流程

资料来源：文献 [244]。

4.3.4 美国鲜活农产品流通模式

在美国鲜活农产品流通中，以直销短渠道模式为主，即多数农产品是由农场主直接供应大型超市而后到达消费者手中，卖方农场主和买方大型超市直接对接。虽以直销短渠道模式为主，但批发市场在流通中也起重要的补充作用，尤其是在建有农产品批发市场的区域中，农产品批发市场仍是某些农产品流通的主渠道。图 4.15 体现了美国农产品流通模式[242]。

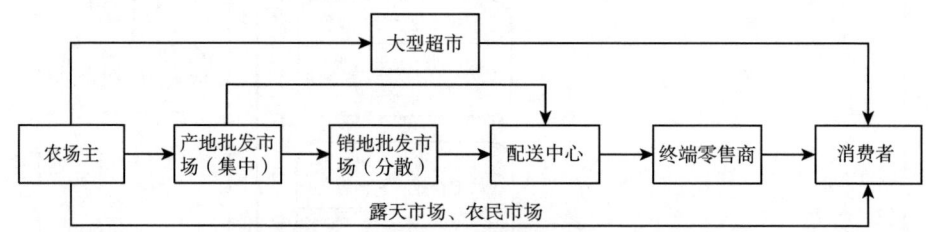

图 4.15 美国农产品流通模式示意图

资料来源：文献 [6]。

4.3.5 国外鲜活农产品流通模式对比分析

通过对上述国家鲜活农产品流通模式的对比研究，得出如下结论：

（1）一个国家或地区的农业发展经营条件直接决定了其鲜活农产品流通模式的选择。如中日韩的"小生产""分散性"特征导致中日韩鲜活农产品流通仍以批发市场为主流通渠道；美国的"大生产""专业化"特征带来鲜活农产品直销短链的主流通渠道；欧盟则无论是以荷兰的"小规模、大合作"特征还是法国的"规模化、专业化"生产特征，导致鲜活农产品流通中批发市场与其他渠道并行的格局。

（2）物流业（尤其是冷链物流）的基建及发展水平制约鲜活农产品流通渠道及效益；零售业的发达程度影响鲜活农产品流通效率；供应链参与主体的组织化程度影响鲜活农产品流通模式选择及效率；科技发展水平尤其是信息技术发展建设水平及信息对称对鲜活农产品流通效率与流通质量起重要作用。

（3）政府角色的参与和管理程度，对批发市场和流通销售信息网络的规划设计、基础建设、税收金融及法规保障等方面起积极性作用。

第4章 鲜活农产品流通现状分析

4.4 小结

本章首先从环境分析、行业发展现状和产业链分析三个方面分析了我国鲜活农产品流通的现状；其次，以河北省为案例，从流通现状、流通模式现状分析和存在问题分析三个方面分析了河北省鲜活农产品流通现状；最后，研究了日本、韩国、欧盟、美国的鲜活农产品流通模式，并对四种模式进行比较分析。本章调研分析为本书后续的基于"互联网+"的鲜活农产品流通模式设计奠定基础。

第5章

基于"互联网+"的鲜活农产品流通模式总体设计

在对本书相关的基础理论进行界定与详尽分析、对国内外及河北省的鲜活农产品流通模式现状进行调研分析的基础上,本章基于"互联网+"对鲜活农产品流通模式进行总体设计。

本书3.7节已经界定,基于"互联网+"鲜活农产品流通模式的创新,包括两个层面:第一,传统的鲜活农产品流通模式的互联网化;第二,互联网技术、互联网思维与鲜活农产品流通相融合所产生的新模式。本章针对这两个方面对其进行总体设计。

需要说明的是,按照3.2.3小节的界定,鲜活农产品流通模式包括流通渠道模式及流通主体经营模式两个方面。为了更有利于系统性研究,本章将流通主体模式的设计与论述融入渠道模式的设计与论述中。

5.1 基于"互联网+"的鲜活农产品流通模式总体逻辑模型

基于"互联网+"的鲜活农产品流通的本质就是用互联网思维和互联网技术重新审视和设计鲜活农产品流通过程的各个节点和各个环节,解决现有鲜活农产品流通渠道模式中存在的环节多、链条长、成本高、时间长、生产者消费者都不满意等问题,降低鲜活农产品流通成本,提高鲜活农产品安全、新鲜和营养水平,提高流通效率,让生产者更受益,让消费者更满意。

图5.1表示的是基于"互联网+"的鲜活农产品流通模式的总体逻辑模型,是将互联网思维和互联网技术与鲜活农产品流通渠道深度融合的基本逻辑。在这

第5章 基于"互联网+"的鲜活农产品流通模式总体设计

个模型中,互联网思维与技术与鲜活农产品流通模式的融合包含两个层面:一是互联网思维、技术与鲜活农产品流通渠道模式的融合,二是互联网思维、技术与鲜活农产品流通主体经营模式的融合。图5.1所体现的逻辑模式包含这两点。

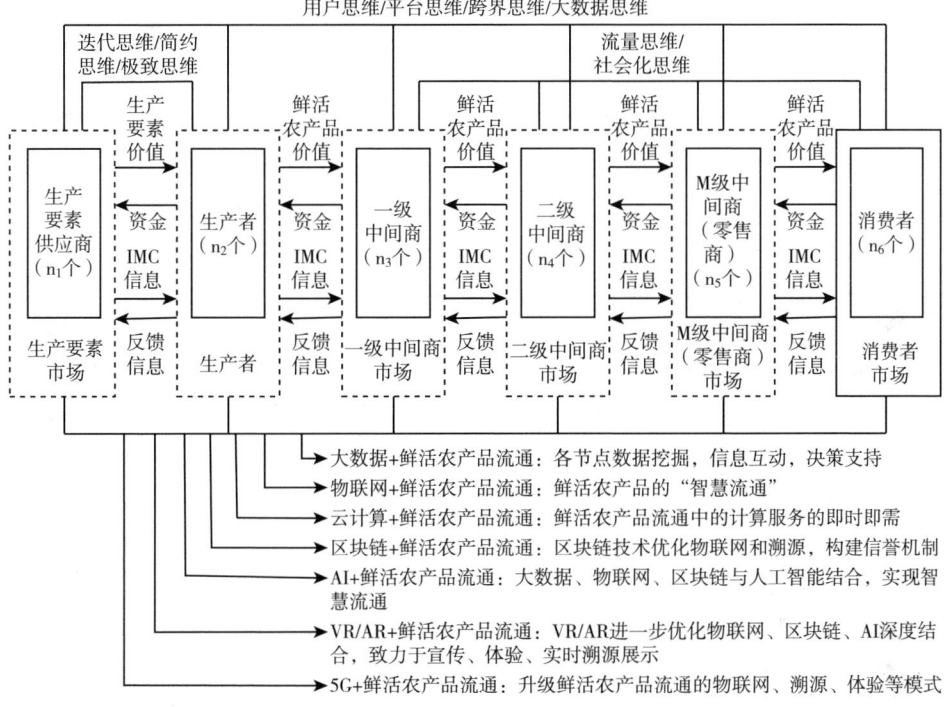

图5.1 基于"互联网+"鲜活农产品流通模式总体逻辑模型

(1)用户思维作为互联网思维体系的核心子系统,贯穿于鲜活农产品流通渠道的始终。鲜活农产品渠道模式的逻辑终点是消费者满意,也是终极目标,流通渠道的各个节点和各个环节都要围绕着消费者满意展开,也就是说,消费者满意是最大的"果",其他的所有因素都是"因"。

(2)平台思维、跨界思维、大数据思维贯穿于鲜活农产品流通渠道的全程。平台思维就是要构建完善的鲜活农产品流通信息综合平台,形成鲜活农产品流通自身的生态系统。跨界思维就是实现线上虚拟业务和线下实际业务的跨界,信息技术业务与鲜活农产品业务的跨界,鲜活农产品生产、贮存、加工技术与物流、供应链、营销等现代管理的跨界。大数据思维就是将大数据作为整个鲜活农产品流通系统的核心资产来看待,通过数据挖掘和分析企业核心竞争力和关键竞争力,来支持整个流通系统的战略与战术决策。

(3) 迭代思维、简约思维、极致思维贯穿于鲜活农产品的生产与研发过程。迭代思维就是要以消费者为导向不断地研发新产品、新工艺、新技术、新标准。简约思维就是以消费者为导向，通过关注消费者体验来规划品牌和产品，形成简约的产品结构和简约的包装设计风格。极致思维就是产品和品牌必须关注消费者对鲜活农产品的体验，把消费者体验和对产品态度作为产品研发和生产的关键环节。

(4) 流量思维和社会化思维贯穿于鲜活农产品从中间商到消费者的销售环节。流量思维就是各级各个中间商和消费者对某个或某些鲜活农产品品牌的认知、熟知程度，这是最终达成交易的基础。社会化思维就是在当前社交化媒体成为人们沟通信息主流的背景下，从"N级中间商—消费者"的环节，贯穿以N对N双向网状沟通为主要特点的社会化沟通。

(5) 大数据＋鲜活农产品流通。通过鲜活农产品各个节点、各个环节数据获取、数据挖掘、数据分析，形成信息互动、趋势预测机制，实现决策支持。

(6) 物联网＋鲜活农产品流通。物联网融入农产品流通的目标是实现流通渠道节点到节点的可视化，从而形成实时决策，建立各个节点敏捷、随机应变的合作伙伴网络。尤其是构建强大的、信息尽可能多的、可视化的质量安全追溯系统，做到让各节点利益相关者明明白白生产与经营，让消费者安安心心消费，最终实现消费者的持久满意。

(7) 云计算＋鲜活农产品流通。通过分布式计算、并行计算、效用计算、网络存储、虚拟化、负载均衡、热备份冗余等计算方式融合的手段，选择性采用软件即服务、平台即服务、基础架构即服务等服务模式，实现"互联网＋鲜活农产品流通"渠道模式计算服务的即时即需。

(8) 区块链＋鲜活农产品流通。区块链作为去中心化的分布式记账方法，与鲜活农产品流通深度融合，提高产销两端交易效率，降低流通成本，重塑农业上下游的信任关系。同时通过区块链技术优化以物联网和溯源体系为主要内容的"智慧流通"模式。

(9) AI＋鲜活农产品流通。通过深度学习、图片识别、语音识别等技术，来实现鲜活农产品流通包括分拣、包装、运输等各个环节的智能化，提高流通效率。

(10) VR/AR＋鲜活农产品流通。VR/AR与鲜活农产品流通融合，形成多源信息融合、交互式的三维动态视景。VR/AR与鲜活农产品流通链条场景、农产品溯源、物联网融合，实现流通过程、体验与信任体系的融合。

(11) 5G＋鲜活农产品流通。作为划时代意义的5G新一代网络技术，进一步优化和升级鲜活农产品流通过程中所需要的物联网、区块链、AI、AR/VR等技术,形成进一步提升流通效率的新场景和新模式。

5.2 传统主流鲜活农产品流通模式的互联网化设计

尽管以批发市场为核心、以农贸市场为核心、以连锁超市为核心的主流三大类鲜活农产品流通模式存在很多问题,甚至有些模式是影响整个行业效率提升和健康发展的致命性问题。但是,在当前的环境下,在很长的一段时间内很难动摇这三大类主流流通渠道模式的主导地位。通过优化流通思维和管理流程来改善流通模式、提高效率、实现消费者满意,才是优化这三类传统的主流鲜活农产品流通模式的关键。

本书构建一套系统化的鲜活农产品流通综合信息平台,与流通各节点、各环节深度融合,实现主流鲜活农产品流通渠道的互联网化,从而解决传统渠道模式存在的各种问题。该综合信息平台的建设主体是各种模式流通主体的核心组织(批发市场、农贸市场或连锁超市)。

图5.2体现的是传统的主流鲜活农产品流通模式互联网化的逻辑模型。在该逻辑模型上方的虚框中显示的逻辑流程("生产要素市场——生产者——一级中间商市场——二级中间商市场——……——N级中间商市场——消费者市场")是对图3.5、图3.6、图3.7三大类传统的主流的鲜活农产品模式的普遍化拟合的逻辑模型。构建一个系统化的鲜活农产品综合信息系统,各节点(生产要素市场中各供应商、各生产者、各一级中间商市场中的经销商……各N级中间商市场的经销商、各消费者)及各节点之间流动的数据和信息都通过这个综合信息平台用可视化的方式存储和展现,为各节点提供信息服务及决策支持,从而解决当前流通过程中存在的诸多问题。鲜活农产品流通综合信息平台包括四个子系统:需求供给预测与市场化统筹子系统,集成化(线下、B2B、B2C、C2C、C2B、O2O)综合交易子系统,信息反馈、数据挖掘分析及决策支持子系统,鲜活农产品质量安全追溯子系统。

5.2.1 鲜活农产品需求供给预测与市场化统筹子系统

该子系统解决以消费者需求预测为轴心的、各节点需求与供给预测的问题,

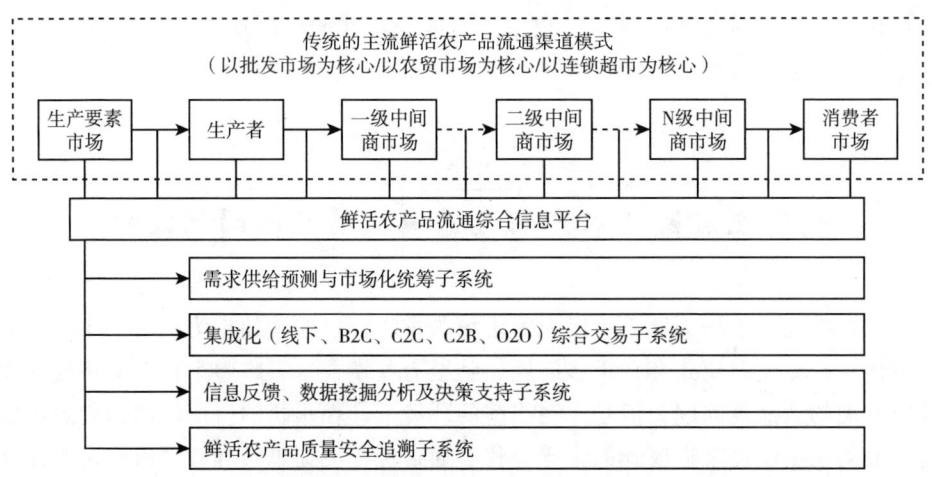

图 5.2 传统的主流鲜活农产品流通模式互联网化逻辑模型

从需求供给预测的角度试图解决"谷贱伤农""丰产不丰收"等因需求供给预测不准确而引起的生产环节种植结构不合理的问题。

图 5.3 显示的是需求供给预测与市场化统筹子系统的逻辑模型。该模型的逻辑起点是消费者的需求预测,逻辑终点是生产要素品种、数量的预测。通过大数据挖掘和分析每个消费者的信息,形成消费者市场对各类鲜活农产品的需求预测。以消费者需求预测为导向,结合挖掘和分析每个 N 级中间商大数据信息,形成 N 级中间商市场的需求供给预测。以 N 级中间商的需求和供给预测为导向,结合挖掘和分析每个生产者大数据信息,形成生产品种和数量的预测。对生产者生产品种和数量进行预测,结合挖掘和分析每个生产要素供应商的大数据信息,形成生产要素品种与数量预测。通过这样阶梯式、循环性的以挖掘和分析大数据为基础的预测,在节点之间的各环节形成一套市场化统筹系统,这套市场化统筹系统贯穿互联网思维体系的用户思维、简约思维、极致思维、迭代思维、跨界思

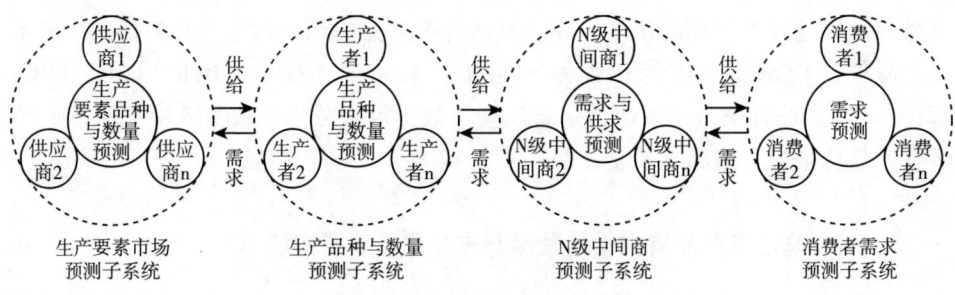

图 5.3 需求供给预测与市场化统筹子系统逻辑模型

第5章 基于"互联网+"的鲜活农产品流通模式总体设计

维,直接影响甚至决定鲜活农产品的种植(养殖)、供给结构(数量和质量)、研发方向与研发力度。

5.2.2 鲜活农产品集成化综合交易子系统

该子系统集成在鲜活农产品流通过程中可能出现的线下交易、B2B、B2C、C2C、C2B、O2O 六种交易模式,从而缩短各节点、各环节的交易时间,提高交易信息、留驻信息的准确性和有效性。

图 5.4 体现的是鲜活农产品集成化综合交易子系统的逻辑模型。传统的交易方式是各生产要素供应商、各生产者、各 N 级中间商与各消费者之间的相互交易都是在线下进行的。通过构建和实施集成化综合交易子系统,使各生产要素供应商与各生产者之间以 B2C 的方式进行交易,各生产者和各 N 级代理商之间、N级代理商和 N-1 级代理商之间可以通过 B2B、O2O 的方式进行交易,各 N 级代理商和各消费者之间以 B2C、O2O、C2B 的方式进行交易,各生产者和各消费者之间还可以通过 C2C、C2B 的方式进行交易。在鲜活农产品流通各节点、各环节通过形成网状的集成化交易模式,实现流通环节中交易的灵活性、便利性和信息的通畅。

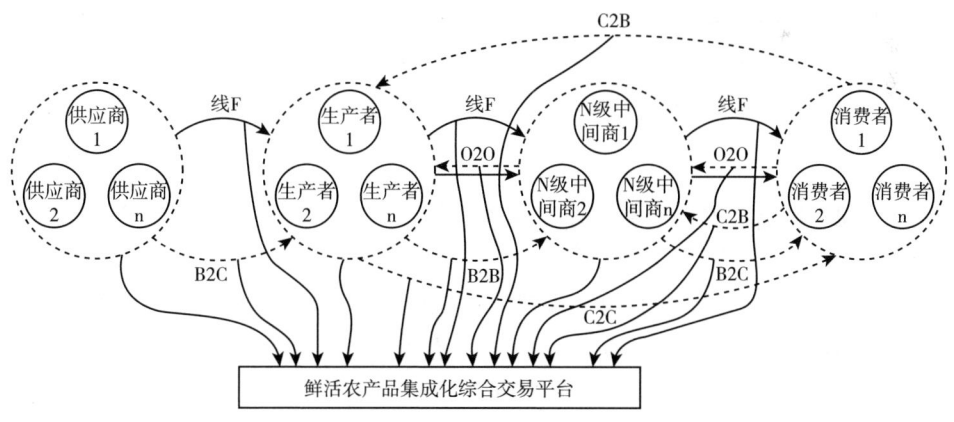

图 5.4 鲜活农产品集成化交易子系统逻辑模型

5.2.3 鲜活农产品数据挖掘分析及决策支持子系统

该子系统利用大数据理论与技术来对鲜活农产品流通过程中取得的各类数据

进行挖掘、建模和分析，借助决策支持系统（DDS）的理念和方法形成支持各节点、各环节的决策方案。

图 5.5 显示的是鲜活农产品数据挖掘分析技术及决策支持子系统。各生产要素供应商、各生产者、各 N 级中间商、各消费者的大数据（信息），以及各生产要素供应商与各生产者之间、各生产者与各 N 级中间商之间、各 N 级中间商和各消费者之间包括交易数据在内的发布、反馈等互动大数据，均贮存于数据挖掘分析和决策支持子系统中，通过逻辑建模和数学建模形成可视化的决策支持信息，服务于预测、产品研发、品牌设计与开发、营销传播设计、渠道设计、人力资源获取与管理等诸多决策，各节点的利益相关者也可以以个性化方式定制决策服务。

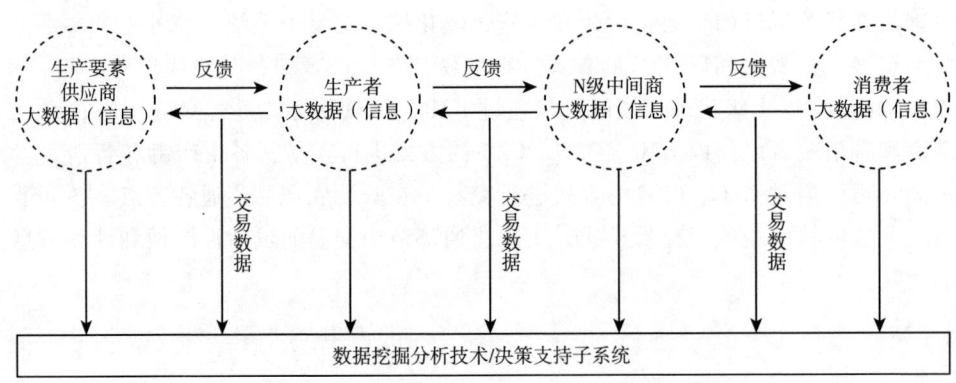

图 5.5　鲜活农产品数据挖掘分析技术与决策支持子系统逻辑模型

5.2.4　鲜活农产品质量安全追溯子系统

鲜活农产品质量安全追溯子系统是物联网、区块链、AI、VR/AR 等现代信息技术与理念在鲜活农产品流通领域最"落地"的运用。当前存在很多农产品质量安全追溯公众平台，但大多数是由政府部门或以政府部门为背景的行业协会建立并推动，这种方式与让更多鲜活农产品流通的利益相关者和消费者对鲜活农产品溯源的需求还有很大的距离。基于鲜活农产品流通综合信息平台的质量安全溯源系统，建设主体是各个流通模式的核心组织（流通主体），核心组织紧密与各个节点的各个相关利益者形成紧密型的利益共同体。由核心组织建设和推动的、融入综合信息平台的质量安全溯源系统更有可能"落地"。

图 5.6 显示的是鲜活农产品质量安全追溯的逻辑模型。质量安全追溯从本质

第5章 基于"互联网+"的鲜活农产品流通模式总体设计

上是两个方向的信息互动,以条码技术(一维码、二维码)、射频技术、红外线识别等技术手段作为产品连接各个节点、各个环节的介质,并且融入当代领先的GPS(卫星定位)、GIS(地理信息系统)、AI、区块链、AR/VR等信息化技术手段实现以下溯源需求:一方面,各个生产要素供应商、各个生产者、各个N级中间代理商、各个消费者通过质量安全追溯平台来输入被要求输入的相关信息,实现信息的顺向传递;另一方面,消费者通过介质终端,查询到逆向流动的各种信息,从而达到质量安全追溯的目的。

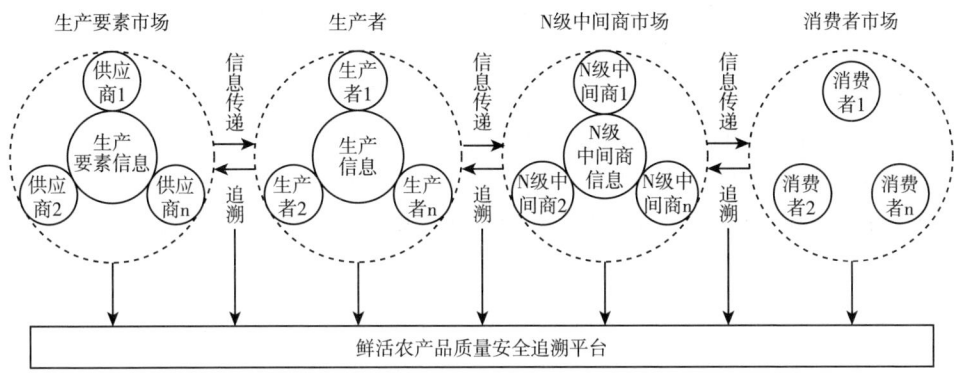

图 5.6 鲜活农产品质量安全追溯子系统逻辑模型

5.3 基于"互联网+"创新鲜活农产品流通模式的总体设计

除对传统的、主流的鲜活农产品流通模式通过与互联网思维和技术深度融合而实现互联网化外,本书重点设计几个基于互联网思维和技术的鲜活农产品流通模式。本书认为,通过电子商务平台(天猫、淘宝、京东、本来生活网)实现鲜活农产品流通的模式相对比较成熟,需要解决的是冷链物流等流通环节的质量和效率问题,不作为本书探讨的重点。随着经济和社会不断发展,以企业为核心的流通渠道模式将逐步走向历史舞台,尤其将会主宰高端鲜活农产品流通渠道模式的未来。

本书重点设计两种正在和即将引领未来发展方向的鲜活农产品流通渠道模式:以企业为核心的基于"互联网+"的鲜活农产品流通 C2B 模式,以企业为核心的基于"互联网+"的鲜活农产品流通 O2O 模式。

这两种模式的详细研究将在第 6 章和第 7 章详细展开。

5.4 本章小结

本章构建了基于"互联网+"的鲜活农产品流通模式的总体逻辑模型,核心思想是将互联网思维(用户思维、平台思维、跨界思维等)和互联网技术(物联网、区块链、大数据、云计算等)与鲜活农产品流通模式深度融合,从而提升鲜活农产品流通效率。基于"互联网+"的鲜活农产品流通模式分为两大类:一类是对传统的、主流的鲜活农产品流通模式进行互联网化设计,构建需求供给预测与市场化统筹、集成化综合交易、数据挖掘分析与决策支持、质量安全追溯四大子系统;另一类是基于"互联网+",以企业为核心,以顾客为导向,创新设计新的鲜活农产品流通模式。后一类将在第6章和第7章进行研究。

第6章

基于"互联网+"的鲜活农产品流通 C2B 模式设计

在研究基于"互联网+"鲜活农产品流通模式总体设计的基础上,本章对基于"互联网+"的鲜活农产品定制化流通模式进行详细设计。

6.1 C2B 概述

6.1.1 C2B 概念与特征

C2B(Customer to Business,消费者到企业)是互联网发展到一定程度后的崭新的商业模式。这种模式由消费者提出需求,生产者按需求生产产品和服务,然后将产品和服务传递给消费者而实现交换过程。通常情况下,消费者根据自身需求定制产品和价格,或主动参与产品设计、生产和定价,产品、价格等因素体现消费者的个性化需求,生产企业进行定制化生产。图 6.1 显示的是 C2B 模式的基本思想。

消费者将自己的需求信息转化为订单,生产者或产品集成商通过订单进行生产或筹措,按照一定的时间节点通过一定的途径将产品和服务传递给消费者,同时消费者给生产者或产品集成商结算。在当今互联网时代,信息和订单往往通过线上信息(交易)平台完成,货币结算往往在第三方支付平台完成,产品和服务往往通过快递公司完成。与传统的线下模式和线上电子商务模式不同的是,消费者需要的是个性化需求,生产者或产品集成商通过柔性化生产来满足消费者的个性化需求。从表面看,C2B 过程是以消费者个性化需求为起点

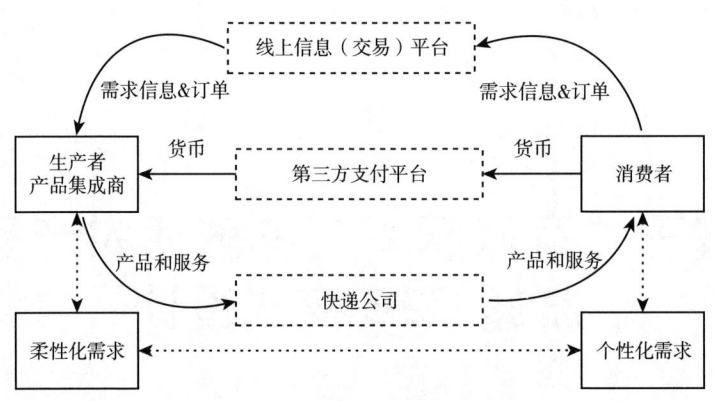

图 6.1　C2B 基本思想示意图

的消费者和生产者的动态复杂系统,但其本质是个性化需求与柔性化生产的动态复杂系统。

C2B 模式的优势在于能很好地满足消费者个性化需求,减少同质化生产所带来的浪费,提高资源配置的效率,增进社会经济福利水平。C2B 模式下定制化生产是要以厂商的柔性化生产模式和高科技技术(如智能物联网技术,云计算、3D 打印技术等)的运用做支撑的。如果达不到这一点,如果市场本身也不存在较为显著的差异化需求,仅仅为定制而定制,就会产生过高的转换成本,使 C2B 模式的优势尽失。[255]因此,C2B 模式应具备三个必需条件:显著的差异化需求、柔性化生产、配套的高科技技术。

按定制主体和定制内容两个维度 C2B 被分为群体定制价格、个体定制价格、群体定制产品、个体定制产品和混合型五种类型。[256]群体定制价格的本质是团购,个体定制价格的本质是一对一营销,群体定制产品的本质是规模化定制,个体化定制产品的本质是个性化定制,混合型就是以上四种类型的组合。

按照 C2B 商业模式分类维度,将 C2B 模式分为聚合需求定位模式、个性化定制模式和要约定位模式三种商业模式。[255]

6.1.2　聚合需求定制模式

聚合需求是在线上广泛搜集消费者需求信息,生产者根据这些信息分析揭示出消费者群体的需求特征,然后将同类需求进行聚合,并针对性地开发、设计、生产并配送产品的过程。聚合需求定制模式必须有足够的流量支持。作为专业化的生产厂商,往往不具有流量的优势,在采用聚合需求定制模式时,一般需要与

第6章 基于"互联网+"的鲜活农产品流通C2B模式设计

互联网企业尤其是知名平台联合来获取流量。按需求传递的方向，聚合需求定制模式一般有三种方式：第一种方式，消费者到平台再到厂商；第二种方式，厂商到平台再到消费者；第三种方式，平台到消费者然后到生产商。

当前最常见的是第二种方式，详细地讲，厂商将消费者的个性化需求分类汇总，然后进行研发和样品试制；试制成功后，再到平台或自有电子商务网站上接受消费者预定，按订单情况安排生产；生产完成以后由企业自身或平台组织配送发货。

聚合需求定制模式并不是纯粹的个性化定制模式，本质上是一种聚众型的定制模式，即将调查所得的消费者数据按出现频次进行排序，满足主要的需求，样本量过少的需求将被自动忽略。

聚合需求定制模式具有如下主要特征：

第一，该模式实质上是一种大规模定制（mass customization）模式，远非真正意义上的完全个性化定制，对生产者来说，这种模式既扩大了生产规模，减少了转换成本，又完全消灭了库存。

第二，该模式减少了交易的中间环节和巨额的营业费用，往往让利于生产者和消费者。

第三，该模式一般采用预付款方式，生产者用预付资金投入生产，无资金压力，也无呆坏账之忧。

第四，消费者通过该模式切实得到了实惠，所有参与聚合需求定制的产品价格一般都低于同质量非定制产品价格，价格降低幅度呈阶梯级递增，聚合需求量越大，价格降低幅度越大。

第五，该模式有利于激发生产者的创新意识和质量意识，产品质量越好，性能越佳，外观越美观，越容易吸引更多的消费者参与定制。

第六，该模式增加了生产者的选择权，生产者一般根据预定的产品组合的数量，优先决定生产规模大的组合，对于预定数量过小的组合，可以选择放弃，有利于资源的优化配置。

第七，该模式使整个行业生态链实现了共赢，生产者利润增加，平台赚取佣金，消费者得到物美价廉且更契合需求的产品和服务，效用水平增加。

聚合需求定制与众筹、预售、团购等电子商务模式在本质上是不同的，后者本质上定制不体现个性化需求，仅仅是定制而已，本质上还是B2C模式，只不过是按预定的订单数量生产，而不是按聚合的消费者个性化需求生产，因为产品性能仍然是生产者事前预设好的，而不是由消费者选择的。

6.1.3 个性化定制模式

个性化定制模式包括 CB 型个性化定制和 CPB 型个性化定制。

(1) CB 型个性化定制。

CB 型个性化定制是由消费者直接向生产者发出个性化定制需求，生产者将按照需求生产的产品和服务直接传递给消费者。一般情况下，消费者根据口碑、相关推荐或自身购物经历，选定某一提供个性化定制产品的厂商，向其提出定制需求；厂商确认该需求之后，向消费者发出付款通知，要求消费者付出定金或全款，收款后开始按订单列明的消费者个性化需求进行定制生产；生产出的产成品发货前，生产者向消费者收取余款（接受定金的情况下），款到后发货（配送发货由生产者组织）。

实施 CB 型个性化定制有以下特征：第一，差异化非常显著的市场，消费者需求价格弹性较小，定制化需求比较强烈；第二，通常是轻资产的劳动密集型行业，生产差异化产品的转换成本较低，生产成本对产品批次转换不敏感；第三，通常价格不太高（奢侈品牌除外），消费者对价格不太敏感，乐于为获得较高的个人效用埋单；第四，生产差异化的产品能够获得价格加成，赚取更高的利润，厂商乐于接受定制化订单；第五，按个性化定制方式生产，没有库存，没有应收账款。因此，不是所有的行业、所有的产品都可以引入 CB 型定制模式的，对那些产品价值比较大、资产重化程度比较高的行业来说，采用聚合需求定制或要约定制方式，相对是更好的选择。

(2) CPB 型个性化定制。

在 CPB 型个性化定制模式中，消费者（C）根据口碑、相关推荐或自身购买经历，选择某一定制化电商平台（P），根据平台提供的产品个性化选项，选定自己满意的选项组合向平台提出定制需求，并支付全款；平台（P）根据消费者需求向匹配的厂商（B）发出订单，并向厂商支付部分或全部货款；厂商在规定的时间内按订单生产出定制化的产品，交由平台发货配送。消费者收货确认后，平台扣除佣金后向厂商支付余款。

与 CB 型个性化定制模式相比，CPB 型个性化定制模式加了平台这个中间环节。当前我国的 C2B 个性化定制模式，大部分以 CPB 型为主，主要原因是：第一，消费者担心生产者的不诚信行为给自己造成损失，加大自身的试错成本，消费者宁愿选择有品牌声望的平台做担保，以减少来自生产者的欺诈风险。第二，平台拥有流量优势，消费者往往为节省时间会在手机上下载自己信赖的平台的客

第6章 基于"互联网+"的鲜活农产品流通C2B模式设计

户端，利用闲暇时间搜索新品，而不大愿意漫无目的地在外置搜索引擎（如百度等）上寻找产品信息；生产者也希望节省用于吸引顾客而花费的营业费用，直接利用平台销售自己的产品，大大降低营业费用。第三，CPB个性化定制平台与天猫等双边平台不同，在双边平台中，平台企业只是为买卖双方提供交易机会，收取佣金，而其本身并不参与到交易过程中；CPB个性化定制平台则不同，它不仅收取交易佣金，而且直接参与交易，它是最终买卖双方中间的一个交易方，即消费者向平台下订单，但他们并不知道谁才是真正的生产商，生产者也只是接受平台下达的订单，他们也不知道谁是最终的买者。这种模式简化了交易关系，消费者只与平台打交道；生产者也只与平台发生关系。一旦发生了买卖纠纷，也都由平台出面协调，容易划分责任。这也无形增加了平台压力，一旦退货率大幅上升，平台收益就会受到较大影响（损失了时间、物流费用和声誉）。从市场结构层面来看，平台对于消费者而言，相当于一个卖方垄断者；对于生产者而言，相当于一个买方垄断者，平台利用自身强大的市场力量对供需双方进行双面"压榨"，获取最大化的利润。当前大部分CPB平台都只能提供有限的定制化服务。

6.1.4 要约定制模式

要约定制又称为逆向拍卖模式，目前应用最广的领域是工程领域，简单地说，就是业主招标。

C2B要约定制有两种模式，即公开保留底价的要约定制和不公开保留底价的要约定制。

在不公开保留底价的要约定制模式中，消费者（C）根据口碑、相关推荐或自身经验，选定某一逆向拍卖电商平台（P），向其提出定制需求（招标），并进行询价（不公开保留价）；要约定制平台上注册的生产者（B）根据招标信息进行自我匹配，并向消费者（C）出价，如果出价水平高出保留价将自动被淘汰；接着消费者在入围的生产者中挑选价格最低的生产者成交，并通过平台支付全款。

在公开保留底价的要约定制模式中，消费者通常公开报出一个期望的价格区间或是仅仅给出一个期望价格的上限，想入围的生产者只能在此区间范围内保价。与不公开保留价的要约定制不同，公开保留底价的要约定制模式中，消费者不仅仅是以价格来评判厂商，还要看其产品质量及交货期等来做出综合评判。因此，公开保留底价的要约定制模式不再是一种"低价中标"模式，而是一种

"效用最大化中标"模式,即哪个生产者能够为消费者带来最大效用,谁就能获得收入,失败者的收入为0,即赢家通吃。

显然,第二种模式要优于第一种模式,因为它不仅满足了消费者关于经济利润的效用,而且兼顾了其关于时间和质量的要求,这与工程项目管理里面的铁三角(指成本、进度、质量三个相互制约的变量)模型是一脉相承的。

要约定制平台除了起着提供信息和撮合交易的作用外还起着监管的作用。一方面,其同样也采用第三方支付的方式对生产者的道德风险进行控制,同时也会引入差评等声望机制对厂商形成制约;另一方面,坚持消费者必须先付费才能得到想要的产品和服务,以防止其产生赖账的动机和行为。

6.2 基于"互联网+"的鲜活农产品流通 C2B 模式总论

6.2.1 基于"互联网+"的鲜活农产品流通 C2B 模式的提出

本书已提出,鲜活农产品具有鲜活性、易腐性、敏感性、价格波动大、流通要求高等特点。同时提出,鲜活农产品流通模式存在环节过多、沟通不畅、冷链普及率较低、信息化支撑不够、流通主体运营能力不够等影响鲜活农产品流通效率的问题。实际上,"互联网+"背景下提升鲜活农产品流通效率,其关键是用互联网思维和技术来优化流通渠道模式,强化流通主体经营效率,提高最终消费者的感知价值,提升各流通主体的利润水平。

多年来,学界和业界对"互联网+"背景下鲜活农产品流通模式创新展开了卓有成效的探索,尤其是以鲜活农产品电商为切入点呈现了综合平台电商、垂直电商、农场直销等多种模式。表6.1罗列的是当前主流的、传统的鲜活农产品电商流通模式的优势和劣势比较。

表6.1 传统鲜活农产品电商流通模式比较

类别	代表	优势	劣势
综合平台电商	天猫、京东、苏宁易购等	(1) 流量巨大; (2) 积累的平台信誉; (3) 完善的支付系统; (4) 品牌与顾客关系优势	(1) 产品标准难统一; (2) 质量难以管控; (3) 损耗普遍严重; (4) 送达时间难统一; (5) 物流成本高

第6章 基于"互联网+"的鲜活农产品流通C2B模式设计

续表

类别	代表	优势	劣势
物流电商	顺丰优选	(1) 配送与仓储优势； (2) 质量上易被信任； (3) 具有一定的价格优势	(1) 供应链管理乏力； (2) 市场推广有难度，盈利难
食品供应商	中粮我买网、光明菜管家	(1) 食品供应链优势； (2) 仓储能力强； (3) 价格优势	(1) 损耗率较高； (2) 与综合平台电商差距较大，竞争劣势
垂直电商	本来生活网、易果网、莆田网等	(1) 关注某些细分市场； (2) 比其他模式更懂消费者	(1) 供应链建设挑战大； (2) 物流能力乏力； (3) 品牌塑造挑战； (4) 实现冷链有挑战
农场直销	多利农庄等	(1) 食品安全与品质优势； (2) 自产自销供应链优势； (3) 近距离配送	(1) 配送半径受限； (2) 产品种类难以满足需求； (3) 经营量受自然因素影响大
线下超市及基于超市的O2O	沃尔玛、华润万家等	(1) 配送、冷链、供应链管理优势； (2) 线下体验便利	(1) 消费群体锁定超市群体； (2) 物流成本和运营成本较高，盈利有挑战
流量电商	微商、APP+社区生鲜	(1) 送货上门便利； (2) 产品更新鲜； (3) 配送时间短，损耗率低； (4) 低仓储空间和仓储成本	(1) 营销推广较难； (2) 规模扩张模式挑战； (3) 扩张速度挑战

资料来源：综合网上信息整理。

从表6.1中可以看出，各种模式都有独特的、竞争对手难以逾越的优势，也存在影响该模式发展，甚至决定其生死的劣势。从一定意义上讲，这些模式尽管融入了互联网思维和技术，但是相融合的程度还存在一定的差距，制约鲜活农产品流通效率的流通时间、损耗程度、保鲜程度极其流通成本在一定程度上还没有突破"瓶颈"。

在鲜活农产品供大于求、消费者全面升级下，升级消费者需求导向，把消费者需求作为鲜活农产品流通模式逻辑起点，同时也作为逻辑终点的C2B模式将有望改变当前鲜活农产品流通的格局，通过该模式更进一步提升消费者感知价值，降低流通成本，增加包括新鲜度在内的农产品品质。

基于此，本章提出并详细论证和设计基于"互联网+"的鲜活农产品流通C2B模式。

6.2.2 基于"互联网+"的鲜活农产品流通 C2B 模式总体逻辑

图 6.2 体现的是构建基于"互联网+"的鲜活农产品流通 C2B 模式的基本思想。

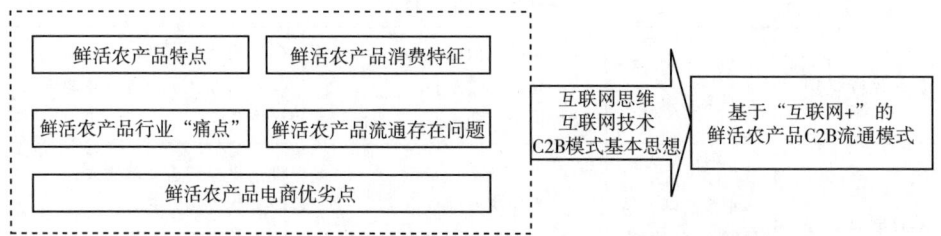

图 6.2 构建基于"互联网+"的鲜活农产品流通 C2B 模式的基本思想

该模式基本思想是：充分考虑鲜活农产品特点和鲜活农产品消费特征，重在解决鲜活农产品行业的"痛点"及流通环节存在的核心问题，充分考虑和借鉴当前鲜活农产品电商各模式的经验和教训。在此基础上，借鉴各类产品 C2B 模式的基本思想和基本经验，融入互联网思维和互联网技术，设计出基于"互联网+"的鲜活农产品流通 C2B 模式。

图 6.3 体现的是基于"互联网+"的鲜活农产品流通 C2B 模式的总体逻辑。

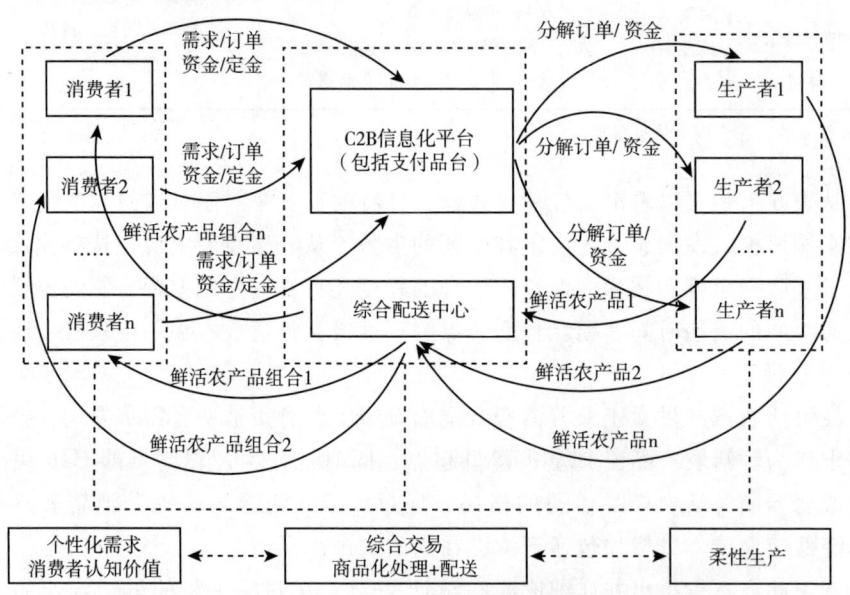

图 6.3 基于"互联网+"的鲜活农产品流通 C2B 模式总体逻辑示意图

第6章 基于"互联网+"的鲜活农产品流通C2B模式设计

该模式的逻辑起点和终点都是消费者,也就是说,起点于消费者的个性化需求,落脚点是满足消费者的个体化需求,从而形成"需求—供给"链条的闭环。某个消费者根据自己的个性化需求确定自己的订单,在C2B信息化平台上下单并支付定金或款项,C2B信息化平台根据生产者的生产结构与规模将该消费者订单分解并指派不同的、对应的生产者,生产者根据指派的订单在规定的时间内配货给综合配送中心,综合配送中心整合各生产者配送过来的各类鲜活农产品形成满足该消费者需求的产品组合,然后配送给该消费者。实现这种模式的核心是:消费者可以根据自己的个性化需求来确定订单,而生产者需要评估消费者甚至对消费者个性化需求快速反应而实现鲜活农产品的柔性生产。

根据当前鲜活农产品流通C2B模式的基本思想、成熟度及行业中的实操性,本书将该模式分为以下几种类别:C2B个性化定制模式,C2B会员定制模式,C2B社群(圈子)定制模式,C2B餐饮定制模式,C2B大规模定制模式,C2B综合性定制模式。图6.4体现了鲜活农产品流通C2B模式六种类别及其核心特征。

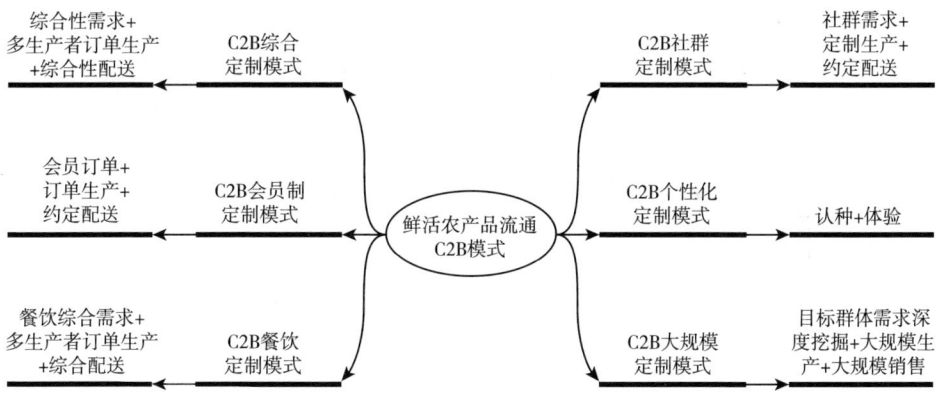

图6.4 基于"互联网+"的鲜活农产品流通C2B模式类别示意图

本章将对这六种的C2B模式逐一论证和设计。

6.3 基于"互联网+"的鲜活农产品流通C2B个性化定制模式

6.3.1 模式的逻辑模型

基于"互联网+"的鲜活农产品流通C2B个性化定制模式是相对较为简单

的一种类型，在一定区域内，消费者与特色农场（畜牧场）直接衔接，根据需求在种植（养殖）季开始定制一个周期或多个周期的鲜活农产品，参与鲜活农产品的成长过程，享用鲜活农产品的成长成果；而生产者根据消费者需求通过全托管、半托管和自养等方式帮助消费者完成参与和享用过程。本质上，该模式是认种、认养模式的升级版。

图 6.5 体现的是鲜活农产品流通 C2B 个性化定制模式的逻辑模型。某公司（或某组织）在 N 地管理一块或多块农场（或养殖场，或牧场），N 地的某些消费者有到这些农场认种、认养某些地块（或某些家禽、某些畜类）的需求和愿望。

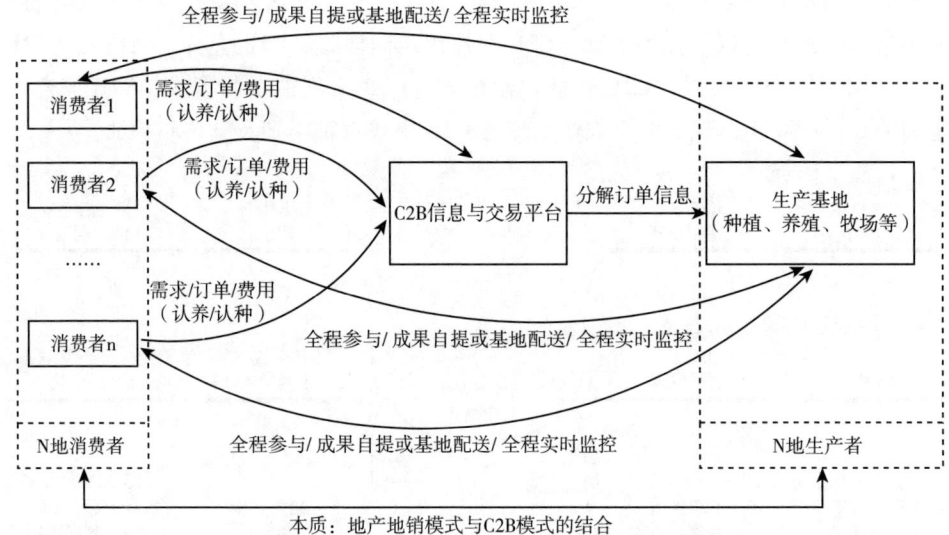

图 6.5 基于"互联网+"的鲜活农产品流通 C2B 个性化定制模式逻辑模型

在一线、二线和经济水平较好的三线城市出现了这样一批消费者：他们是步入小康城市准中产阶级，可支配收入较高，生活有较大的盈余，有车有房，衣食无忧，随着生活水平提高，他们在逐步追求高质量、高品位的生活。在农产品食品安全层出不穷的背景下，希望享受安全放心的农产品，希望吃到工业化还不太发达时期食品本来的味道，也希望亲身体验优质农产品产生的过程。

在这样的背景下，C2B 个性化定制模式就在一些地方产生了。

（1）N 地消费者有认种一块地，或认养一些家禽和牲畜的需求，他们通过 C2B 个性化交易平台（一般是农场所属公司开发交易平台）提出需求并不断沟通后，定制（认种或认养）同样处于 N 地某农场（或养殖场或牧场）的一块地

第6章 基于"互联网+"的鲜活农产品流通 C2B 模式设计

或几只家禽或几头畜类。消费者同时通过 C2B 信息与交易平台支付租金与管理费。

（2）消费者与农场（或养殖场或牧场）达成种植（或养殖）模式：全托管、半托管或自养。

（3）根据达成的种植模式，消费者和农场管理人员共同管理、全程参与定制的地块（或果树、或家禽、或畜类），所得成果由生产者自己带走或由农场配送到家。

（4）消费者对生产者信任、生产者可以被信赖是该模式成功的关键。在 C2B 信息与交易平台，构建生产过程全程实时监控系统，消费者随时随地通过该系统能够查询到生产基地尤其是自己地块的实时情形，能够查询到自己地块生产全过程的作业日志，包括防虫防病、土壤肥料、浇水等生产全程。

（5）该模式本质上是地产地销模式与 C2B 模式的结合。地产地销模式是 20 世纪 80 年代在日本形成的一种生产流通模式，指的是当地生产的农产品在当地直接销售。[3-4] C2B 个性化定制模式本质上是鲜活农产品的地产地销模式与 C2B 模式的结合。

（6）一家企业或组织可以依托一个信息化平台在多地布局基于地产地销的 C2B 个性化定制模式（N 地 x 个消费者——N 地 y 个生产基地），构成鲜活农产品 C2B 个性化定制模式网络，形成更加持续的模式。图 6.6 体现的是一个企业或组织基于一个信息与交易平台下的多地联动所形成的 C2B 个性化定制网络。每个"消费者—生产基地"是图 6.6 所体现的 C2B 个性化定制逻辑模型的减缩版。

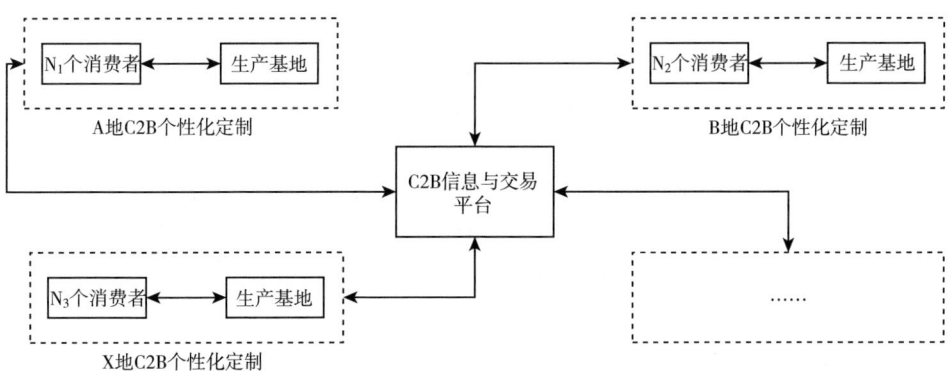

图 6.6 基于"互联网+"的鲜活农产品 C2B 个性化定制多地联动网络示意图

（7）消费者感知价值模式。该模式顾客的感知收益来源于：第一，通过该模式亲自参与生产全过程，通过全程监控平台随时查看包括生产资料使用在内的生产全过程，消费者能够享用比市场上鲜活农产品的大路货更绿色甚至有机、更新鲜、更原始味道的鲜活农产品；第二，通过亲自体验和参与生产全过程，带来身心愉悦和亲手培育所带来的成就感。该模式付出的成本来源于：第一，地块（或果树或家禽或畜类）的租赁费用；第二，在生产全程的管理费用；第三，为此付出的时间。消费者感知价值是否持久大于0是该模式是否持续的核心因素之一。

（8）中心企业或组织经营模式。中心企业或组织的经营模式的持续性是该模式是否持续的另一个核心因素。经营模式由以下因素决定：

第一，怎样让当地的消费者关注并感兴趣？这取决于产品模式设计是否让消费者感兴趣，宣传推广策划和方式是否契合消费者的兴趣点。

第二，怎样让关注和感兴趣的消费者转化为自己的客户？这取决于产品模式设计是否与消费者的需求相契合，主体企业或组织的销售人员的推广和谈判能力是否能连通消费者需求，租赁价格和管理价格是否在消费者的接受范围之内。

第三，怎样让客户变成忠诚客户？这取决于产品模式和服务模式带给消费者持久的感知价值，取决于主体企业或组织持久的服务支撑能力。

第四，怎样让主体企业或组织能够持续经营下去？这取决于主体企业或组织所得收益能否弥补所带来的各种成本，包括主体企业或组织的正常成本付出与成本控制能力，其背后是主体企业的内部管理能力。

6.3.1 案例研究："仙农优品"的 C2B 个性化定制[①]

"仙农优品"是北京某农业科技有限公司的主打品牌，在北京、天津、青岛、烟台、大连五个城市郊区通过基于标准化的合作模式建立了"仙农优品"的生产基地，包括种植、果树和养殖场。每个地区的生产基地对应每个地区的消费者，采用"消费者对接农场"的基于认种、认养的个性化定制产品和服务。

在这些地区的消费者通过"仙农优品"APP认养土鸡、土鸭、土猪等家禽畜牧产品，认种农田栽种果蔬，可随时感受养殖和种植过程的乐趣，亲临现场采收，品尝与分享自己"种出"的不一样味道，将"开心农场"游戏变成现实。

以在青岛基地为例，青岛基地有一个水产家禽畜类养殖场和一块面积为150亩的蔬菜种植基地。消费者"仙农优品"APP上认养认种的畜禽和果蔬，参与

[①] 该案例是作者在参与过的一个策划案例的基础上进行对相关数据进行适当修饰而来，并融入作者的理解、分析和判断。

第6章 基于"互联网+"的鲜活农产品流通C2B模式设计

到畜禽、水产和果蔬的饲养与种植过程。从种苗开始认领,通过"仙农优品"APP全程监控,6~7个月的养殖周期一到,便可得到一只自己"看着长大"的土鸡、土鸭、土猪和各种鱼类等,还可以随时得到1~3个月不等的纯绿色果蔬。让所有的客户在认养认种期间可以对认养畜禽、水产和果蔬产品通过"仙农优品"APP随时转卖而获取相应的增值收益。

在青岛"仙农优品"农场的报价单中,认养一只土鸡费用(雏鸡+管理费用)99元,一头土猪1888元,一只土鸭118元,一只土鹅188元,每66平方米的菜地每年1888元(租赁费+管理费+生产资料费)。这些费用与同类产品的市场价格持平,处于城市的中产小康家庭能够接受。

为让消费者能够真正实现农产品从田间地头到餐桌的零中间环节传递,尽可能减少中间环节,"仙农优品"通过客户体验中自采和"农场—消费者"直接配送服务。农场建有与果蔬、禽类、水产类配套的低温库或冷冻库和冷链配送车。

从消费者角度来说,认养几只土鸡、土鸭,认种一块儿菜地,既收获了乐趣,又获得安全、绿色的鲜活农产品。对于农户来说,通过这种方式降低农场成本投入,基于消费者的安全绿色需求和实时监督,能够提升农场对畜禽、水产和果蔬的生产水平。

图6.7体现的是"仙农优品"青岛农场C2B个性化定制业务逻辑。

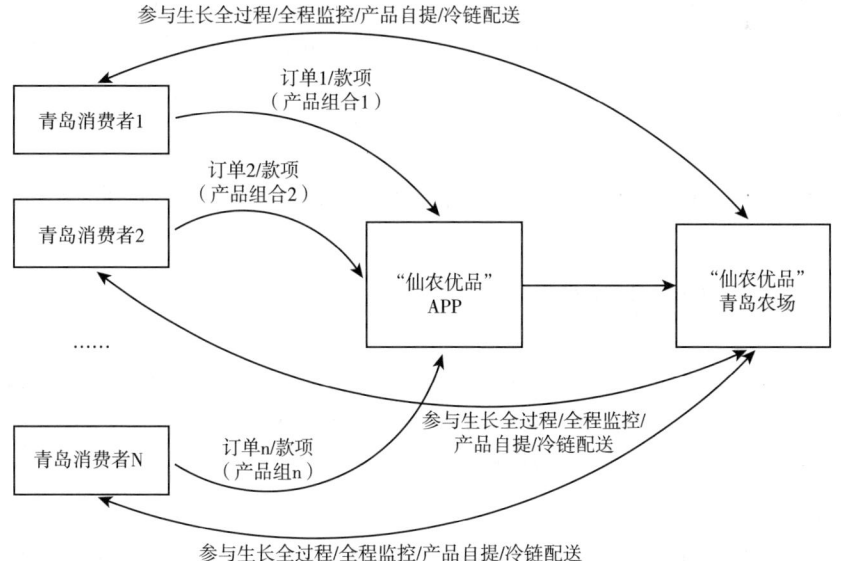

图6.7 "仙农优品"青岛农场 C2B 个性化定制业务逻辑

这个业务逻辑从理论上是可行的，但在实际操作中出现了很大的困境，主要表现在：

(1) "仙农优品"青岛农场以承包的模式与郊区农民签订协议，"仙农优品"输出管理模式和生产技术。然而，生产者主要是周边农民或外地打工农民，与农民的生产组织形式是他们的一大棘手问题；把农民按产业工人来管理，难以管理和控制成本；模块化承包给农民，又难以控制质量。这个问题不突破，鲜活农产品品质就难以保证，难以和大路农产品在品质上形成差异化，导致消费者感知收益大幅度降低，消费者感知价值下滑甚至达到负数，因此难以形成消费者忠诚，容易流失消费者。这样，"仙农优品"青岛农场的这种业务逻辑的基础就不存在了。

(2) "仙农优品"青岛的运营成本主要表现在：土地租赁、雇用农民、生产资料、各类高级技术人员、营销人员、配送人员、冷链设备与配送成本、管理人员等。收益是青岛农场的租赁费用和管理费用。利润空间相对较少，只要内部管理和成本控制稍微跟不上，就容易亏本。

(3) "仙农优品"毕竟属于小微企业，"仙农优品"青岛农场更是小微企业。让更多消费者认知的宣传推广是个难题，很难找到一种适合"仙农优品"宣传推广方式，让更多的消费者认知并感兴趣。

(4) "仙农优品"其他的四个地区的农场遇到了与青岛同样的困境，突破困境任重道远，但是一旦突破，就意味着"仙农优品"的C2B个性化模式成为一个强势的、让消费者信赖和忠诚的流通模式和高端农产品品牌。

6.4 基于"互联网+"的鲜活农产品流通C2B会员定制模式

6.4.1 模式的逻辑模型

鲜活农产品C2B会员定制模式是面对城市中产阶级以上阶层的、定位于中高端的鲜活农产品流通模式。这种模式，由消费者转化为会员，会员提出需求套餐，生产者组织生产、商品化处理和配送，满足与城市中产阶级以上阶层对鲜活农产品的较高需求。

图6.8体现的是基于"互联网+"的鲜活农产品流通C2B会员定制模式逻辑模型。

该模式以流通主体为纽带，一边联结着N地众多消费者，一边联结着若干

第6章 基于"互联网+"的鲜活农产品流通 C2B 模式设计

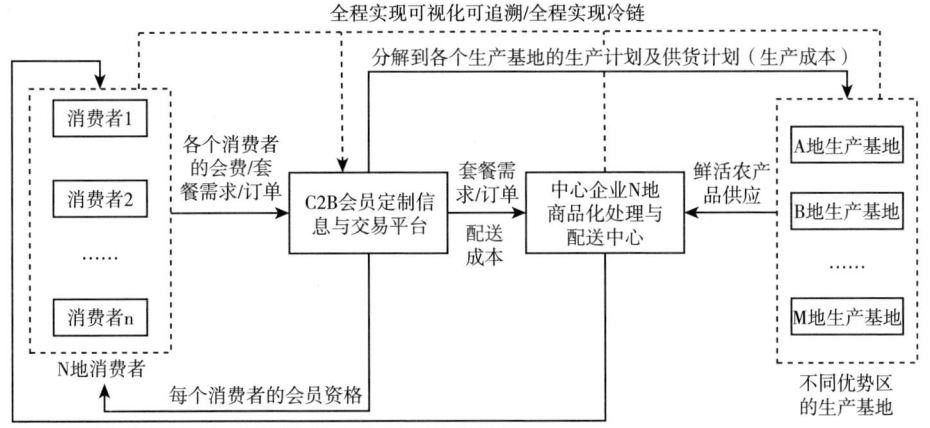

图 6.8 基于"互联网+"的鲜活农产品流通 C2B 会员定制模式逻辑模型

个位于某一类鲜活农产品优势生产区的生产基地,其中,C2B 会员的定制信息与交易平台是以会费、订单、套餐及会员资格为核心的信息资源的交互纽带,位于 N 地的商品化处理与配送中心是以鲜活农产品物的流动的纽带。

位于一线、二线城市的 N 地,存在这样一批消费者:他们是这个城市中产阶级以上的人群,曾享受很好的教育,有一定的社会地位,财务已经自由,他们追逐高品质的生活;在食品安全堪忧的情况下,他们愿意用高出一定市场价格的代价、更方便的途径、更有面子的方式获得原始状态生产的高品质鲜活农产品。在这个背景下产生鲜活农产品 C2B 会员定制模式。

(1) 某流通中心企业在其 C2B 会员定制平台上发布会员资格、层级及服务信息,以配送频次、配送时间、配送品种、折合价格为核心的套餐信息等。一般情况下,流通中心企业配货模式有两种:一是"充值会员+预约式配货"。按照规定充值,获得一定层级的会员资格。在平台上预约(时间、地点、种类、数量、价格),扣除账户价格,按预约配货。二是"年卡+套餐类"。消费者通过 C2B 会员定制平台购买一定层级的年卡,成为年卡会员,会员每个月前一个时间节点内在平台上选择当月的配送套餐,确定后,流通中心企业将按照一定的频次(例如,每周两次)、约定的时间和约定的套餐上门配送。

(2) N 地的某些中产阶级以上消费者通过鲜活农产品 C2B 会员定制平台,分析各类会员资格与套餐信息后,选择一个会员类型、会员层级和套餐类型,支付后成为该流通中心企业的会员,享受其会员资格。该会员资格也可以成为馈赠的礼品或组织给员工的福利。

（3）流通中心企业将收到的会员信息、套餐信息及订单信息汇总，给位于各地的生产基地下达生产计划和供应计划。各地的生产基地按照计划生产和供应，在计划的时间节点内，按计划的品类和数量按照标准配送到N地配送中心。N地配送中心进行分级、筛选，并按照套餐或订单的要求包装并配送。

（4）流通主体会有多个不同的区域市场，不同的区域市场建立不同的配送中心，对应同一个C2B会员定制平台，对应的统一的多地优势生产区的生产基地。

（5）在"生产资料——生产过程——商品化处理及配送过程——消费者"的供应链中，全程实现可视化追溯，消费者通过手机等终端很方便地可以查询到每一个产品在供应链任何一个环节的信息，有的环节实现实时可视化动态。供应链全程实现冷链。

（6）消费者感知价值模式。该模式的消费者属于中高端消费群体，消费者为该模式指引下的交易埋单，是因为其有较高的预期。

消费者感知收益来自：①最优势生产区生产最优质量的品类。例如，在西北地区的土豆基地，在新疆阿克苏地区的苹果基地，在胶东半岛地区的樱桃基地，在山东寿光地区的北方蔬菜基地，在武夷山山地的土鸡、土鸭、土猪生产基地等。②高品质、原生态生产工艺。例如，有机生产或绿色生产模式，全程可视化追溯体系。③高品质的产品。回到原始生产状态的产品质量，如土猪、土鸡、土鸭等。④极致的服务。全程冷链，送货到家。

消费者感知成本来源于：①付出比一般鲜活农产品在零售终端高出3~5倍的价格。②付出考察、比较和沟通的时间和精力。

（7）流通中心企业的经营模式。该模式有一家流通主体模式：一是维护好C2B会员定制平台，做好消费者、生产基地与配送中心的纽带；二是制定生产标准、产品标准并以此协调各生产基地的生产计划、生产过程和产品的交付；三是制定商品化处理及配送流程与标准，按标准配送消费者。从而实现消费者满意和忠诚。该模式流通中心企业经营模式能否支撑持久盈利与消费者感知价值的双赢，取决于以下几个方面：

第一，超消费者预期的产品品质是获得更多消费者满意最终达到消费者忠诚的基础。这就需要在生产环节制定非常标准的生产标准和产品标准，并落实到每一个环节，确保质量环节的超高品质；在流通环节通过全程冷链、控制配送时间来确保流通环节高品质的保持程度。生产端和流通端的品质控制问题，对于流通中心企业是经营过程中的挑战性问题。

第二，流通中心企业与各地生产基地的关系有多种模式：租赁土地、自己组织生产模式，与农民和农场主合作模式等。各种模式有利有弊。

第6章 基于"互联网+"的鲜活农产品流通 C2B 模式设计

第三,根据需求,各地生产基地配货给 N 地配送中心,N 地配送中心根据消费者套餐或订单配送给每个消费者。这种渠道模式,以真正的消费者需求为逻辑起点,零中间环节,对成本控制、品质保证都是正向改进。

第四,定价较高,是市场大陆鲜活农产品定价的 3 倍以上。

第五,宣传推广以社交化媒体、口碑营销、社群营销、体验营销为主要手段,推动更多的消费者认知并感兴趣。这对于流通中心企业也是很大的挑战。

第六,成本模式方面,尽管定价很高,但是有机生产或绿色生产的成本也非常高,产量还低,同时还涉及较高的冷链物流、仓储、商品化处理、配送等费用,使该模式的成本比其他模式也相应高一点。实现盈亏平衡需要量的积累和时间的考验。

6.4.2 案例研究:良食网的 C2B 会员定制[①]

良食网是一家以社区支持农业(Community Support Agriculture,CSA)[②]会员制的销售方式自营有机鲜活农产品的平台,于 2011 年初由中欧商学院、长江商学院多名 EMBA 同学共同创办,初衷为解决在食品安全频发环境下家人朋友吃得放心的问题。多年来,对良食网的需求不断扩大,随之在商业模式、产品及服务上不断创新发展,在全国拥有十一大直管有机农场,向上万家庭会员提供包括蔬菜、水果、肉禽、蛋奶在内的鲜活农产品,已成为华南最大的有机鲜活农产品生产流通商。2016 年良食网获中粮集团我买网战略投资。

良食网定位为专业的鲜活农产品品牌零售商,良食网的产品定位一线、二线城市中高端消费群体,产品以有机天然的鲜活农产品为主。当前良食网会员一万多个,集中在广州和深圳两所城市,既有大量的个人会员,也有腾讯、华为、核电、迈瑞、招行等集团企业这样的签约消费者,良食网是腾讯为员工提供有机食材福利的唯一指定供应商。

图 6.9 体现的是良食网深圳区域 C2B 会员定制业务逻辑。

(1)良食网网站和良食网微信服务号是良食网联结消费者和生产基地、配送仓的媒介,既是信息平台,也是支付平台。

(2)深圳区域内的消费者通过一定的渠道知晓良食网,并通过一定的方式

[①] 本案例综合网络公开资料撰写,并融入了作者的分析与判断。
[②] 社区支持农业:起源于 20 世纪 70 年代的瑞士,然后在日本得以推广。其指的是拉近消费者和生产者的关系,缩短农产品销售渠道,促进提升农业供应端质量,促进城乡一体化发展,是具有国际人文精神的一种生态农业模式。

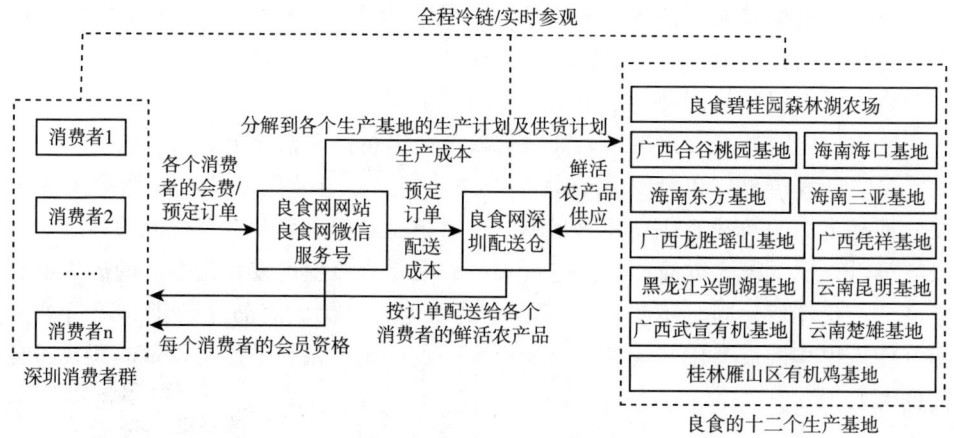

图 6.9 良食网深圳区域 C2B 会员定制业务逻辑

对良食网产生兴趣和购买欲望，在消费者具有支付能力的前提下，通过支付平台购买良食网一种类型的会员资格（如面额 5 万元的黑钻提货卡、面额 2 万元的白金提货卡、面额 1 万元的提货金卡、面额 5000 元的提货银卡、价值 2000 元的提货绿卡等）。

（3）成为会员后，会员根据自己的需求在良食网网站或服务号预定货物（包括品类、数量、配送上门时间等），相应款项从账户中扣除。

（4）良食网运营团队根据会员情况及大数据分析，每年两次给 12 个基地下达生产计划和供应计划指令，各生产基地按指令生产和按指令的时间节点配送到深圳配送仓。所有基地为有机生产基地，按照有机食品的标准进行生产。

（5）深圳配送仓按照各个消费者预定订单冷链上门配送，从而形成"需求—供给—满足需求"的闭环。

（6）消费者感知价值来源。消费者的感知收益来源于有机食品带来的安全满足、原生态生产产品带来的味觉满足、良食网配送团队带来的良好服务以及同类食品比商超价格低 50% 而形成的心理满足感。消费者的成本来源于比市场大路货高 3 倍以上销售价格以及为此付出的时间和精力。

（7）生产基地价值来源。良食网的生产基地，一部分是租赁土地、自己经营管理，与良食网统筹核算其基地价值。另一部分是与分散的农户或农场以订单形式实现的，分散的农户或农场以高出市场价格的方式获得更高的收益，并按照良食网生产计划和要求生产，锻炼和提高了他们的生产管理水平。

（8）良食网运营策略。主要体现在以下几个方面：

第一，十二个生产基地遍布在华南和中南地区的偏远无污染地区，执行和贯彻国际有机联盟标准生产，全部经过国家权威认证机构有机认证，产品符合有机食品标准。鲜活农产品有240多个单品，基本满足家庭对鲜活农产品结构和数量的需要。整个流通环节实现冷链，无中间流通环节，流通时间短，质量保持率高，损耗小。这就确保了良食网运营模式的基础。消费者对良食网的信任也非常关键，整个过程有参观环节，但没有实现可追溯，下一步构建可视化追溯系统将进一步强化消费者对良食网的信任。

第二，良食网的定价模式突出性价比，按12元/500克定价，比同类产品的商超渠道低50%。

第三，良食网传播模式靠社群口碑、社交化媒体等模式。介入和管理100多个微信用户群。寻求到一个合适、有效的传播方式是这类流通中心企业的重大课题和挑战，也是限制其发展的一个重要因素。

第四，良食网的成本相对较高，主要表现在有机生产环节的生产资料成本、用工成本、运输成本、商品化处理成本、冷链配送成本，再加上有机生产产量较低，分摊的固定成本也比较高。因此，良食网在2016年才实现盈亏平衡，现在处于有利润但利润率较低的状态。

6.5 基于"互联网＋"的鲜活农产品流通C2B社群定制化模式

6.5.1 模式的逻辑模型

社群（community）指的是在某些边界线、地区或领域内发生作用的一切社会关系，它可以指实际的地理区域或区域内发生的社会关系，也可以指存在于较抽象的、思想上的关系。社群可以是一种特殊的社会关系，包含社群精神（community spirit）或社群情感（community feeling）。[5]虚拟社群是指人们通过互联网相互连接，突破地域限制，彼此沟通交流、分享信息和知识，形成相近的兴趣爱好和情感共鸣的特殊关系网络。[6]社群经济是指互联网时代，一群有共同兴趣、认知、价值观的用户抱成团，发生群蜂效应，在一起互动、交流、协作、感染，对产品和品牌本身产生反哺的价值关系。[7]这是建立在产品与粉丝群体情感信任和价值反哺基础上的经济关系，形成自运转、自循环的范围经济系统。在社群经济下，产品与消费者之间不再是单纯功能上的连接，消费者开始依附着在产品功能之上的诸如口碑、文化、格调、魅力人格等灵魂性东西，从而建立情感上的无缝信任。不同区域、不同爱好的人群构成了一个个相对有一定黏性的社群；从曾经风靡一时的BBS、人人网、开心网，到现在普及的QQ、微信、抖音、今日头条等社交化媒体，把这些不同区域、不同爱好的社群通过网络的方式联结起来，成为网络虚拟社群。这些社群具有共同的特征和共同爱好，从而形成了共同需求，满足这些需求就催生强大的商业价值，形成了通过社群、虚拟社群联结来实现其共同需求的商业模式，催生了由社群营销、社群品牌等因素构成的社群经济。

在社群经济背景下，以城市社区为联结所形成的社区社群（尤其是一线、二线城市，中高层次人群组成的社群）、以共同的爱好（如共同崇尚有机食品等）和社交网络组成的网络虚拟社群等各类社群中，社群成员对鲜活农产品的安全性、原始生产、本来味道和便利程度有共同的需求。流通中心企业通过定制化方式满足社群成员的共同需求，催生C2B社群定制模式。

图6.10体现的是基于"互联网+"的鲜活农产品流通C2B社群定制化模式。

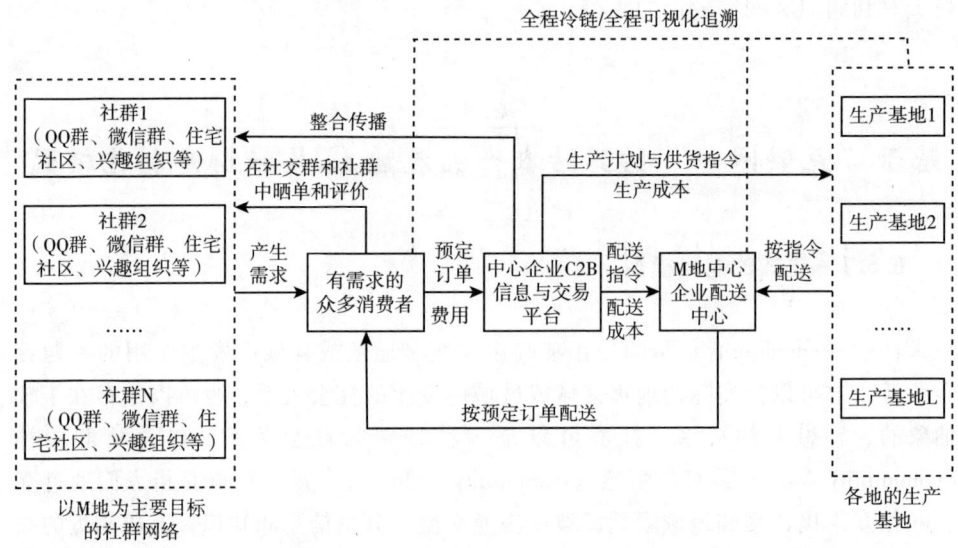

图6.10 基于"互联网+"的鲜活农产品流通C2B社群定制化模式逻辑模型

该模式直接面对位于城市的某一个、某一类或某些社群，这些社群可能是由某社区居民组成的、以社区某便利店或夫妻店为纽带较高组成的社会网络；可能是希望享受高端绿色生活、对价格不敏感的中产阶级，以微信群为纽带所构成的社会网络；可能是一些对食材有较高要求、要面子、对价格不太敏感的中产阶级

第6章 基于"互联网+"的鲜活农产品流通C2B模式设计

家庭的全职太太,由微信群为纽带组成的社会网络;还可能是由一些具有新潮的消费观念、为了孩子需要安全食材、具有一定经济基础、对性价比要求较高的年轻妈妈,以微信群或QQ群组成的社会网络;等等。

(1) M地的某社群成员通过社群内的口口相传和接受微信群(或QQ群)信息,对某鲜活农产品C2B定制业务产生关注,一些社群成员对之产生兴趣和需求。产生需求的社群成员就成为该C2B定制业务的消费者。

(2) 已成为C2B定制业务消费者的社群成员进入C2B社群定制平台选定品类、数量、配送方式和接受配送时间,支付货款,形成预定订单。一般情况,配送方式有两种:一是流通主体配送中心直配到家;二是社区合作店或直营店自提。

(3) 流通中心企业在一定时间阶段内汇总消费者的预定订单,分解订单给各地生产基地,制订各地生产基地生产计划和供给计划的依据,按一定的时间阶段(如按季度、按半年、按年等)给各地生产基地下达生产计划和供给计划。

(4) 各地生产基地按下达的生产计划组织生产,按供给计划配货至M地的配送中心。

(5) M地配送中心按照每个消费者的预定订单的品类、数量、配送方式、接受配送时间上门配送。

(6) 消费者接到和享用配送到的鲜活农产品后,将产生不同的满意状态和情绪。他们将在该社群的微信群(或QQ群)晒单、点评。如果是满意状态和满意的晒单和点评,将会从社群成员中产生越来越多的消费者;如果是不满意状态甚至投诉状态的晒单和点评,将减少消费者转化。另外,社群成员还会接受流通中心企业的整合传播,这是让社群成员知晓、产生兴趣和需求的另一个重要手段。

(7) 流通主体根据自己环境、资源与能力匹配,在多地复制该模式,形成自身的经营网络,并不断扩大生产基地的地域、品类与规模。对接的各地生产基地实现各区域市场业务共享、优化调配。

(8) 消费者感知价值模式。消费者感知收益来源于:获得其需求的鲜活农产品应具备的品质(如有机食品、绿色食品、无公害安全食品、食物本来品质、等),以便利的方式获得。消费者感知成本来源于:同类产品比超市和专营店较为便宜但不同程度高于大路货的价格,为获得满足需求的产品和服务所付出的沟通成本。

(9) 生产基地的价值模式。生产基地的价值模式来源于:比直接将鲜活农产品交付大户或产地批发商有更稳定的消费者、更高的价格。更重要的是,按照流通中心企业的订单和要求生产，能够锻炼自身的生产高品质鲜活农产品的能力。

（10）流通中心企业运营模式。主要体现在：

第一，满足不同社群共同需求的产品和服务品质模式是基础。有的社群需要最高层面的鲜活农产品品质，如城市中产阶级全职太太组成的社群，她们更需要有机食品标准、食品本来品质的层级；有的群体与最高层级的鲜活农产品品质比起来，她们更需要品质中档、价格适中的鲜活农产品，如城市的中等及中等偏上的社区所组成的社群，就属于这类消费者。流通主体就要根据不同的社群需求，打造不同层次的生产基地和不同层次的商品化处理及配送服务。

第二，生产管理、商品化处理及配送模式的匹配性。根据不同社群对鲜活农产品品质的不同需求及流通中心企业资源与能力状况，形成流通中心企业与各生产基地的合作模式，如租赁土地自己经营模式、联营模式、合同契约式模式等。商品化处理及配送同样要根据社群需求进行，对于高端要求就要实现全程冷链、全程可视化追溯；对于中端要求，就根据情况实现不同环节冷链，部门环节可追溯或不追溯。商品化处理及配送体系一般情况下也有两种方式：一是自建；二是第三方合作。两种模式各有利弊。

第三，定价模式的前提是让社群成员感觉到值得，其基本判定标准是与市场同类产品的性价比较。

第四，整合传播模式的重点是利用微博、微信、QQ、抖音、今日头条等社交化媒体来让社群更多的成员知晓、提高关注、提升兴趣，然后形成需求；通过社群所依托的微信群（或QQ群）来提升社群成员的知晓度、关注度及消费者转化率。更重要的是，通过鲜活农产品C2B社群定制业务让消费者产生正向的感知价值，让消费者满意并持久满意，让消费者之间通过微信群（或QQ群）口口相传，形成口碑，这是整合传播效果的较高形式。

6.5.2 案例研究：兴盛优选的C2B社区定制[①]

湖南兴盛优选电子商务有限公司（简称兴盛优选），注册地为湖南长沙市高新开发区，曾荣获"2018中国商业年度创新奖"。

兴盛优选是一家基于"互联网+"的C2B社区定制平台，也是湖南省第一家估值超过10亿美元的独角兽企业。平台主要定位是解决家庭消费者的日常需

---

① 本案例综合网络公开资料撰写，并融入作者的分析与判断。

第6章 基于"互联网+"的鲜活农产品流通C2B模式设计

求,包括蔬菜水果、肉禽水产、米面粮油、日用百货等全品类精选商品,其中蔬菜水果、肉禽水产等鲜活农产品占比50%左右。2019年8月,兴盛优选月度成交总额突破10亿元,2019年,兴盛优选的年度成交总额达到了106亿元。由于商业模式的成功和业务的持续高速增长,兴盛优选吸引了众多国内外知名创投机构的关注和多轮投资,其中包括腾讯、今日资本、金沙江创投、真格基金、钟鼎资本以及美国KKR等。

本书重点聚焦兴盛优选的鲜活农产品C2B社区定制模式。图6.11体现的是兴盛优选在长沙市的C2B社区定制模式的业务逻辑。

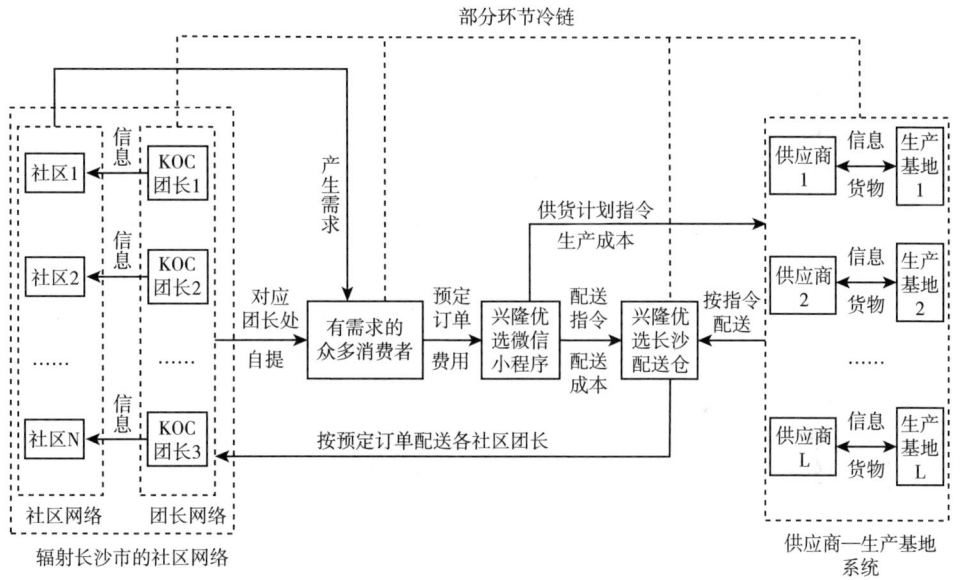

图 6.11 兴盛优选长沙市C2B社区定制模式业务逻辑

兴盛优选主要面对二线、三线、四线城市甚至一些县城的社区,面对的消费群体主要是中端社区的消费者。这部分消费者更希望获取价格适中、性价比较高的鲜活农产品。本书以兴盛优选辐射的长沙市C2B社区定制模式为例来探讨其业务逻辑。

(1)兴盛优选在长沙市的各个社区招募一个在该社区有号召力的便利店或夫妻店作为该社区团长(也称KOC,Key Opinion Cusumer,消费意见领袖)。该社区团长给社区成员通过各种方式(如口口相传、微信群、QQ群、海报等)推广兴盛优选产品和服务优势。

(2)社区成员综合分析各个方面信息并做出判断,对兴盛优选产生兴趣并构成需求的社区成员转化为兴盛优选的消费者。

（3）消费者根据自己的需求通过兴盛优选的微信小程序来产生预定订单，预定订单通过系统汇总，一方面推送给"供应商—生产基地"系统，分解为成为各供应商供货的指令；另一方面推送给兴盛优选长沙市的配送仓，成为配送的依据。

（4）"供应商—生产基地"系统与兴盛优选形成合作关系，兴盛优选的供货指令一方面成为"供应商—生产系统"供货的依据；另一方面成为"供应商—生产系统"生产计划的依据。相关供应商根据兴盛优选的供货指令给长沙配送仓配货，长沙配送仓根据各个消费者预定订单实现配货、分拣，由配送车配送给涉及小区的团长，由涉及小区的团长通过微信群通知涉及消费者提货，消费者提货后完成一个从C2B社群定制业务的闭环。

（5）消费者享用兴盛优选的鲜活农产品后，会产生满意、不满意或投诉的情绪，他们会在由涉及社区团长构建的微信群中晒单、吐槽甚至投诉。这成为兴盛优选能否实现顾客保留、长期形成顾客忠诚、更多的社区成员成为消费者的基础性问题。

（6）消费者感知价值来源。消费者感知收益来源于：比在超市、便利店、蔬菜水果摊获得质量更优、性价比更好的鲜活农产品和服务，获得鲜活农产品的途径比较便利。消费者感知成本来源于：比超市、便利店、水果摊位在同样质量前提下更便宜的价格，以及获得鲜活农产品和服务所用的时间和精力。

（7）各社区团长（KOC）运营策略。各社区团长的收益来源于：一是兴盛优选平台提供的基础工资；二是销售额业绩提成，团长销售提成约为销售额的13%。除此以外，团长可以最多发展9个子团长，形成一个社区团长团队，团队发展收入由发展制度和奖金构成，最多可达11万元。各社区团长的成本来源于：便利店租金等店面成本对兴盛优选业务的分摊，以及为兴盛优选业务付出的时间和精力。

（8）兴盛优选平台运营策略。主要包括以下几个方面：

第一，符合社区成员需求层次的鲜活农产品的品质控制是兴盛优选成功关键。兴盛优选仅仅把握社区成员质量中等偏上接地气、性价比高的需求特征，组织"供应商—生产基地"系统形成供应链的基础端。从供应商品质控制、商品化处理控制、装配分拣控制到配送控制实现了较低的品质下降率。配送效率也比较高，基本做到"次日达"的配送目标。这也是兴盛优选能够持久、快速扩张的基础性环节。

第二，兴盛优选定价的原则是同类产品，价格更低；更高品质的产品，价格相应调整。

第三，兴盛优选的整合传播模式主要是两个方面：一是通过各社区团长在对应社区的号召力，对应微信群（QQ 群）的掌控力、亲和力和社区群体对之的信任，把更多的社区成员变成兴盛优选的消费者；二是兴盛优选质量品质保证及性价比高在社区微信群中成为口口相传的话题。

第四，兴盛优选的成本控制模式相对于竞争对手更先进。兴盛优选通过裂变的方式发展消费者，使获得消费者的成本很低；其流通渠道模式大大缩短鲜活农产品流通长度和流通时间，保证了鲜活农产品的高品质。由于其好的销量与流通渠道模式获得更多"供应商—生产基地"系统的合作，也具有较强的议价能力，为满足消费者高性价比需求创造了条件，因此原料成本比竞争对手更低。

兴盛优选以长沙市 C2B 社区定制模式为模板，在全国各地快速复制，已成功辐射湖南、湖北、广东、江西、四川、重庆、陕西、贵州、河南、广西、福建、河北和山东等 13 个省、直辖市、自治区及 4000 多个地（县）级城市和乡镇，超 1000 万的用户，复购率达到了 70%，兴盛优选日订单超过 300 万，兴盛优选各类员工超 1 万人。

兴盛优选之所以远远超越其他竞争对手，具有较高的利润空间和快速的扩张速度，来源于：第一，兴盛优选 C2B 社区定制模式非常契合地迎合了社区消费群体的需求；第二，在消费者端紧紧抓住以团长为轴心的"社区成员—消费者"的消费者关系管理；第三，在供应端，在"生产基地—供货商—配货仓—社区团长"的每一个节点，通过各种优化降低各个节点的成本，提高运营效率。

6.6
基于"互联网+"的鲜活农产品流通 C2B 餐饮定制模式

6.6.1 模式的逻辑模型

鲜活农产品，尤其蔬菜类、水产类、禽蛋类和畜类鲜活农产品是餐饮行业、食堂主要的原材料。传统的餐饮行业、食堂原材料都是由专人从批发市场采购，而在批发市场中蔬菜、禽蛋、水产、畜类都位于不同的区域、归属不同的批发商。而餐饮行业和食堂对鲜活农产品的需求是一种集成化需求，同时餐饮行业和食堂每天、每单的客单量较终端消费者较大，这种需求就会催生基于餐饮行业和食堂需求的定制化模式。从严格意义上讲，餐饮行业和食堂不是鲜活农产品的消费最终端，属于B端。但是，餐饮行业和食堂对鲜活农产品的需求特点也有C端的诸如消耗性消费、鲜活性要求较高等特征，为了研究方便，本书将餐饮行业和食堂按C端看待。图6.12体现的是基于"互联网+"的鲜活农产品流通C2B餐饮定制模式的总体逻辑。

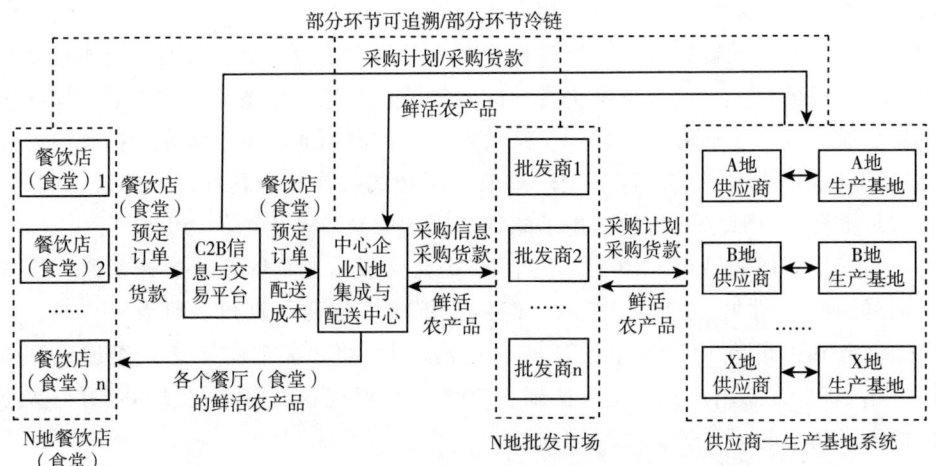

图6.12　基于"互联网+"的鲜活农产品流通C2B餐饮定制模式总体逻辑

该模式一边联结着众多餐饮店或食堂，一边联结着各种鲜活农产品批发商、供应商或生产基地，通过这样的联结一是有效缩短了鲜活农产品流通的链条，二是满足在不增加成本的前提下满足餐饮店集成式采购的需求。这种模式更适合分布在各地的中小餐饮（或食堂），这是因为大型的餐饮或食堂采购量很大且有特殊需求，一个采购团队来完成采购工作的平均成本是较小的；而中小型餐饮店（或食堂）采购量相对较小且要面对批发市场比较分散的品类批发商，其包括耗费精力、人工在内的平均成本是较高的。该模式还有一个优点就是能够在模式设计层面可以避免餐饮店（或食堂）采购中所形成的贪腐行为。

（1）位于N地的餐饮店（或食堂）根据自己业务需求向某流通中心企业的C2B信息与交易平台下达预定订单，并支付货款。C2B信息与交易平台将各个餐饮店（或食堂）的订单推送给其在N地的集成与配送中心。

（2）流通中心企业一般情况下，通过两种方式实现采购和集成：

第一种方式，流通中心企业直接通过N地的批发市场实现货物的采购和集成。一般情况下，流通中心企业的集成与配送中心离N地批发市场较近或位于N地批发市场，与N地批发市场各类产品批发商形成合作关系。各类批发商按照流通主体的订单进行装配，然后配送给流通中心企业的集成与配送中心。集成与

第6章 基于"互联网+"的鲜活农产品流通 C2B 模式设计

配送中心按照预定订单的品类、数量在约定的配送时间中把鲜活农产品配送给餐饮店（或食堂）。

第二种方式，流通中心企业与相关鲜活农产品产地的供应商（或大户）建立合作关系。而供应商（或大户）与生产基地（或农户）一般情况下会结成紧密型或相关型的利益共同体，即"供应商—生产基地"系统。流通中心企业直接对接各地的供应商，即直接对接各地"供应商—生产基地"系统。流通中心企业根据 N 地餐饮店（或食堂）平时预定订单的状况，借助大数据分析，给各地"供应商—生产基地"提交一定时间期限内的采购计划（品类、品质要求、数量、交付时间、基础价格）并支付定金（"供应商—生产基地"系统发货后，支付全部货款）。各地供应商根据流通中心企业的采购计划向 N 地的集成与配送中心配货。集成与配送中心依据预定订单配货给各餐厅（或食堂）。

（3）在流通过程中，部分环节实现冷链，部分环节实现可追溯。

（4）流通主体根据自己环境、资源与能力匹配，在多地复制该模式，形成自身的经营网络，并不断扩大"供应商—生产基地"系统的地域、品类与规模。对接的各地"供应商—生产基地"系统实现各区域市场业务共享、优化调配。

（5）餐饮店（或食堂）价值模式。餐饮店（或食堂）在该模式中的收益模式是：从该模式中大幅度降低的，为采购所花费的时间成本、精力成本、谈判成本高于（至少不低于）同等鲜活农产品比批发市场价格高而多承担的费用。餐饮店（或食堂）在该模式的成本主要是操作平台所花费的时间和精力。

（6）"供应商—生产基地"的价值模式。其价值模式来源于：比直接将鲜活农产品交付大户或产地批发商有更稳定的消费者、更高的价格。更重要的是，按照流通中心企业的订单和要求生产，能够锻炼生产和经营高品质鲜活农产品的能力。

（7）流通中心企业的运营模式。表现在以下方面：

第一，该模式鲜活农产品来源于"供应商—生产基地"系统，中心企业基本不控制生产过程，而是直接与"供应商—生产基地"系统对接订货品类、标准和数量。这种契约式合作关系的优点是流通中心企业不用承担生产环节的流通资金，也不用承担生产环节；缺点是难以从根本上控制生产过程的质量问题，满足正常餐饮店（或食堂）鲜活农产品的品质需求是可达到的，但通过这种模式较难达到餐饮店（或食堂）更高水准的品质需求。

第二，在一个地区的餐饮店（或食堂）的数量是模式中心企业成功、该模式能够存续的核心。获得餐饮店（或食堂）的满意、保留及忠诚以下几个环节缺一不可：一是产品质量符合餐饮店（或食堂）的要求；二是同类产品的价格比批发市场不高或稍高;三是在约定的时间节点按时配送;四是与餐饮店(或食堂)接触的营销人员和服务人员服务到位。这就需要中心企业构建强大的、高素质的销售队伍、物流配送系统和售后服务队伍与之配套,这也恰恰是该模式一些流通中心企业的软肋,一旦形成就会成为该模式流通中心企业的核心竞争优势。

第三,整合传播模式。主要体现在:一是靠餐饮店(或食堂)之间的口口相传,口口相传的基础是同类产品价格不高、及时的配送服务和贴心的售后服务;二是流通中心企业强大的、高素质的销售队伍的培育和建设,并运用于与各个餐饮店(或食堂)方强大的沟通能力。

6.6.2 案例研究:美菜网 C2B 餐饮定制[①]

美菜网成立于 2014 年 6 月,隶属于北京云杉世界信息技术有限公司。美菜网对标 Sysco[②],努力做中国餐饮供应链杰出服务商,致力于用前卫的理念和先进的科技改变落后的中国农业市场,专注为全国近千万家餐厅提供全品类、全程无忧的餐饮食材采购服务,美菜网的口号"买菜卖菜上美菜"深入人心。2018 年 4 月,美菜网入选硅谷全球数据研究机构 PitchBook 评选的全球 16 家独角兽榜单。2018 年 9 月,美菜网估值 70 亿美元。

在美菜网的官网上,美菜网的使命被确定为:让老百姓生活更简单;美菜网的理念是:前期以中小型餐饮商户为切入点,专注为全国近 1000 万家餐厅提供一站式、全品类且低价、新鲜的餐饮原材料采购服务,为消费者提供省时省力、省钱省心的原材料,实现全程无忧的采购。通过对采购、质检、仓储、物流等流程科学精细化的管理,解决农民农产品滞销问题;美菜网的愿景是:让天下的餐厅没有难做的生意,为 8 亿农民谋幸福,让 13 亿中国人吃上放心菜。

在美菜网业务模式上,通过"两端一链一平台"[③] 建设,全面打通农产品"采仓配销",压缩中间环节,从而推动农业供给侧改革,以规范农产品的标准化。

本案例研究聚焦于美菜网的鲜活农产品品类的 C2B 定制流通模式。图 6.13 显示的是美菜网 C2B 餐饮定制模式业务逻辑。

[①] 本案例综合网络公开资料撰写,并融入作者的分析与判断。

[②] Sysco:北美最大的食品服务销售企业,营销网络遍及美国及阿拉斯加和加拿大的一部分,为 356000 家餐厅、饭店、学校、医院等提供餐食。食品包括鲜冻肉、海鲜、家禽、蔬菜、水果和零食,还包括环保餐具、厨房用品等。Sysco 致力于为顾客提供多样的高质量的食品,使顾客永远保持新鲜感。

[③] "两端":客户端、生产端;"一链":供应链;"一平台":美菜商城。

第6章 基于"互联网+"的鲜活农产品流通C2B模式设计

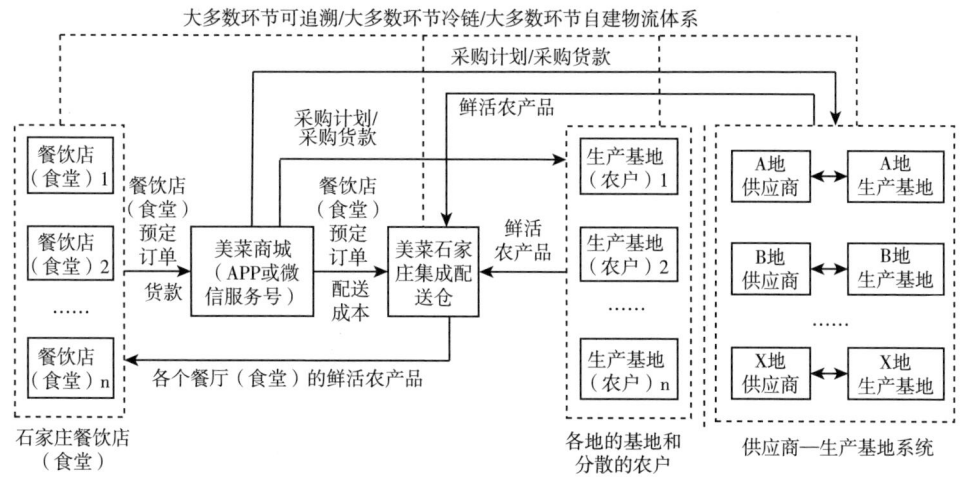

图6.13 美菜网C2B餐饮定制模式业务逻辑

本书以美菜网在石家庄的业务逻辑为例进行探讨。

(1) 美菜网该业务的本质是将源头农庄和百万商户通过自建冷链物流连接在一起,缩短环节,前台辅之以美菜商城(APP或微信小程序),一方面吸引上游供应商入驻,另一方面将中小餐饮的需求及时反馈给农户,通过大数据技术促进产销对路。

(2) 加入美菜商城的餐饮店(食堂)根据业务需求在美菜商城下达预定订单,美菜商城得到预定订单后将订单推送给美菜集成配送仓。集成配送仓接到指令,组织货源、集成配货,按照订单的品类、品质要求、数量及配送时间实现即时配送。

(3) 美菜网业务所得货源来源于两个方面:

第一,源头直采。美菜网直接从各地农产品生产基地或分散的农户手中采购,与他们签订采购订单,建立长期合作关系,以销定产。

第二,向产地供应商采购。美菜网和各地供应商发展业务合作关系,直接给供应商下达预定订单,由各地供应商来筹集鲜活农产品并发往各地的美菜网配送仓。

(4) 餐饮店(或食堂)的价值来源。美菜网服务的餐饮店(或食堂)大多数是中小型餐饮店,通过美菜网的服务,其得到的感知价值是:不用亲自去批发市场采购鲜活农产品,而接受美菜网产品和服务的成本不高于亲自去批发市场筹备鲜活农产品的成本。其感知成本是为此付出的时间和精力成本,这相对是较少的。

（5）产地供应商、生产基地和农民的价值来源。比直接将鲜活农产品交付大户或产地批发商有更稳定的订单、更高的价格。美菜网在量和质上从市场需求出发签订订单，倒逼生产基地和分散的农户升级转型，从而锻炼了他们生产和经营高品质鲜活农产品的能力。

（6）美菜网运营策略。主要表现在：

第一，产品质量是美菜网业务成功的核心。美菜网通过以下措施来控制：一是通过"源头大战略"来把控质量。在不同区域寻找源头合伙人（供应商），由他们对分散的农民提出生产建议，包括化肥、农药、种籽等技术方面的种植意见，也包括规划指导等服务，逐步构建美菜网基地标准。在采购产地进行初始包装，提前实现鲜活农产品标准化，把握产品种植和产品质量的全过程。二是通过自建物流配送体系来把控产品品质。美菜网从源头开始自建冷链物流和冷库。美菜网已经购置了 5000 辆冷链运输车，自建"美鲜送"物流团队，并研发完成 TMS 系统合理规划配送路线来提高运转效率。全国布局仓储中心 30 个，每个仓储中心下布局若干个集成配货仓，自主研发、全面推广使用 WMS2.0 仓储管理系统，实现全流程信息化监测管理，提升现场作业的效率和沉淀交易、仓储物流数据，减少所需工作人员和损耗率，提高人效和坪效。美菜网采用军事化管理方式，严格组织工作规程，用严密的科层制管理制度与激励制度来保证服务质量。三是通过城市合伙人配送从集成配送仓到餐饮店之间的"最后一公里"，自享收益。美菜网的城市合伙人计划已经开通城市 120 个左右。最终消费者收到的每一单鲜活农产品实现可追溯。采取社会化方式招募司机和车辆，按照配送里程和消费者量付费，节约了自建物流成本，赢取了市场先机。四是美菜网自建品牌。构建自有品牌开发流程，针对每一个品类制订详细的开发计划，从内部实现自有品牌开发精细化。五是美菜网拥有非常专业的质检团队。通过对鲜活农产品的品质进行科学检测，从原材料采购、存储、质检、分拣、称重、包装、配送到售后服务，实施全流程品质管控、农产品的标准化。六是美菜网具有完善的售后服务体系。美菜网承诺鲜活农产品 24 小时质量问题退货，同时为餐厅消费者提供增值服务。

第二，价格模式。美菜网鲜活农产品的价格基本上比同地区批发市场价格高 20%，在大多数餐饮店（或食堂）能够接受的范围内。

第三，整合传播模式。美菜网通过多种方式实现整合传播：一是重视和善于利用新闻和公关。美菜网创始人和 CEO 就是一个 IP，活跃于各类新闻发布、展会、采访和行业探讨会中。美菜网发起诸多公关事件和活动，如美菜网产地供应商搭建与精准扶贫紧密结合，推出一些活动，如推出《美菜 SOS 精准扶贫白皮

第6章 基于"互联网+"的鲜活农产品流通C2B模式设计

书》、最美菜公益基金帮扶农民脱贫、最美菜公益基金滞销菜帮扶计划、美菜网对接双拥双创活动等。二是通过强大的、比较专业的营销队伍对接餐饮店,让更多的餐饮店接通美菜网体系。三是让更多的餐饮店(或食堂)满意和忠诚而形成口口相传,是美菜网最有效、最高级的传播方式。

美菜网按照该业务逻辑复制,成长非常迅速,截至2019年12月,按该模式业务已经覆盖全国超200多个城市,累计服务商户300万家,日包裹处理量超220万个。

美菜网快速复制模式,快速成长的同时也面临因成长过快而带来的问题。表现在:(1)由于成长过快,有些城市的营销人员、配货人员、配货司机达不成系统化衔接,在配货环节往往出现偏差,甚至出现大的遗漏。例如,营销人员千辛万苦说服餐饮店老板进入平台订货,而配送的鲜活农产品质量存在严重问题,有的不能按约定时间送到货,影响餐饮店正常营业。出现一次这样的问题,就失去了一个餐饮店消费者,而这样的问题往往是系统性的,这就形成"增加用户,同时又失去用户"的尴尬境界。(2)城市合伙人体制下城市的配送司机与美菜网是以合同形式、松散的合作关系,对其约束不够,货车司机素质参差不齐,不按约定时间送货的机会成本较低,使货车司机很难真正兑现约定,造成不能按约定时间送货上门等诸多违约情况,是美菜网失去消费者的原因之一。

这些问题都是由于成长过快,机制、体制、人员、系统匆匆上马难以适应成长过快的业务而带来的"囧"状。然而,美菜网的流通模式是基于互联网技术与思维的,适合当前鲜活农产品行业特征的现代流通模式,美菜网的核心团队是强大的、专业的运营团队,相信美菜网能够在不断解决发展中存在的各种问题中前进,在不断创新产品和模式中发展,期待其成为中国的Sysco。

6.7
基于"互联网+"的鲜活农产品流通C2B大规模定制模式

6.7.1 模式的逻辑模型

鲜活农产品品质成因是多方面的,而最主要的方面按重要性排序有三个:品种、区域与地块、生产工艺与执行。通过大数据等信息搜集及汇总,对一个或多个消费者群体针对某一类鲜活农产品需求和偏好的研究,以此为依据,对该类鲜活农产品进行大规模定制与生产。这就生成了一种新的模式:鲜活农产品流通

C2B 大规模定制。这种大规模定制在一定意义上讲，属聚合需求定制。图 6.14 体现的是基于"互联网+"的鲜活农产品流通 C2B 大规模定制模式的总体逻辑。

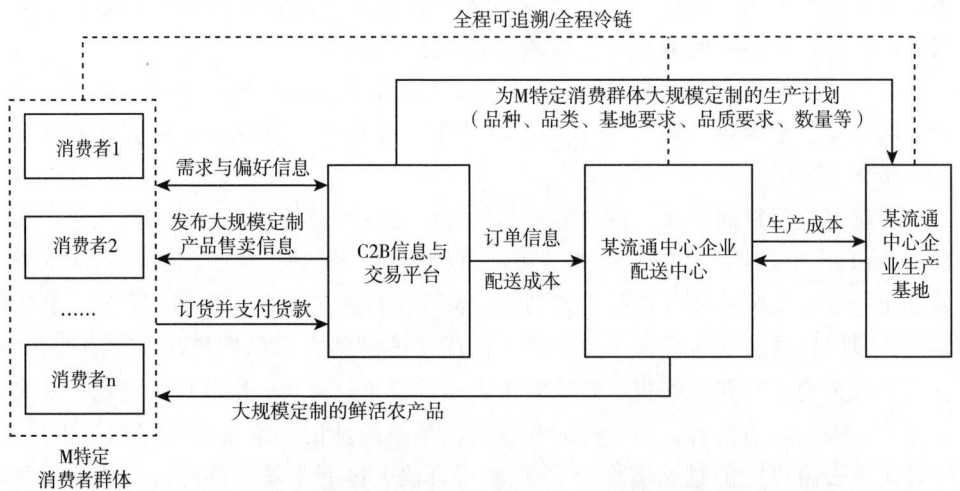

图 6.14　基于"互联网+"的鲜活农产品流通 C2B 大规模定制模式总体逻辑

不同的群体对鲜活农产品的需求是不一样的，如一二线城市的中产阶级家庭，对鲜活农产品的需求可能是有机、安全、新鲜、原始味道，其对价格不敏感；一些"90 后"年轻白领，对鲜活农产品的需求可能是好吃、新鲜、好玩儿、有料；等等。中心企业基于一些平台（自建平台或其他平台）和大数据，对一些消费群体的鲜活农产品需求和偏好进行深度挖掘，根据这些特定消费群体的偏好和需求对鲜活农产品进行针对性的大规模定制。这就形成鲜活农产品 C2B 大规模定制模式。

（1）中心企业通过 C2B 信息与交易平台等途径调查某一个消费群体对某类鲜活农产品的需求和偏好，消费者将相关需求和偏好信息通过一定的途径反馈给 C2B 信息与交易平台及中心企业。与前四个模式不同的是：前四个模式的消费群体属于同一区域内的、具有相近需求的消费者，而该模式面对的消费群体是同一类的、未必是同一区域的消费群体。

（2）中心企业根据汇总的该消费群体对某鲜活农产品需求偏好信息，制订产品生产与供给计划（品类、品种、基地、品质要求、数量等），将该计划传递给中心企业的生产基地，并指导生产基地按照该生产计划所需要的生产技术与生产管理进行生产。生产基地将产出的产品配送至中心企业的配送中心。

（3）C2B 信息与交易平台有针对性地通过各种途径向聚焦的消费者群体发

布大规模定制化信息,引起相关消费者关注、兴趣和需求。有需求的消费者通过C2B信息与交易平台订货并支付货款。C2B信息与交易平台将订单信息推送给中心企业配送中心,配送中心通过第三方快递公司配送给相关消费者。

(4)针对不同鲜活农产品的特性,全程冷链,全程可追溯。

(5)消费者感知价值。消费者的感知收益来源于:该模式下的鲜活农产品根据消费者所属的某一群体的需求和偏好特殊定制,更契合他的需求,让其更感到产品的价值、形象的价值、成就感和满足感。消费者的感知收益来源于:相对于大路货的鲜活农产品价格偏高。

(6)生产基地价值模式。生产基地有两种模式:一是中心企业通过租赁土地属于自己的基地;二是与分散的农户或农场签订协议。生产基地的价值在于获得更稳定的订单,通过中心企业更高要求提升生产基地利益相关者的生产管理水平。

(7)流通中心企业的经营模式。主要表现在:

第一,品质控制是流通中心企业经营的基础。通过两个环节来推动该模式的品质控制:一是基于大数据的信息搜集、反馈和分析要准确,要契合涉及消费群体的核心偏好和核心诉求;二是对生产基地进行严格的管控,严格按照大规模定制计划的各项要求组织生产,实施管理;三是保证配送体系的品质稳定和可控性。

第二,价格模式。同类鲜活农产品,该模式低于超市等零售业态价格的20%左右,高于市场上的大路货。

第三,整合传播模式。该模式主要通过以下途径与相关消费者沟通:一是通过C2B信息与交易平台的广告和公关关系,让更多的相关消费者认知;二是通过社交媒体"引爆话题"让更多的相关消费者认知和感兴趣;三是通过网红直播等模式吸引更多涉及消费者的关注;四是通过消费者之间的口口相传所形成的口碑。

第四,成本管理和控制模式。该模式成本主要表现在生产管理成本、配送成本这两个方面,基本上是在中心企业可接受范围之内。但是,强化管理和成本控制也是中心企业的基本功,是其是否盈利的关键要素。

6.7.2 案例研究:吉林大米·淘乡甜的C2B大规模定制[①]

吉林大米是吉林省最重要的农产品区域公共品牌。吉林省位于北纬41°~

---

① 本案例综合网上资料撰写,融入作者的分析与判断。需要说明的是,大米属于谷物类农产品,不属于鲜活农产品范畴。但是该案例是很典型、很好的一种大规模定制模式,因此本书以此为案例,也能更好地作为鲜活农产品流通C2B大规模定制模式的实证。

46°，是不可复制的世界黄金水稻带，这里的水稻用长白山天然活水灌溉，养分充足，昼夜温差大，在140天无霜期里茁壮生长铸就其独特的高品质。吉林优良稻种栽培，实施无公害生产，科学防治病虫草害，整个生产标准高于国家标准，并构建质量追溯体系。以此形成了吉林大米的三大高品质产品：吉林东部的火山岩富硒米、吉林中部的有机黑土米、吉林西部的弱碱米。

淘乡甜是农村淘宝旗下优质农产平台，致力于整合农村淘宝独有的地方政府和村淘合伙人资源，从产地源头寻找有品质、可溯源的优特农产品。通过精挑严选、原产直供的方式，提供优质安心的全国各地好的鲜活农产品。阿里巴巴"乡甜计划"包括乡田优选的F2C模式和乡甜农场的C2F模式。其中，F2C模式是通过提供从田间直供餐桌的农产品，实现产地、产区和供应链的全程可控；而C2F模式则更像是一种订单农业，希望通过消费者对农产品的反向定制影响农业生产。

2019年吉林大米与淘乡甜联营，并融入淘抢购淘宝营销活动，借助大数据，从消费者视角，让一款深藏闺中的吉林好大米浮现在了消费者视野中，引发年轻消费群体的密切关注。

图6.15显示的是吉林大米·淘乡甜C2B大规模定制业务逻辑。

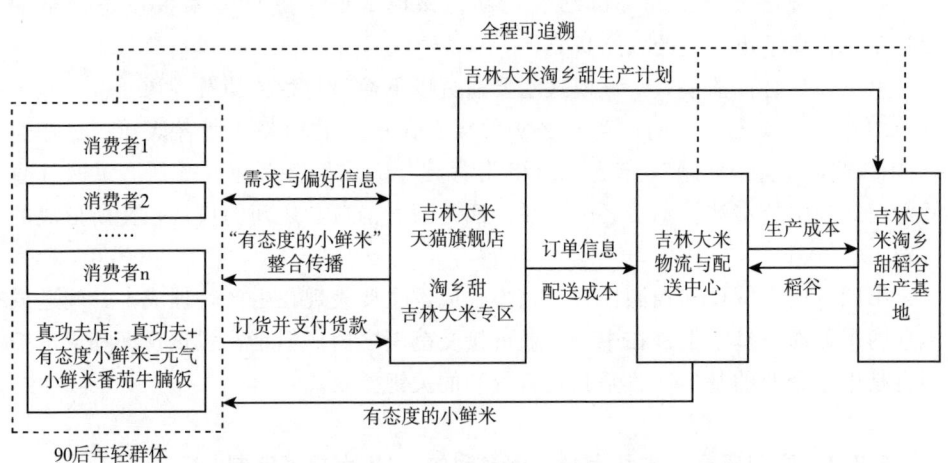

图6.15 吉林大米·淘乡甜C2B大规模定制业务逻辑

（1）挖掘年轻群体特立独行、爱尝鲜的需求开发新的产品样式，把控产品品质，还要把控年轻群体的态度。以更好玩更懂年轻消费者的方式，做他们更喜爱的农产品。通过互联网大数据对"90后"年轻化消费群体偏好的精准洞察，吉林大米、淘乡甜联合淘抢购在线上为特立独行、爱尝鲜的年轻消费者推出了一

第6章 基于"互联网+"的鲜活农产品流通C2B模式设计

款"有态度的小鲜米"。这款米的特点是：15天脱谷、高食味值、全程可扫码溯源，被淘乡甜定义为"互联网好大米"的标准，成为区别于传统大米的最大亮点。

（2）吉林大米·淘乡甜向生产基地下达生产计划，包括品种、生产技术规范、生产工艺及质量标准。生产基地按照该生产标准和质量标准来严格生产。生产的稻谷配送到吉林大米物流与配送中心。物流与配送中心根据订单按15天拖谷的要求，将稻谷碾制成大米。

（3）吉林大米·淘乡甜"有态度的大米"通过吉林大米天猫旗舰店和淘乡甜吉林大米专区售卖。吉林大米和淘乡甜通过各种途径向锁定的目标群体进行宣传推广，吸引目标群体认知、产生兴趣和形成需求。有需求的消费者向吉林大米天猫旗舰店或吉林大米淘乡甜旗舰店下单并支付货款，吉林大米物流与配送中心通过快递给消费者配货。

（4）消费者感知价值。消费者感知收益来源于消费者享用到专门为这个群体定制的高品质吉林大米，同时也享受为自身打造的成就感和满足感。消费者感知成本来源于比同类产品支付高出10%~20%的价格。

（5）生产者价值。生产者都是吉林大米以订单形式签订的生产基地或分散的农户。他们通过与吉林大米·淘乡甜的合作，以比市场较高的收购价格获得更高的收益，同时执行其高标准生产工艺和管理，强化了自身生产高品质稻谷的能力、经验和技术。

（6）吉林大米·淘乡甜的运营。表现在：

一是品质保证。一方面，吉林大米·淘乡甜深度践行地标品牌保护计划，通过"农品生产者"溯源，从源头规范农品种植、采收标准，保障"保鲜直供"的农品高品质化；另一方面，吉林大米·淘抢购通过深度定制好货，用当下盛行的"90后"态度与互联网年经消费者对话，吉林大米·淘乡甜联合推出一款集品质和态度于一身的深度定制款大米。

二是定价。比同类产品高10%~20%，属于锁定消费者可以接受的范围内。

三是整合传播。主要措施：首先，创意视频和话题讨论引发网络原创内容规模化二次传播。在微博话题榜上发出了#有态度的小鲜米#话题，用极具创意的舔米视频吸引住爱玩微博爱分享的年轻网友，超过3000万人参与话题讨论，有超过200万人观看舔米视频参与互动，引起短视频规模化的二次传播，用当下年轻人最喜欢的趣味互动方式在极短的时间内达到传播热度的最大化。其次，吉林大米·淘乡甜淘联合抢购促成吉林大米走进真功夫餐线，将地标农产品和连锁餐饮机构的核心供应链打通，实现线上买米、线下体验模式，首次在上海、杭州、广州、深圳真功夫指定门店推出首款互联网大米套餐——"元气小鲜米牛腩饭",打开了地标农产品进入核心连锁餐饮机构供应链体系的通路。

(7) 成本控制。吉林大米·淘乡甜的成本主要来源于产品原料成本、加工成本、快递成本和宣传推广成本。成本相对较高,但基本能够实现盈利。

6.8 基于"互联网+"的鲜活农产品流通 C2B 综合定制模式

6.8.1 模式的逻辑模型

任何一个流通中心企业在发展到一定程度,都不会仅仅用一种业务模式来实现其持久的运营能力,会拓展多种业务模式从而实现整合,这就形成了鲜活农产品 C2B 综合定制模式。在消费端,流通中心企业可能会面对不同的消费群体,提供具有差异化的鲜活农产品、服务与模式;在生产端,基于不同消费群体的需求差异,采取不同的生产模式和鲜活农产品供给模式。

图 6.16 体现的是基于"互联网+"的鲜活农产品 C2B 综合定制模式的总体逻辑。

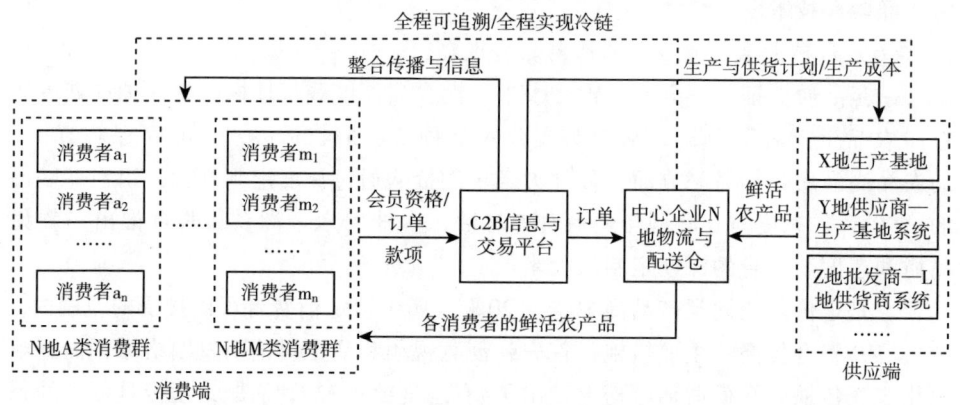

图 6.16 基于"互联网+"的鲜活农产品 C2B 综合定制模式总体逻辑

(1) 一般情况下,该模式中心企业实力较强,行业内运营经验丰富,面对 N 类消费群体,深度研究不同消费群体的偏好和需求,采用不同的产品和运营模式。

第6章 基于"互联网+"的鲜活农产品流通C2B模式设计

（2）中心企业通过C2B信息与交易平台、社交化媒体、网络广告、公共关系和宣传等多种方式向各类目标消费群体传播中心企业的理念、产品、服务等信息。

（3）感兴趣的消费者通过C2B信息与交易平台，或者付费成为中心企业的会员，选择一定的套餐，形成与中心企业的合作关系；或者向C2B信息与交易平台下订单并付费成为中心企业的消费者。

（4）C2B信息与交易平台将订单推送给中心企业物流与配送中心，同时汇总、分析形成生产计划和供货计划给相关的生产基地。

（5）生产基地按照生产计划组织生产，按供货计划配货给中心企业物流与配送中心。

（6）中心企业物流与配送中心对生产基地配送的产品进行商品化处理，按照订单要求装配、分拣成顾客需求的产品组合。按订单要求的品种、品类和时间节点配送给消费者。

（7）该模式一般面对中高端消费群体，因此要实现全程冷链和全程可追溯。

（8）消费者感知价值模式。消费者感知收益：由于配送给消费者的鲜活农产品都是为其定制的，其安全性、口味、外观等都属于中高等级的，消费者因消费中高端的鲜活农产品心理上有成就感和满足感，因此给消费者带来的感知收益原则上也是比较高的。消费者感知成本来源于高出大路货50%以上的价格，以及为此付出的时间和精力。

（9）生产基地价值。以更加合理的价格供给中心企业，获得更高的收益和利润。同时，按照中心企业较高的要求进行生产，有利于促进生产能力的升级。

（10）中心企业的运营模式。主要表现在：

第一，产品品质控制模式。体现在对生产基地、"供应商—生产基地"系统、"销地批发商—产品供应商—果农"系统的生产控制及产品品质控制能力上。同时商品化处理及配送环节的运营和管理水平，也决定了产品品质控制水平，这是该模式的运营能力的基础。

第二，产品定价模式。根据不同的产品品质水平结合市场情况定价，原则不高于同类产品在商超的价格水平。

第三，整合传播模式。主要通过网络广告、社交媒体传播、口口相传等方式传播。

第四，成本控制模式。成本主要体现在原料成本、商品化处理成本、配送成本、损耗等。成本较高，但是售价也较高，初期基本能达到盈亏平衡，有持久盈利的能力。

6.8.2 案例研究：沱沱工社的 C2B 综合定制[①]

沱沱工社始创于 2008 年，他们以有机农业为切入点，建立起从事"有机、天然、高品质"鲜活农产品销售的 C2B 平台。他们凭借深厚的资源和强大的能力，沱沱工社整合了鲜活农产品生产、加工、网络销售及冷链日配等各相关环节，成为中国有名的食品电商生产经营企业之一，满足了北京、上海等一线城市的中高端消费者对安全食品的需求。在满足消费者更多细微需求、帮助城市白领家庭找到自己偏爱的生活方式的使命召唤下，沱沱工社为消费者供应农场直送新鲜蔬果、特色美味、母婴营养搭配、有机美食、生活必需品等在内的 16 个大类、上万种商品。

本案例聚焦于沱沱工社的鲜活农产品业务的 C2B 综合定制。图 6.17 体现的是沱沱工社在北京区域的 C2B 综合定制的业务逻辑。

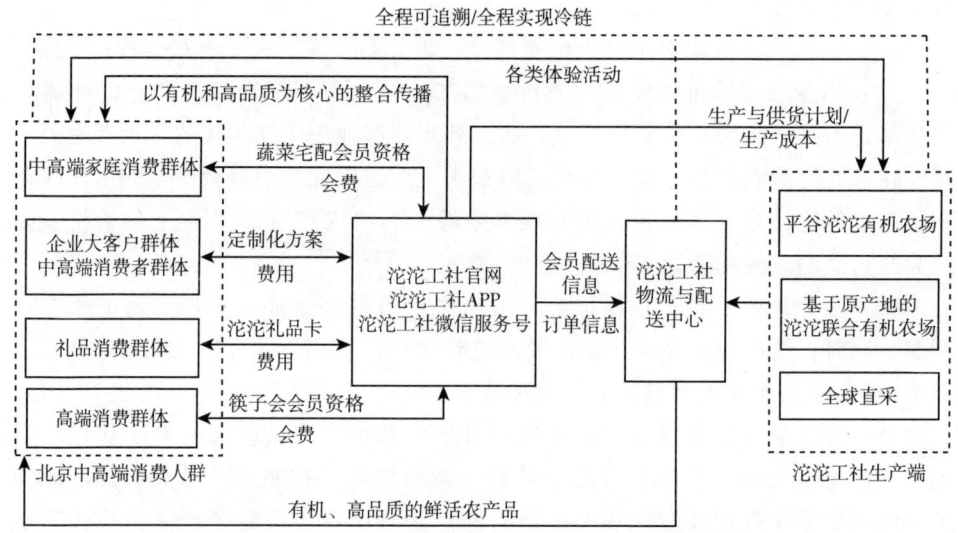

图 6.17 沱沱工社北京区域鲜活农产品 C2B 综合定制业务逻辑

北京整体消费层次较高，相对其他城市中高端消费群体占比较高，这些群体在可支配收入和生活水准较高、食品安全事件频发的情景下，对有机、高品质、原生味道的鲜活农产品需求较大。基于此，沱沱工社面对北京区域中高消费群体推出各类有机、高品质鲜活农产品 C2B 定制的产品和服务。

---

① 本案例综合网络公开资料撰写，并融入作者的分析与判断。

第6章 基于"互联网+"的鲜活农产品流通 C2B 模式设计

（1）沱沱工社针对北京区域中高端消费群体推出以下 C2B 定制方式：

一是面对中高端家庭消费群体推出蔬菜宅配会员。这类会员分为 A 卡（季卡、半年卡、年卡、全家福卡）、B 卡（季卡、半年卡、年卡、全家福卡）和单次体验卡。有需求的消费者通过沱沱工社官网、APP 或微信服务号购买蔬菜宅配会员。成为会员后，沱沱工社物流与配送中心按照与会员约定的种类、数量和实践上门配送相关蔬菜套餐，详见表 6.2。

表 6.2　　　　　　　　沱沱工社有机蔬菜宅配会员服务细目

类别	配置	子类别	配送频次	次数	价格（元）	有效期
A 卡	自选蔬菜 5 种 散养鸡蛋 10 枚	季卡	一周一次	13	1980	起配后 3 个月
		半年卡	一周一次	26	3780	起配后 6 个月
		年卡	一周一次	52	6380	起配后 14 个月
		全家福卡	一周一次	68	8180	起配后 15 个月
B 卡	自选蔬菜 8 种 散养鸡蛋 10 枚	季卡	一周一次	13	2880	起配后 3 个月
		半年卡	一周一次	26	5380	起配后 6 个月
		年卡	一周一次	52	9180	起配后 14 个月
		全家福卡	一周一次	68	11880	起配后 15 个月
体验卡	同 B 卡一次	——	共一次	1	228	开卡后一年内

二是面对企业大消费者和个人消费者推出个性化定制产品和服务。针对个人，按需求私人个性化定制各个面值礼品卡册、实物礼品和礼品福利组合。针对企业大客户，根据对金额、礼品组合、馈赠对象的不同需求进行定制化。拥有定制化产品的消费者通过沱沱工社官网、APP 和微信服务号约定，由沱沱工社物流与配送中心送货上门。

三是面对礼品需求的客户推出定额礼品册。礼品册分为逸品、尚品、珍品、佳品、御品、贡品和王品，分别面值为 228 元、338 元、458 元、568 元、668 元、1088 元和 1198 元。持卡（册）人通过沱沱工社官网、APP 和微信公众号约定，由沱沱工社物流与配送中心根据对应卡册类型配货上门。

四是面对高端 VIP 客户的筷子会会员。该会员每年会费为 48800 元。实行一对一私人管家专人专车配送服务，每周上门配送一次。选用的差异品为时节、产地、品质好的一年四季的有机时令果蔬，自然放养的肉食（例如，库区有机牛肉，林地橡子黑猪，纯净水域野生水产，加拿大海胆等），由专业采购商深入全球产地、私人农庄采购。筷子会还组织由各行各业关注健康、品质生活的企业家、社会精英组成圈层，组织各类圈层活动。

（2）沱沱工社 C2B 平台根据各类消费群体的需求、数量和偏好，制订生产和供应计划，下达沱沱工社有机农场、联营农场和全球直采采购商，同时推送给物流与配送中心。

（3）沱沱工社自营有机农场、联营有机农场及全球直采采购商根据供应计划将相关鲜活农产品配送给物流与配送中心。在物流与配送中心进行商品化处理、分拣、包装，然后按照与客户约定的时间和频次配货上门。

（4）消费者感知价值。消费者感知收益来源于：享受到安全、有机、原味的鲜活农产品，并享受到沱沱工社给予的足够的成就感。消费者感知成本来源于：享受比大路货高出一倍以上的价格，但比同类有机食品店较低的价格。大部分的中高端人群是认同的。

（5）生产者价值。生产者按照有机食品标准进行生产，获得比大路货生产更高的收益，也支付较高的生产成本（包括产品较低），整体生产者的利润远远高于生产大陆鲜活农产品的利润。同时生产者在从事有机生产过程中，锻炼了生产高品质、有机鲜活农产品的能力。

（6）沱沱工社的经营策略。表现在：

一是产品质量控制策略。在生产环节，沱沱工社实施有机食品标准化生产，各项标准达 60 多项，获得中国和欧盟两项有机认证，生产管理要求很高。表现在遵循有机种植要求，严谨使用化学合成肥料、农药以及人工催熟剂，精心选用非转基因种子，严苛把控种植环节，采用人工育苗、除草、生物防虫害等自然农耕法，生产环节全透明。沱沱工社自营农场有高效日光温室 90 栋，春秋冷棚 32 栋，常年提供 20 余种果菜类有机蔬菜、20 余种叶菜类有机蔬菜、10 余种根茎类蔬菜和 10 余种特色养生蔬菜。还秉承品位自然、回归乡土、安全可靠的养殖标准，人工营造原生态自然杂树林，采用林下"原生态"散养方法，以天然情操、自产有机蔬菜、自产有机谷物、虫子、沙粒等自由觅食方式饲养土猪、土鸡等，不添加任何激素类促长剂。

在商品化处理及配送环节，沱沱工社全产业链实现冷链和可追溯。沱沱工社自建有近万平方米集冷藏、冷冻库和加工车间为一体的现代化仓储配送物流中心，采用冷链物流到家的配送运作模式，确保有机鲜活农产品的品质。

二是价格策略。沱沱工社产品属于有机食品，定价高于市面大路货 1 倍以上，但低于商超等渠道的同类有机食品价格。

三是整合传播策略。通过关注精准扶贫、有机生产运动等公共关系活动让更多的消费者感知、认可甚至忠诚；通过让客户和即将成为客户的消费者走进沱沱有机农场，参与有机农夫之旅、农耕亲子、趣味游戏、健康餐饮等体验活动，增

第6章 基于"互联网+"的鲜活农产品流通 C2B 模式设计

强对沱沱工社品牌的认同感和粘性;通过社交化媒体的传播,更重要的是通过客户与客户之间、客户与消费者之间的口口相传,提升沱沱工社的品牌美誉度和忠诚度。

四是管理与成本控制策略。尽管销售价格较高,收益较高,但沱沱公社的生产成本和配送成本也很大。短期内,收益与成本持平,中长期内将会形成持久盈利。

6.9 本章小结

C2B 由消费者提出需求,生产者按需求生产产品和服务,然后将产品和服务传递给消费者而实现交换过程,该模式包括聚合需求定制、个性化定制和要约定制三种模式。基于"互联网+"的鲜活农产品流通 C2B 模式基于互联网技术与思维,起点于消费者的个性化需求,落脚点是满足消费者的个体化需求,从而形成"需求—供给"链条的闭环。本书将基于"互联网+"的鲜活农产品 C2B 流通模式分为个性化定制模式、会员定制模式、社群定制模式、餐饮定制模式、大规模定制和综合定制模式六大类型,对每一个类型设计了总体逻辑模型,并做了案例研究。

第7章

基于"互联网+"的鲜活农产品流通O2O模式设计

7.1 O2O概述

7.1.1 O2O的概念与特征

美国试用品营销、广告服务商 TrialPay 创始人兼首席执行官 Alex Rampell 于 2010 年提出了 O2O（Oneline to Offline）的概念。他说，O2O 的关键是：在网上寻找消费者，然后将他们带到现实的商店中，它是支付模式和为店主创造客流量的一种结合，实现了线下的购买。它本质上是可计量的，因为每一笔交易都发生在网上。[262]

叶开在总结O2O各种定义的基础上认为O2O是企业在品牌和用户定位的基础上，融合线上和线下全渠道、全接触点，利用社交媒体、移动互联、物联网和大数据等技术，推动大会员社区化和内部资源电子化，随时随地为消费者提供机制和闭环的客户体验，有效提升品牌的社会资本，实现消费者与品牌之间的信任连接的一种商业设计。[263]

一言以蔽之，本书认为O2O是一种商业模式，其核心是实现线上功能和线下功能的深入融合，达到线上和线下的互为补充和整合，以实现消费者感知价值和生产经营者运营价值的"双赢"。O2O具有以下特征：

（1）O2O的核心是消费者感知价值。它是虚拟顾客价值与现实顾客价值的融合，追求互联网技术和思维层面上的消费者感知价值的提升，而不是简单的业绩增加。

第7章 基于"互联网+"的鲜活农产品流通O2O模式设计

（2）O2O的本质是生产者、流通者和消费者之间的信任联结。在互联网、移动互联网和物联网背景下，消费者、消费场所、流通者、生产者之间形成信任联结网络。

（3）O2O核心业务是线上、线上和移动的融合，社交、本地和移动的联结和动态平衡。

（4）大数据是O2O存在的基础。充分利用大数据、数据挖掘等技术，以智能移动终端为核心形成O2O场景中的数据及消费行为数据。

（5）全渠道、重体验、全零售构成O2O的业务模式。通过业务模式，实现线上和线下的深度融合，实现全面的全渠道运营。

（6）二维码、搜索、流量、与消费者有效沟通、地图导航、评价信息、促销信息、预约预付平台、支付平台、口碑、数据、免费WiFi和上门服务是O2O的主要入口。

（7）O2O构成信息闭环、支付和关系三个闭环。

7.1.2 O2O的业务逻辑

O2O的业务逻辑指的是以消费者为逻辑起点、以满足消费者需求为逻辑终点，基于线上、线下一体化的业务运行的路径。图7.1体现的是O2O业务总体逻辑示意图。

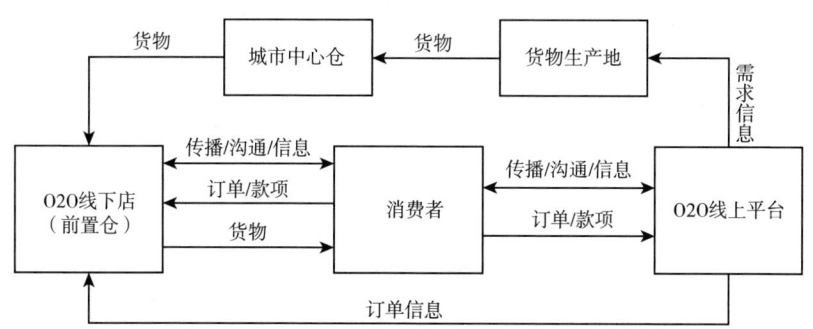

图7.1 O2O业务总体逻辑示意图

消费者从以下途径接受O2O主体企业的整合传播信息：中心企业O2O平台、O2O线下店（或前置仓）和其他传播方式。消费者通过接受传播信息对中心企业的产品和服务感兴趣并产生需求，通过两种方式（O2O线上平台或O2O线下店）形成订单并支付款项。如果通过O2O线上平台订货并支付款项，O2O

线上平台将订货信息推送给 O2O 线下店（或前置仓），由 O2O 线上店（或前置仓）配货给顾客（或者顾客自提）。消费者享用产品和服务后，通过其购买渠道或其他方式反馈对该产品和服务的感受，从而形成一个消费闭环。

同时，O2O 线上平台综合销售信息并通过大数据分析，将订货信息传递给各地生产者，并形成生产者订单，生产者按订单配送各个城市的城市仓，城市仓按订单配送给各个 O2O 线下店（或前置仓），从而形成一个供给闭环。

通过 O2O 业务的总体逻辑，我们可以看出，该逻辑由订单流、资金流、物流和信息流贯穿。

（1）订单流。这是在 O2O 系统中围绕商品筹措、订单管理和交易管理的信息流动，其价值是线上线下的统一、中心企业全渠道统筹订单管理和流动。其包括两个部分：一是 O2O 层面上的商品，是电子化的商品，包括二维码、电子货架、商品详情页等；二是全渠道订单管理，消费者下单，O2O 系统统一分单和配单，通过订单的获取、管理、分配、补货、追踪、履行和结算等环节实现可视化管理。

（2）资金流。这是在 O2O 交易过程中或交易过程后资金的流动过程，是资金所有权的转换。网络支付和移动支付是 O2O 资金流动的关键，在流通环节占重要地位。在 O2O 平台中，资金流不仅仅是在传统业务中的资金往来，更重要的是，结合互联网、移动互联网、网络支付和移动支付的特点，实现货币资金和虚拟资金往来融合的模式，往往要打动线下支付、网络支付、移动支付、NFC 支付、社交支付等各种支付方式，并与业务实现无缝对接。

（3）物流。这是承接订单流的下一个环节，是订单的货物地理上的转移，这是让消费者获得更高感知价值的基础，做好 O2O 物流的关键：一是快速，二是保质。O2O 物流运营包括极速配送、库存实施同步、物流可视化等，实际上这与物联网技术紧密相衔接。

（4）信息流。订单流、资金流和物流都是单向的，而信息流是双向的。O2O 背景下将实现信息的数字化，即包括物流、订单流和资金流的每一个动作都会转化为信息和数据。包括 O2O 场景、传播活动、价格体系、消费者体系、订单体系、物流体系、资金体系等在内的 O2O 业务都会产生海量的信息和数据流动。这些信息和数据具有碎片化、海量化、非结构化的特点，构成 O2O 的大数据。O2O 大数据通过数据挖掘技术等分析技术，构成各利益主体的决策支持系统。

7.1.3 O2O 模式的类型

图 7.2 体现的是 O2O 模式示意图。

第7章 基于"互联网+"的鲜活农产品流通O2O模式设计

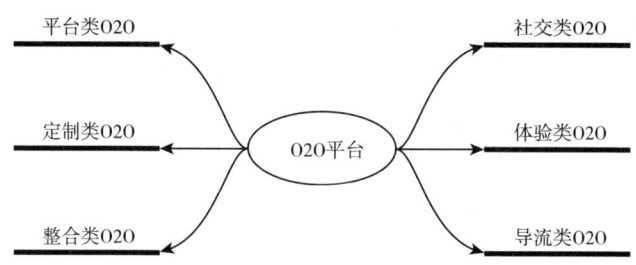

图7.2 O2O类型示意图

按照叶开的分类，O2O模式包括导流类O2O模式、整合类O2O模式、体验类O2O模式、定制类O2O模式、社交类O2O模式和平台类O2O模式。[2]

（1）导流类O2O模式。这是当前O2O最主流的模式，就是引导销售流量的一种方式，针对价格敏感、处于购买决策期的消费群体。该模式对消费者的价值体现在：提供海量信息，产品价格比较优惠，包括支付在内的服务比较便捷；对企业的价值体现在能够大幅度增加业务流量，从而带来规模效益。该模式包括以下形式：团购（美团、大众点评、百度糯米等），导航（高德地图、百度地图），APP入口（优衣库、小米商场等），爆款（聚划算等）等。

（2）整合类O2O模式。这种模式的核心是全渠道业务的整合，面对的是对信息和渠道的一致性比较敏感的理性消费群体。该模式对消费者的价值体现在统一的信息，全渠道整合；对企业的价值体现在基础数据的控制上。该模式包括以下形式：线上线上整合（如绫致时装等），商务电子化（如苏宁等），统一云收银（如合生元等），全渠道零售（如Walgreens药店连锁）等。

（3）体验类O2O模式。这种模式核心是给消费者提供服务体验和生活便利，面对的是消费意向不显著、倾向于通过体验来决策的消费群体。对消费者的额外价值是产品体验和生活服务；对企业的价值体现在于通过增加与消费者的接触时间来提升消费转化率。该模式包括以下形式：免费WiFi（如银泰商城、万达等）、社区店（如顺丰嘿客等）、生活方式（如耐克等）、1小时急达（如每日生鲜、易果生鲜等）等。

（4）定制类O2O模式。该模式的核心是给消费者提供个性化定制产品和服务，面对的是对品牌忠诚、追求高品质消费的高端消费群体。对消费者的价值体现在满足消费个性化需求及个人成就感；对企业的价值体现在通过提升服务效率来增加消费转化率。该模式包括以下形式：产品定制（如海尔统帅冰箱等），按月定制（如BrichBox美妆定制、沱沱工社等），私人定制（如Roseonly鲜花定制等），众包定制（如DoorDash外卖等）等。

（5）社交类 O2O 模式。该模式通过消费者的交换与参与实现商业价值，面对有社交习惯和诉求的用户。该模式对消费者的价值体现在通过线下体验满足社交诉求；对企业的价值在于通过增加与消费者的接触频次、搜集用户数据来提升企业与消费者的互信。该模式包括以下几种方式：社交矩阵（如 vivo 等），全民营销（如碧桂园等），粉丝自媒体（如烟台大悦城等），口碑点评（如大众点评网、豆瓣等）。

（6）平台类 O2O 模式。该模式的核心是开放平台，面对异业联盟的渠道终端和商户。该模式对消费者的价值体现在满足工具和数据需求，支撑局部单元的转型；对企业的价值在于整合资源、服务渠道终端和异业联盟合作。该模式包括以下几种方式：通用积分平台（如平安的万里通、万达的万汇网等），优惠券平台（如 vivo 等），价值链平台（如日日顺 365 等），开放平台（如京东等）。

7.2 基于"互联网+"的鲜活农产品流通 O2O 模式总体逻辑

本书已经详细论述了解决鲜活农产品流通中链条过长、损耗大、运营成本高等行业"痛点"问题下，综合平台电商、垂直电商、农场直销等传统鲜活农产品电商模式的优势与劣势，在此基础上论证了基于"互联网+"鲜活农产品流通 C2B 模式的背景和依据。

与构建 C2B 模式一样的基本思想，以消费者需求为导向，同时考虑消费者感知价值、生产者价值和主体企业运营价值，基于互联网技术与思维，构建鲜活农产品流通 O2O 模式，使线上和线下的优势互补，提升消费者感知价值，降低流通成本，增加包括新鲜度在内的农产品品质。

基于以上背景，本章提出并详细论证和设计基于"互联网+"的鲜活农产品流通 O2O 模式。图 7.3 体现的是构建基于"互联网+"的鲜活农产品流通 O2O 模式的基本思想。

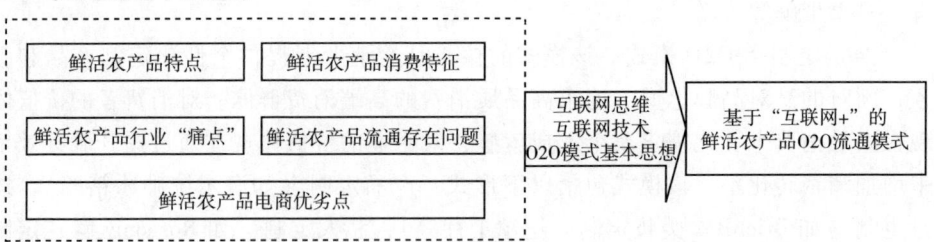

图 7.3 构建基于"互联网+"的鲜活农产品流通 O2O 模式的基本思想

第7章 基于"互联网+"的鲜活农产品流通O2O模式设计

该模式的基本思想是:充分考虑鲜活农产品特点和鲜活农产品消费特征,重在解决鲜活农产品行业的"痛点"及流通环节存在的核心问题,充分考虑和借鉴当前鲜活农产品电商各模式的经验和教训。在此基础上,借鉴各类产品O2O模式的基本思想和基本经验,融入互联网思维和互联网技术,设计出基于"互联网+"的鲜活农产品流通O2O模式。

图7.4体现的是基于"互联网+"的鲜活农产品流通O2O模式的总体逻辑。

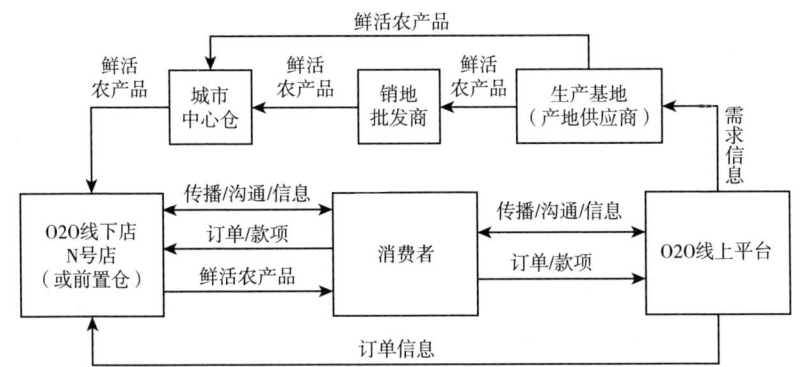

图7.4 基于"互联网+"的鲜活农产品流通O2O模式总体逻辑示意图

该模式以消费者需求为导向和逻辑起点,以满足消费者需求为目标和逻辑终点,通过将线上和线下融合实现线上和线下的互补和效率最优。第一,中心企业通过大数据、市场调研、预测技术等方式充分了解和掌握目标消费者对鲜活农产品的需求;第二,基于需求向生产基地、产地供应商或销地批发商提供需求信息和供货计划;第三,生产基地按供应计划生产,产地供应商按需求信息或供应计划筹措鲜活农产品;第四,生产基地、产地供应商或销地批发商将中心企业需要的鲜活农产品配送给城市中心仓;第五,流通中心企业通过O2O平台、O2O线上直营店或其他传播方式向目标消费者传递该企业鲜活农产品广告等各种信息,获得消费者关注,让更多的消费者产生需求;第六,产生需求的消费者根据自己的偏好,可以通过O2O线上平台和O2O线下店两种方式下订单,通过O2O线下店下订单并支付,消费者自提或由店方上门配送,通过O2O线上平台下订单并支付,线上平台将订单信息推送给离消费者最近的线下店或前置仓,由线下店或前置仓将订单的鲜活农产品配货上门;第七,消费者接到订单的鲜活农产品并消费后,会产生消费者认知和消费者情绪,这些认知和情绪将通过O2O线上平台、线下店、社交媒体等途径进行传播,这种传播是O2O背景下流通主体企业必须重视和驾驭的,正向传播的关键是持久产生正的消费者感知价值。

根据当前鲜活产品流通 O2O 模式的基本思想、成熟度及行业中的实操性，本书将该模式分为以下类别：地产地销+O2O 模式、超市业态+O2O 模式、平台合作式 O2O 模式、社区+O2O 模式。其中，社区+O2O 模式又分为三类：前置仓式社区 O2O 模式、家店一体化 O2O 模式、自提柜式 O2O 模式（见图 7.5）。

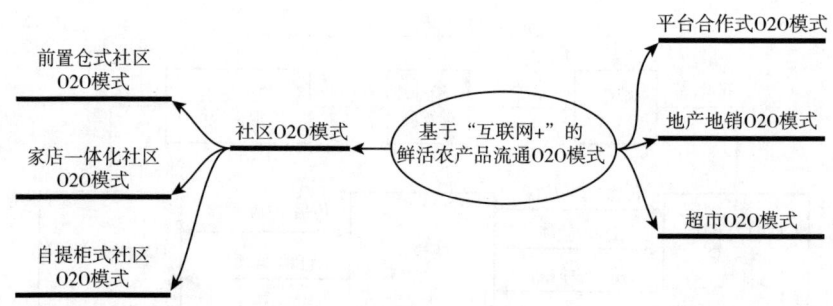

图 7.5 基于"互联网+"的鲜活农产品流通 O2O 模式类别示意图

本章将重点论证和设计地产地销 O2O 模式、超市 O2O 模式、前置仓式社区 O2O 模式、家店一体化 O2O 模式、自提柜 O2O 模式。

7.3
基于"互联网+"的鲜活农产品流通地产地销 O2O 模式

7.3.1 模式的逻辑模型

前面对地产地销模式做了简单的界定。地产地销模式是 20 世纪 80 年代在日本形成的一种生产流通模式，指的是当地生产的农产品在当地直接销售。地产地销的重大意义在于通过鼓励消费者尽可能消费当地或邻近产地的农产品，既有利于保持食品的新鲜度和安全度，又能节约运输费用，减少能源消耗，还能为当地农户和企业之间提供了合作、交流的空间。本地、绿色、新鲜是地产地销模式传递给消费者的核心理念。在日本地产地销模式已经趋向成熟，消费者比较认可。一般的场景是：在某一个城市的某个社区有一家农民直营店，农民随时将自己种植或养殖的产品带到农民直营店，自行在店面管理系统后台输入信息，每个农民、每批产品都有一个标号，农民直营店销售产品，每月固定

第7章 基于"互联网+"的鲜活农产品流通O2O模式设计

时间给农民结算。

中国农产品地产地销模式刚刚起步,甚至还没有被生产者和消费者认识到其优越性。将互联网思维与技术、地产地销模式经验和中国农村、农民特点及消费者偏好融合,构建基于"互联网+"的鲜活农产品流通地产地销O2O模式。图7.6体现的是基于"互联网+"的鲜活农产品流通地产地销O2O模式逻辑模型。

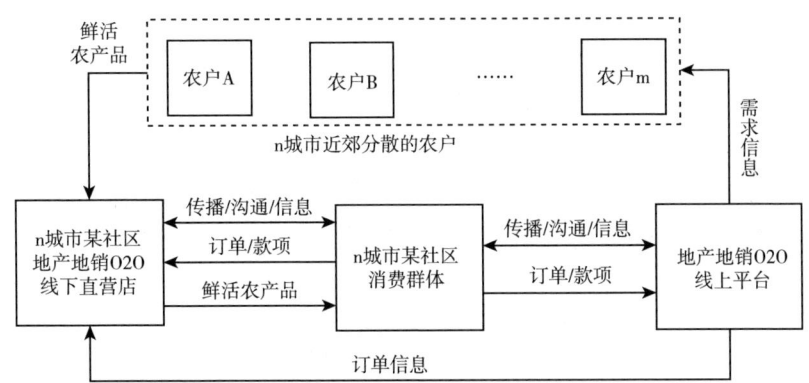

图7.6 基于"互联网+"的鲜活农产品流通地产地销O2O模式逻辑模型

之所以在中国能催生该模式,其核心原因是中国消费者升级,有一群消费者更愿意并有支付能力接受更原生态、更高品质、更新鲜的鲜活农产品;他们知识和素质较高,能够理解并接受"地产地销"的思想、模式和业务。流通中心企业构建地产地销O2O整个体系,是整个体系的核心环节。

(1)流通中心企业在n城市构建地产地销O2O业务系统。在这个城市布局1个O2O线下直营店;面对所有业务布局一个O2O线上平台;在这个城市周边的农村通过合作的方式联结分散的中小农户,注册成流通中心企业的合伙人或供应商,一户一码,导入O2O信息平台,就近制定所配送的直营店,引导和鼓励这些农户生产最原生态的、有机的、绿色的鲜活农产品。

(2)在供应端,某农户将当天采收的鲜活农产品按时配送到制定的O2O直营店,自行或在店员帮助下按系统要求输入商品信息。与此同时,流通中心企业销售情况、消费者需求和偏好是分散农户的"指挥棒",直接影响着分散农户的种植和养殖结构(品类、品种、数量、频次等)。

(3)流通中心企业O2O线上平台、O2O线下直营店、社交化媒体、消费者之间口碑等方式向目标群体传播该模式的鲜活农产品和服务。消费者认知并接受这些产品和服务,并成为这些产品和服务的需求者。有需求的消费者通过两种途径下达订单：一是通过O2O线上平台下订单并完成支付，O2O线上平台分配订单给离消费者最近的O2O线下体验店，然后由合作快递工作快速配送上门，或者由消费者进店自提；二是消费者直接走进离他最近的O2O线下直营店，亲身体验，产生需求，产生购买。

（4）消费者获取由O2O系统提供的鲜活农产品并享用后，将会产生消费后情绪（包括正的情绪、负的情绪和中立的情绪），消费者将这些消费后情绪通过O2O线上平台、O2O线下直营店、各种社交化媒体及朋友之间进行传播，正的消费情绪将会产生正的传播效果，吸引更多的人成为消费者；负的消费情绪将会使消费者转化率降低、消费者流失甚至产生运营危机。

（5）消费者感知价值模式。该模式消费者感知收益来源于享受新鲜的、绿色的、原生态的鲜活农产品，无论从健康角度还是从心理角度都会给消费者带来愉悦。消费者感知成本来源于消费者的选择成本以及为选择更新鲜、更绿色鲜活农产品而付出的较高的成本。

（6）分散农户的价值模式。分散农户的价值在于实现鲜活农产品直销，减少中间环节，分散农户获取更高的收益。同时流通中心企业往往需要更原生态、绿色、有机的鲜活农产品，倒逼农户提高生产管理意识和水平，以满足流通中心企业及消费者需求。

（7）流通中心企业的经营模式。主要表现在：

第一，产品品质是该模式的基础和生命线。在该模式中，流通中心企业本质上是一平台，是媒介；而分散的农户以个人的身份参与到与消费者的交易中。因此，产品品质取决于流通中心企业对分散农户的限定性要求，更取决于消费者对该农户鲜活农产品是否认可的倒逼而引起的改变。

第二，该模式的基本定位是原生态、有机、绿色的高品质鲜活农产品，但又属于直营模式，流通半径很短。这就决定了其价格高于市面上的大路货，但低于同类产品的超市和便利店渠道。

第三，该模式的传播主要以O2O线上平台、O2O直营店推广、消费者口碑和社交化媒体四种方式展开。

第四，在成本控制上，由于要求较高的生产管理模式，生产成本较高；流通零环节，流通半径很小，流通成本很低。

第五，流通中心企业的收益主要来源于对每天交易额的提点，成本主要来源于线上店面租金及运营成本、线上维护与运营成本和传播成本。整体来讲，该模式属于轻资产模式。

7.3.2 案例研究:"赶街村货"的地产地销O2O业务[①]

赶街网成立于2010年,是一家从事农村电子商务、定位于连接乡村与城市的互联网公司,致力于实现乡村与城市之间资源共享、互通,推出电子商务、本地生活、农村创业三大业务板块和20多项具体业务。该公司充分发挥电子商务优势,突破信息和物流的"瓶颈",实现"消费品下乡"和"农产品进城"的双向流通。迄今为止,赶街网经历了两个阶段:以农产品分销上行B2B业务为核心的赶街1.0阶段,以"消费品下行+农产品上行"为核心的赶街2.0阶段。从2017年以后,赶街网走进了3.0阶段,即基于移动互联网的服务下乡、村货进城的双向服务链接。目前,"赶街"已覆盖全国17个省的43个县。赶街网是中国农村电商概念提出者和模式探索者,是农村电商行业标准的制定者,是阿里巴巴的战略投资企业。

"赶街村货"业务是赶街网3.0阶段的核心业务,业务构建的核心是村货直销、地产地销、模式复制,提出"吃当地、食当季"的核心理念。

赶街网之所以推出这样的业务,基于以下考虑:第一,小农户数量庞大,大多远离城市,生态环境较好,受污染较少,好环境是好的鲜活农产品的前提;小农户同时也是传统农耕文明的传承者。第二,赶街网在落地区域有完整的县、乡、村三级服务站及经纪人体系;有七年多为中小农户进城积累的供应链管理经验。第三,这是一个消费升级的时代,小众、质优、健康的鲜活农产品越来越受到重视。

图7.7体现的是浙江省松阳县"赶街村货"地产地销O2O业务的业务逻辑。

(1)供应端,松阳县城近郊分散的农户以赶街村货的销售趋向为依据,种植和养殖赶街村货需求的鲜活农产品。出产的鲜活农产品统一配送给某个"赶街村货"的某个乡村合伙人,该乡村合伙人按照"赶街村货"店的需求质检、商品化处理和包装,然后配送给"赶街村货"松阳县城直营店。农户的鲜活农产品以农户单位配送和分拣,做到一户一码,全程可追溯。

(2)"赶街村货"通过直营店、社区地摊、APP、社交媒体和消费者之间的口口相传来传播信息,消费者获取信息、产生兴趣、形成需求后,通过三种方式获得鲜活农产品:一是在"赶街村货"APP订单并完成支付,系统后台将订单信息推送给直营店,直营店在30分钟配货上门;二是直接到直营店购买;三是

[①] 本案例综合网络公开资料撰写,并融入作者的分析与判断。

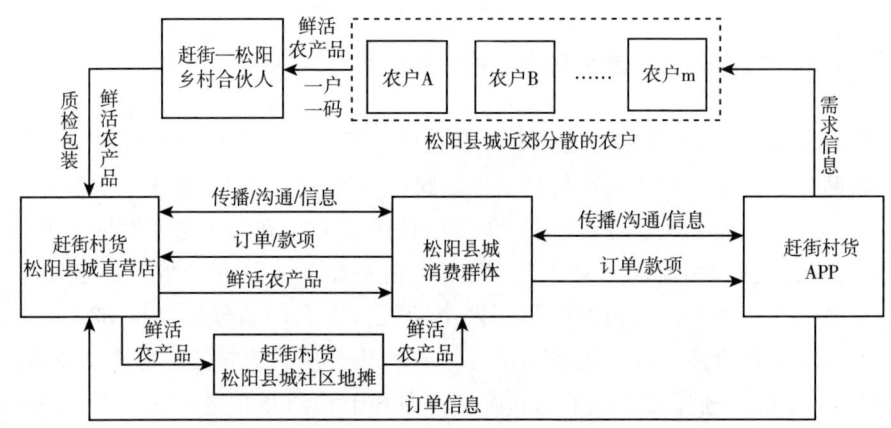

图 7.7 "赶街村货"地产地销 O2O 业务的业务逻辑
(以浙江省松阳县为例)

到社区地摊购买,各个社区地摊是由县城直营店配货和管理。

(3) 消费者获得鲜活农产品并享用后产生消费后情绪,消费者将这些消费后情绪通过"赶街村货"APP、县城直营店、各种社交化媒体及朋友之间进行传播,成为重要的传播力量。

(4) 消费者感知价值。消费者的感知收益在于:通过"赶街村货"获得比大路货更新鲜、更原生态、更绿色的鲜活农产品,提升了生活水准。消费者感知成本来源于其选择和交易过程的时间和精力成本,以及比大路货高出 30% ~ 50% 的价格。

(6) 农户与乡村合伙人的价值。农户的价值在于持久的订单,比生产大路货有更高的收益,提升鲜活农产品的生产管理水平。乡村合伙人的价值在于获取持久的流通利润。

(7) "赶街村货"的经营策略。"赶街村货"面对的是三四线城市和县城的中产阶级以上群体。其经营方式主要体现在:

第一,品质管控。主打产品是原生态、绿色、新鲜的鲜活农产品。要求每一款鲜活农产品必须标明来自谁家,二维码可追溯;每款鲜活农产品都有非常严格的标准并严格执行;实现"生产者+经纪人+平台"三重追溯,确保品质和品质透明化。从农户到"赶街村货"直营店最慢 3 个小时物流时间,从直营店到消费者家中实施 30 分钟宅配模式。从生产到流通的各个环节确保鲜活农产品的新鲜度和品质保持度。

第二,价格。"赶街村货"供应链比传统的供应链成本低 10% 以上,价格比普通超市和菜场的大路货高 30% 左右。

第三，整合传播。主要通过 APP、直营店、社交媒体及口碑传播，提出的核心理念是"食当地，吃当季"，其内容传播也可圈可点：

"吃惯了菜市场买的猪肉，你是否忘了猪肉原有的味道？/吃惯了 2 个月就上市的鸡，你是否还能炖出记忆中的鸡汤？/喜欢吃鱼，你是否经常抱怨，今天的鱼肉泥土味很重？/说真的，你需要吃点好的！"

"这里，没有来自澳洲的龙虾，没有阿拉斯加的鲍鱼，也没有俄罗斯的帝王蟹；/但这里有李大娘家养的土鸡，王大爷自家的土猪，赵大爷午后的高山大米……"

"从源头上为您舌尖上的安全保驾护航，确保 100% 来自中小农户原产直供，让居民真正享受到健康、无污染的食材。"

这些文字出现在"赶街村货"的官网、APP、微信公众号、官方微博等各种有"赶街村货"的地方，直捣中产阶级以上消费群体的心窝儿，直击他们对鲜活农产品的核心需求。

第四，成本控制。该模式采用的地产地销供应链最长时间是 3 小时，是从村子到停车场最远的距离，距离的优势使"赶街村货"对冷链、包装等方面要求要低得多，其供应链比传统供应链成本低 10% 以上。"赶街村货"的毛利就能比同行业竞争对手多出 20%~30%。

（8）"赶街村货"最核心的优势是以县或区为单位实现模式复制和品牌辐射。他们的基本战略是一县开一家店。"赶街村货"模式已经试点了 5 个县（2019 年 10 月数据）。他们的计划是：未来 3 年，用该模式以生态合作开放的方式复制 1000 个县。

7.4 基于"互联网+"的鲜活农产品流通超市 O2O 模式

7.4.1 模式的逻辑模型

超市是超级市场（super market）的简称，产生于 1930 年的美国纽约，被称为零售业的第三次革命。[①] 20 世纪 30 年代中期以后，超市这种零售组织形式由

[①] 零售业的三次革命：零售业的第一次革命是产生于 19 世纪中叶欧洲的百货商场，第二次革命是产生于 20 世纪初的连锁商店，第三次革命是产生于 20 世纪 30 年代的超级市场。

美国逐渐传到了日本和欧洲，1978 年被引入中国，当时称作自选商场。超市一般是指商品开放陈列、顾客自我选购、排队收银结算，以经营生鲜食品水果、日杂用品为主的商店业态，一般经销食品和日用品为主，其特点主要是：薄利多销；大多采用小包装、标明分量、规格和价格；备有小车或货筐、顾客自选商品；出门一次结算付款。

前面已经论述，在我国通过超市渠道消化掉的鲜活农产品占22%，超市渠道是鲜活农产品的重要渠道。超市人员密集，消费者集中采购，出货量大，对满足消费者对鲜活农产品的需求起重要作用。然而，随着互联网技术和思维融入生活和生意的方方面面，随着消费升级的深化，传统超市对鲜活农产品的运营模式已不能完全满足消费者对鲜活农产品的更高层次的需求。因此，基于互联网技术和思维，契合消费者需求升级，充分融合和弥补线下超市和线上平台的优势和劣势，设计基于"互联网+"的鲜活农产品流通超市O2O模式。

图 7.8 体现的是基于"互联网+"的鲜活农产品流通超市 O2O 模式逻辑模型。

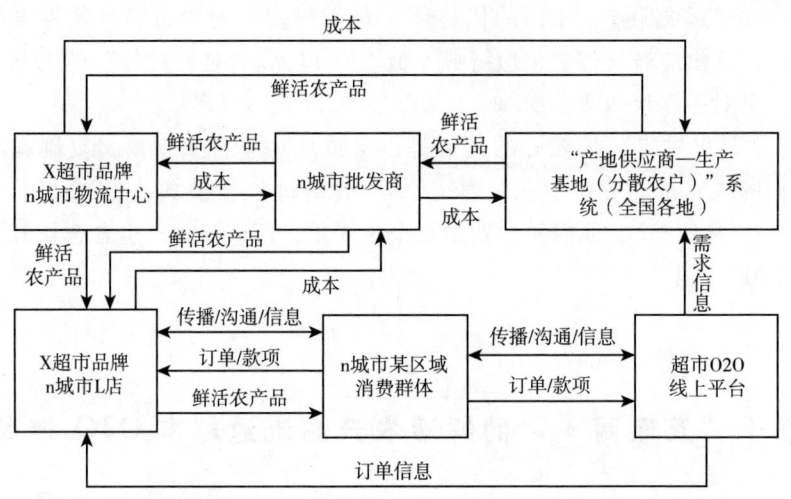

图 7.8　基于"互联网+"的鲜活农产品流通超市 O2O 模式逻辑模型

（1）该模式鲜活农产品的来源有三种渠道：第一种渠道是从当地的批发市场筹措，链条较长，价格较高，超市运营难度较小。当前很多超市不具备鲜活农产品供应链能力，以这种方式为主。第二种渠道是超市在全国各个基地布局，与当地的大户、经纪人形成"产地供应商—生产基地（分散农户）"系统，来获得整个超市系统所需的鲜活农产品。第三种渠道是第一种渠道和第二种渠道的结

第7章　基于"互联网+"的鲜活农产品流通O2O模式设计

合。对于X超市品牌在n城市建有该城市的物流中心，负责给这个城市X超市品牌的各个店面配货，无论是从以上什么渠道获得鲜活农产品最后都进入物流中心。物流中心根据各个店面的订单向各个店面配货。有的超市品牌偶尔也直接从当地批发市场筹措货物。

（2）X超市品牌在这个城市有其自己的整合传播方式，如做各类广告、店面形象、社交化媒体传播等。当地消费者对X超市品牌逐步认知、产生兴趣并形成需求，通过两种渠道从X超市获得鲜活农产品：一种渠道是走进超市，享受鲜活农产品体验，并完成交易；另一种渠道是通过该超市O2O线上平台下单，完成支付，该线上平台将订单信息推送到离消费者最近的店面，最近的店面由专人安排配送，做到快速配送上门。

（3）超市线上O2O以及各个店面的销售信息都会产生大数据，这些大数据通过数据挖掘、分析与预测，会形成需求预测，这些需求预测会传递给各地的供应商、生产基地及分散的农户，这是促进产品供给端按照需求趋势调整种植和养殖结构的基础性信息，是种植和养殖的"指挥棒"。

（4）消费者享用从X超市购买的鲜活农产品，在感知收益和感知成本之间会做出权衡并产生消费情绪（正情绪、负情绪和中立情绪），这些消费情绪将通过社交媒体、店面反馈、口口相传等各种方式传播，这种传播直接影响其他消费者和公众对该超市品牌的认知、美誉与忠诚。

（5）消费者感知价值模式。消费者感知收益来源于消费者根据自己的情况选择从X超市购买鲜活农产品的途径，获得他需求的鲜活农产品，X超市的品牌价值也影响着消费者感知价值。消费者感知成本来源于支付同类鲜活农产品比农贸市场持中或更低的价格，为之付出的时间和精力成本。

（6）"产地供应商—生产基地（农户）"系统的价值模式。产地供应商通过和X超市品牌的合作，形成稳定的订单和稳定的利润空间。生产基地（农户）通过为X超市品牌生产所需产品，形成稳定的销量和收益，同时根据订单生产能够促进生产技术与生产管理的升级。

（7）X超市品牌的经营模式。主要体现在：

第一，面对的是城市各个层面的消费者，尤其是中低层次以上的消费群体。这些消费群体对品质有要求，对价格也比较敏感。

第二，产品品质管控模式。一是根据X超市品牌大数据分析出的信息来指导生产基地及分散的农户生产所需产品，产品结构趋向合理状态；二是建立标准化体系来指导生产与流通，生产标准体系来指导生产，产品标准体系来指导流通环节；三是强化流通环节的现代化水平，如根据品类特点尽量实现全程冷链，实现全程可追溯。

第三，定价模式。同类产品比农贸市场低 10%～20% 定价，善于形成产品与定价组合，善于运作爆款。

第四，整合传播模式。采用各类广告（路牌、LED、宣传页等）、社交媒体传播和口碑传播等各种方式，相互结合。

第五，成本管理控制模式。从当地批发市场采购，成本相对较高，与农贸市场相比没有成本优势；构建"产地供应商—生产基地（农户）"系统，流通环节成本大大降低，尽管有一定的管理费用且对管理人才与团队要求较高，但是流通时间短、损耗小、品质保持度高、成本相对较低。

7.4.2 案例研究：永辉超市的超市 O2O 业务[①]

永辉超市成立于 2001 年，是中国企业 500 强之一，是国家级"流通"及"农业产业化"双龙头企业，上海主板上市（股票代码：601933）。永辉超市是中国首批将生鲜农产品引进现代超市的流通企业之一，被国家七部委誉为中国"农改超"推广的典范，被百姓誉为"民生超市、百姓永辉"。目前在福建、浙江、广东、重庆、贵州、四川、北京、上海、天津、河北、安徽、江苏、河南、陕西、黑龙江、吉林、辽宁、山西、江西、湖北、湖南、云南、广西、宁夏、山东、青海、甘肃、内蒙古等 28 个省区市已发展近 1133 家连锁超市，经营面积超过 600 万平方米，位居中国连锁百强企业 6 强、中国快速消费品连锁百强 4 强。永辉未来战略是：建设"家门口的永辉""新鲜的永辉""放心的永辉"，并以"绿色永辉""科技永辉""人文永辉"为目标，为全国性鲜活农产品超市千亿企业。

鲜活农产品经营是永辉超市最大的特色，各门店的生鲜经营面积均达到 40% 以上，而且果、蔬、禽、肉、蛋、鱼等品种一应俱全；在集团总销售额中，鲜活农产品销售额占到总销售额 50% 以上。

图 7.9 体现的是永辉超市的超市 O2O 模式的业务逻辑。

（1）永辉超市业务包括四种类型，分别面对不同的消费群体，采取不同的定位。

一是永辉超市（红标店）。为普通门店，分为社区店、卖场和大卖场三类，主要面对大众消费。

[①] 本案例综合网络公开资料撰写，融入作者的分析和判断。

第7章 基于"互联网+"的鲜活农产品流通O2O模式设计

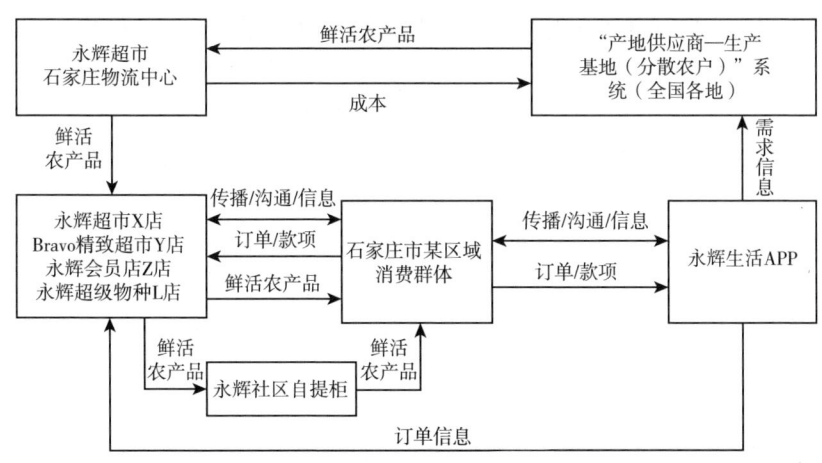

图 7.9　永辉超市的超市 O2O 模式业务逻辑
（以石家庄永辉为例）

二是 Bravo 精致超市（绿标店）。定位为中高端消费者。与红标店比，人力资源管理、商品和设计布局等方面有所不同，并采取合伙人制。

三是永辉会员店。定位中高端，以到家模式切入 O2O。

四是永辉超级物种。定位中高端，以 CBD 城中心为导向，与会员店结合，打造"零售+餐饮"新业态。

（2）永辉超市系统①鲜活农产品来源的核心是产地自采，即产地"产地供应商—生产基地（农户）"系统。永辉超市系统在全国各个鲜活农产品的优势产区布局，与当地的大户、经纪人形成"产地供应商—生产基地（分散农户）"系统，永辉提供标准，生产基地（分散农户）负责种植（养殖），产地供应商（大户、经纪人等）负责筹集，从而获得稳定的货源和品质。从生产基地生产的产品配送到永辉物流中心，分拣包装，这部分物流是永辉的自建物流。

（3）产生需求的消费者通过两种途径从永辉超市获得鲜活农产品：一种渠道是走进永辉的线下渠道（或永辉超市，或 Bravo 精致超市，或永辉会员店，或永辉超级物种），享受永辉提供的鲜活农产品体验，并完成交易；另一种渠道是通过永辉生活 APP 下单，选择需要的鲜活农产品，完成支付，永辉生活 APP 推送订单到离消费者最近的店面，有两种方式配送至消费者：一是店面由专人安排配送，做到 1 小时配送上门（或消费者上门自提），当前永辉超市系统从店面到

---

① 本书将线下的永辉超市、Bravo 精致超市、永辉会员店、永辉超级物种和永辉生活 APP 统称为："永辉超市系统"。

消费者之间 1 小时配送上门是由第三方物流平台负责完成；二是投放永辉设在社区的冷链自提柜，系统发二维码给消费者，消费者到自提柜扫码取货。

（4）永辉生活 APP 和线下各渠道产生的消费者消费大数据，这些大数据通过数据挖掘、分析与预测，会形成需求预测，这些需求预测会传递给各地的供应商、生产基地及分散的农户，成为种植和养殖的依据。

（5）消费者享用从永辉超市系统购买的鲜活农产品后，产生消费情绪（正情绪、负情绪和中立情绪），这些消费情绪将通过社交媒体、店面反馈、口口相传等各种方式传播，这种传播直接影响其他消费者和公众对永辉超市系统的品牌认知、品牌保留和品牌忠诚。

（6）消费者感知价值。消费者感知收益来源于消费者根据自己的情况选择从永辉超市系统购买鲜活农产品的途径，获得他需求的鲜活农产品，永辉超市的品牌价值也影响着消费者感知价值。消费者感知成本来源于支付同类鲜活农产品比农贸市场和其他超市更低的价格，以及为之付出的时间和精力成本。

（6）"产地供应商—生产基地（农户）"系统的价值。产地供应商通过和永辉超市系统合作，形成稳定的订单和稳定的利润空间。生产基地（农户）通过为永辉超市系统生产所需产品，形成稳定的销量和收益，同时根据订单生产能够促进生产技术与生产管理的升级。

（7）永辉超市系统的运营策略。主要体现在：

第一，品质控制策略。永辉倡导"田间定制，订单农业"，在全国建立农业种植合作基地，确保农户收益的同时保证永辉农产品货源的稳定和品质可控。创建全国性生鲜农产品统采和区域直采体系，永辉培养了一支 2500 多人的鲜活农产品采购队伍，从源头直采，与当地合作社、农业大户、农产品经纪人或产地供应商签订合同，为永辉提供稳定货源，确保永辉鲜活农产品的新鲜、高品质和低价格。永辉在多个省区市和地区建设强大的物流中心，建立现代化冷链系统，组建专业团队对农产品种植、采购、保鲜、冷藏、配送、售卖等环节进行精细化运营，确保永辉鲜活农产品周转快、损耗低、品质保持度高和成本低。

第二，定价。由于鲜活农产品实现了产地直采、物流优化布局等零中间环节流通，运营成本较低，定价也较低，比农贸市场和同行超市低 10%～20%。

第三，整合传播策略。主要包括：永辉线下超市系统的店面营业推广、门店广告、宣传页广告，永辉生活 APP 传播，社交媒体的内容传播，消费者之间的口口相传，永辉品牌的社会效应所形成的公共关系传播，等等。

第四，成本控制策略。永辉超市系统采取源头直采，产地供应商仅加 10%～15% 的毛利润，零中间流通环节，流通成本很低，比农贸市场、超市同行低价前

第7章　基于"互联网+"的鲜活农产品流通O2O模式设计

提下还有一定的利润空间。同时，由于全国布局的现代冷链物流中心，使永辉超市系统的鲜活农产品流通周转率持续提高，库存压力减小，鲜活农产品损耗小，品质保持率高，高周转、低损耗降低了一些成本。因此，永辉超市的成本控制，尤其是流通环节的成本控制在行业内是领先的。

（8）永辉在全国28个省区市布局的1133家连锁超市都是按照这样的模式运行的，实践证明是成功的。

7.5 基于"互联网+"的鲜活农产品流通前置仓式O2O模式

7.5.1 模式的逻辑模型

前面已经论述，鲜活农产品流通具有保质期短、冷藏要求高、易损耗、成本高难以逾越的问题。鲜活程度和品质保持率是决定其价值的重要指标，供应链和冷链仓储物流技术是保障鲜活农产品品质的根基。传统鲜活农产品电商基于大仓发货模式的B2C流通模式，加上物流布局分散，就造成了全程冷链成本高昂、配送时间较长、配送频次不平衡而难以履约等"痛点"问题。

传统的冷链技术一般分为两类："冷源式"保鲜法（如氮制冷技术或氟制冷技术）和电商常用"冷媒式"保险法（如冰袋泡沫箱等）。在冷链过程中，冰袋泡沫随着订单量增加，成本会迅速增加。改变这样的格局，解决传统电商冷链过程的"痛点"问题，就要引入新的模式。社区前置仓模式就是一个解决这些问题可行的模式。在社区设置前置仓，从农户到前置仓都是通过"冷源式"实现冷链的（冷链车—城市大仓冷库—前置仓冷库），从前置仓到消费者手里不超过一个小时，到消费者手中时处于"冷链"状态，没有改变鲜活农产品的品质，业界把这种冷链形式称为"时间冷链"。

用前置仓的建设、运营与维护成本来代替传统电商难以解决的从仓库到消费者之间的冷链成本。订单数量会逐步分摊前置仓的固定成本，从而解决传统电商"收益难以弥补冷链成本"的核心性问题，同时满足消费者对鲜活农产品的即时性需求。

图7.10体现的是基于"互联网+"的鲜活农产品流通前置仓式O2O模式的逻辑模型。

（1）该模式鲜活农产品的来源有三种渠道：第一种渠道是从当地的批发市

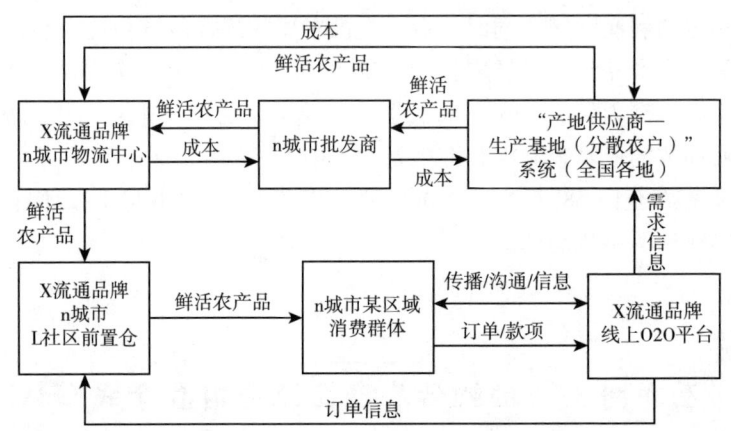

图 7.10 基于"互联网+"的鲜活农产品流通前置仓式 O2O 模式逻辑模型

场筹措,链条较长,价格较高,超市运营难度较小。本质上这是传统的"农户—产地批发商—销地批发商—农贸市场"的升级,用"前置仓+终端配送来"替代传统意义上的农贸市场。第二种渠道中心流通企业(品牌)在全国各个基地布局,与当地的大户、经纪人形成"产地供应商—生产基地(分散农户)"系统,来获得整个品牌布局的前置仓所需的鲜活农产品。第三种渠道是第一种渠道和第二种渠道的结合。

对于 X 流通品牌在 n 城市建有该城市的物流中心,负责给这个城市所有的前置仓配货,无论是从以上哪种渠道获得鲜活农产品最后都进入物流中心。物流中心根据订单向各个前置仓配货。

(2) X 中心流通企业在这个城市进行整合传播,如做各类广告、社交化媒体传播、口碑传播等。当地消费者对 X 流通品牌逐步认知、产生兴趣并形成需求,通过该流通品牌 O2O 线上平台下单,完成支付,该线上平台将订单信息推送到离消费者最近的前置仓,前置仓接到订单由专人安排配送,在一定时间节点内做到快速配送上门。

(3) X 流通品牌 O2O 线上平台在与消费者交易和信息沟通过程中会产生海量大数据,这些大数据通过数据挖掘、分析与预测,会形成需求预测,这些需求预测会传递给各地的供应商、生产基地及分散的农户,这是促进产品供给端按照需求趋势调整种植和养殖结构的基础性信息,是种植和养殖的"指挥棒"。

(4) 消费者享用从 X 超市购买的鲜活农产品,在感知收益和感知成本之间会做出权衡并产生消费情绪,这些消费情绪将通过社交媒体、店面反馈、口口相传等各种方式传播,这种传播直接影响其他消费者和公众对该超市品牌的认知、

第7章 基于"互联网+"的鲜活农产品流通O2O模式设计

美誉与忠诚。

(5) 消费者感知价值模式。消费者感知收益来源于消费者根据自己的情况选择从X流通品牌线上渠道购买鲜活农产品的途径,获得他需求的鲜活农产品,X流通品牌的品牌价值也影响着消费者感知价值。消费者感知成本来源于支付同类鲜活农产品比农贸市场持中或更低的价格,以及为之付出的时间和精力成本。

(6) "产地供应商—生产基地(农户)"系统的价值模式。产地供应商通过和X流通品牌的合作,形成稳定的订单和稳定的利润空间。生产基地(农户)通过为X流通品牌生产所需产品,形成稳定的销量和收益,同时根据订单生产能够促进生产技术与生产管理的升级。

(7) X流通品牌的经营模式。主要体现在:

第一,面对的是城市各个层面的消费者,尤其是一线、二线和三线城市的"80后""90后"甚至"00后"的年轻消费群体对鲜活农产品需求的变化。与他们的父辈相比,他们更喜欢新鲜的、高品质的鲜活农产品;他们生活节奏很快,更希望快速、不费精力得到想要的鲜活农产品;他们的消费意识也在升级,与他们的父辈比,同样的可支配收入前提下他们对价格不敏感。

第二,产品品质管控模式。一是建立标准化体系来指导生产与流通,生产标准体系来指导生产,产品标准体系来指导流通环节;二是强化流通环节的现代化水平,如根据品类特点尽量实现全程冷链,尤其是从前置仓到消费者手里的流通优化,在流通环节实现品质控制。

第三,定价模式。同类产品比农贸市场高10%左右,与超市定价持平或稍高于超市定价。

第四,整合传播模式。主要采取社交媒体传播、O2O平台传播、口碑传播及流通品牌的公共关系传播。

第五,成本管理控制模式。从当地批发市场采购,成本相对较高,与农贸市场相比没有成本优势;构建"产地供应商—生产基地(农户)"系统,流通环节大大降低,与前置仓搭配起来,流通时间短、损耗小、品质保持度高、成本相对较低。

7.5.2 案例研究:每日优鲜的前置仓式O2O业务[①]

每日优鲜成立于2014年11月,由前联想佳沃集团高管徐正和曾斌创立。每

---

① 本案例综合网络公开资料撰写,并融入了作者的分析与判断。

日优鲜是围绕老百姓餐桌的鲜活农产品O2O电商平台，覆盖水果蔬菜、海鲜肉禽、牛奶零食等全品类。每日优鲜在主要城市建立起"城市分选中心＋社区配送中心"的极速达冷链物流体系，为消费者提供全球生鲜产品"2小时送货上门"（会员1小时）的极速达冷链配送服务。2015年5月每日优鲜订单过万，2018年每日优鲜已达到30万的日订单量，2018年9月6日完成新一轮4.5亿美元融资。资本进入为实现"中国第一生鲜零售商"的愿景提供了强大的支持。2019年9月，入选2018年零售百强名单。2019年10月21日，胡润研究院发布《2019胡润全球独角兽榜》，每日优鲜排名第84位。

图7.11体现的是位于石家庄市的每日优鲜前置仓式O2O业务的业务逻辑。

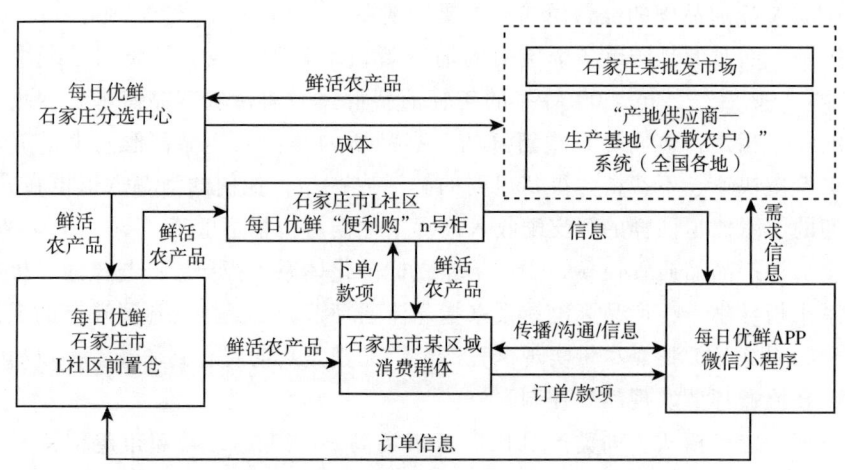

图7.11　每日优鲜前置仓式O2O业务的业务逻辑
（以石家庄某社区为例）

（1）每日优鲜面对的消费群体是一线、二线、三线城市的"80后""90后"甚至"00后"年轻群体。每日优鲜决策团队认为，"80后""90后"甚至"00后"将成为家庭消费的主力，鲜活农产品运营就要承载这些消费群体的需求、习惯和偏好，在消费者体验的各层面做出差异化创新；这部分消费群体有别于老龄用户去早市、商超购买鲜活农产品的习惯，他们工作节奏更快，消费能力更强，对鲜活农产品的品种、质量、规格、购物形式、服务的要求不断发生变化；未来的消费将由到店消费会变成到家消费，由计划性购物变为即时性的购物，购买大量产品变为购买精选产品。

（2）每日优鲜的货源来源于两个渠道：第一个渠道是产地自采，即每日优鲜和全国各地优势产区的供应商（大户、经纪人、收购商等）建立合作关系，

第7章 基于"互联网+"的鲜活农产品流通O2O模式设计

共同建立合作基地,产区供应量统筹与生产基地及分散农户的生产管理和收购。第二个渠道是在当地批发市场采购。这本质上是传统的批发市场运营模式的升级,在传统流通体系下,中间商最后一环是农贸市场、夫妻店、蔬菜地摊,每日优鲜替代了农贸市场、夫妻店和蔬菜地摊。

每日优鲜的目标是水果的自采率达到90%以上,蔬菜的自采率达到50%以上。

采购的鲜活农产品根据需求和布局配送到各个城市的分选中心,然后由各个城市的分选中心根据前置仓需求配货至各个前置仓。

(3)消费者通过两种渠道获得每日优鲜的鲜活农产品:第一种渠道,在每日优鲜APP或每日优鲜微信小程序下单并支付,后台将订单推送给离消费者最近的前置仓,前置仓按照订单发货,并实现2个小时送货上门(会员1个小时送货上门)。第二种渠道,消费者通过每日优鲜"便利购"直接扫码支付,获得鲜活农产品。

(4)每日生鲜APP和微信小程序后台搜集消费者消费信息、前置仓物流信息及便利购消费信息,生成海量大数据,通过挖掘、分析这些大数据生成需求预测,将需求预测传递给各个利益相关者,成为生产者生产、供应者供给、前置仓备货的依据。

(5)消费者享用从每日优鲜购买的鲜活农产品后,产生消费情绪(正情绪、负情绪和中立情绪),这些消费情绪将通过社交媒体、口口相传等各种方式传播,这种传播直接影响其他消费者和公众对每日优鲜的品牌认知、品牌保留和品牌忠诚。每日优鲜的顾客回购率在80%以上。

(6)消费者感知价值。消费者感知收益来源于消费者根据自己的情况选择从每日优鲜购买鲜活农产品的途径,获得他需求的鲜活农产品,每日优鲜的品牌价值也影响着消费者感知价值。消费者感知成本来源于支付同类鲜活农产品比农贸市场和其他超市更低的价格,以及为之付出的时间和精力成本。

(7)"产地供应商—生产基地(农户)"系统的价值。产地供应商通过和每日优鲜合作,形成稳定的订单和稳定的利润空间。生产基地(农户)通过为每日优鲜生产所需产品,形成稳定的销量和收益,同时根据订单生产能够促进生产技术与生产管理的升级。

(8)每日优鲜的运营策略。主要体现在:

第一,品质控制策略。一是加强直采、品质检测和控制。逐步增加全国直供采买方式的比例来加强品质控制,同时在APP中每一品类的购买页面下方附上对应采购员的信息,每个SKU要求采购员精选后才在APP上架推出。要求各批产品集中到货后，城市分选中心要进行100%的逐批检测，合格后发货至前置仓，层层把关以保证品质的精选、优选。培养品类杀手和精选专家，使之准确定位，对品质严格把控。二是精选能为消费者提供高品质鲜活农产品的品牌合作者，如月盛斋牛肉、Kivi Kiss奇异果等。三是推出自有品牌的产品，如"每日果汁""爆料麻小"等，让消费者基于每日优鲜的专业性安心购买，逐步建立"一站式"满足多元化需求的鲜活农产品购物平台。四是构建具有每日生鲜特色的全程冷链。每日优鲜的前置仓模式实现了"去冷媒"化，冷藏车将生鲜从大区仓库运送到前置仓，配送小哥只用一个塑料袋就可以把生鲜送到客户手中。前置仓模式下的2小时极速达服务（会员实现1小时极速达）给消费者带来又快又好的体验，在石家庄消费者下单后，半小时送达率70%，一小时送达率90%，两小时送达率99.5%以上。

第二，定价策略。每日优鲜的销售价格与当地超市的同类鲜活农产品持平，比农贸市场略高。

第三，整合传播策略。一是通过社交裂变快速获得顾客，坚持社交化以客带客。不断推出"新用户直接获得满59元减30元优惠券；邀请新用户一起拼团，一元钱买250克草莓；5个好友帮忙砍价，19.9元买1磅车厘子……"的活动，给现有消费者福利，巧妙地将消费者变成推广员，让消费者去裂变。每日优鲜将优惠给到新老顾客双方，既激励老消费者分享，又能吸引新消费者加入。二是通过会员制锁定客户。为会员提供300款专享商品，享受返现5%，会员专享价最高优惠50%、1小时达及专享客服等权益，承诺会员专享品毛利率上限为13.9%。当前60%的营收来源于会员，会员制还增加了客单价和复购率。三是进一步强化社交传播和内容策划。每日优鲜在传播品牌时强调感性内容和走心文案，从以"再邀请两亿人"为主题传达平台优势到以"好好吃饭、用心生活"为主题，通过线下广告牌、微信、微博等多种传播方式，使每日优鲜高频曝光，达到高效传播效果。

第四，成本管理与控制。每日优鲜的前置仓模式实现了"去冷媒"化，使冷链物流成本主要是冷源式冷链所形成的"固定成本"。每一个前置仓的成本包含房租、投入分摊、仓库人力、配送费。由于每日优鲜用前置仓模式取代门店，并不需要宽敞的通道和完备的装修来保证购物体验，节省了大笔与门店开设相关的成本费用。由于固定成本占比较大，销量越大，成本会越低。当前大多数前置仓已达到盈亏平衡甚至开始盈利。

（9）每日优鲜通过复制该模式在资本的帮扶下，实现了快速增长。到2019年底，每日优鲜前置仓模式已辐射20多个核心城市，达到2000多个前置仓；无人货架"便利购"已覆盖10个城市的约18000个点位。

7.5.3 案例研究：叮咚买菜的前置仓式O2O业务[①]

叮咚买菜成立于2017年5月，创始人为原丫丫网、妈妈帮、叮咚小区的创始人梁昌霖，总部位于上海，是专注于前置仓模式的社区生鲜电商。叮咚买菜定位家庭买菜业务，以上海为核心城市，围绕一日三餐生活场景，以高频刚性的生鲜产品为主要运营品类，利用前置仓为消费者提供便捷、新鲜的生鲜到家服务。截至2019年12月，叮咚买菜单月营收已达7亿元，全年营收突破50亿元。

图7.12体现的是叮咚买菜的前置仓式O2O业务的业务逻辑。

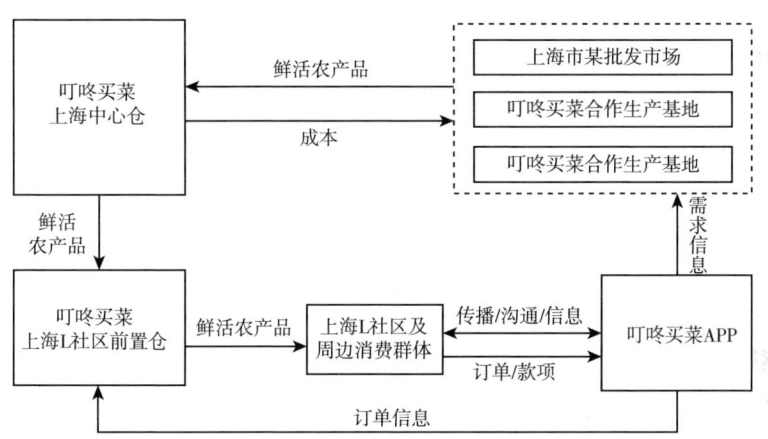

图 7.12　叮咚买菜的前置仓式O2O业务的业务逻辑
（以上海某社区为例）

（1）叮咚买菜当前的市场主要在上海，聚焦上海社区的居民，专注于为这些居民买菜提供服务。叮咚买菜运营者认为，买菜是刚性、高频需求，小区门口有很多水果店，但菜市场非常少，有的小区甚至没有，用户下午去很难买到新鲜的蔬菜，叮咚买菜做的事情就是用最快的速度给用户送到家新鲜的蔬菜、水产、肉蛋禽，零配送费。

（2）叮咚买菜的货源来源于三个渠道：第一个渠道是产地自采，即叮咚买菜和全国各地优势产区的供应商（大户、经纪人、收购商等）建立合作关系，共同建立合作基地，实现产区供应量统筹与生产基地及分散农户的生产管理和收

[①] 本案例综合网络公开资料撰写，并融入作者的分析和判断。

购。第二个渠道是在上海批发市场采购。这本质上是传统的批发市场运营模式的升级，在传统流通体系下，中间商最后一环是农贸市场、夫妻店、蔬菜地摊，叮咚买菜替代了农贸市场、夫妻店和蔬菜地摊。第三个渠道是代理品牌商的品牌鲜活农产品。

叮咚买菜一天一采，逐步实现一日两采、一日三采，有专门的采购团队负责采购。批发市场采购的优势是品类齐全、质量有保障、运送方便、补货容易，但品类趋同化，在进口、有机蔬菜等品类方面缺少价格优势。相比于源头直采，城市批发市场采购价格波动较低，效率更高，采购效率更高，补货也更容易。

采购完的鲜活农产品运送到上海中心仓，由中心仓分级、分拣、包装，配送至各社区前置仓。前置仓建立的标准是以1千米范围的社区、住户5万人、年轻人为主流。

(3) 有需求的消费者在叮咚买菜APP上下单并支付，后台将订单推送给离消费者最近的前置仓，前置仓按照订单配货，做到29分钟送货上门。叮咚团队具有多年的到家服务经验，有自己稳定性较强的配送团队，还拥有自己研发的智能调度和末端配送系统，为高效率配送服务打下坚实基础。

(4) 叮咚买菜APP后台搜集消费者消费信息、前置仓物流信息及便利购消费信息，生成海量大数据，通过挖掘、分析这些大数据生成需求预测，将需求预测传递给各个利益相关者，成为生产者生产、供应者供给、前置仓备货的依据。叮咚买菜将大数据贯穿于整个供应链，通过订单预测、用户画像、智能推荐、智能调度、路径优化、自助客服等技术，提升消费者体验。叮咚买菜有专业的数据团队，预测精准度高，使日损耗率、缺货率达到较低水平。大数据分析使每日滞销损耗平均低于3%，物流损耗平均为0.3%。

(5) 消费者享用从叮咚买菜购买的鲜活农产品后，产生消费情绪（正情绪、负情绪和中立情绪），这些消费情绪将通过社交媒体、口口相传等各种方式传播，这种传播直接影响其他消费者和公众对叮咚买菜的品牌认知、品牌保留和品牌忠诚。

(6) 消费者感知价值。消费者感知收益来源于消费者根据自己的情况选择从叮咚买菜购买鲜活农产品的途径，获得其需求的鲜活农产品，叮咚买菜的品牌价值也影响着消费者感知价值。消费者感知成本来源于支付同类鲜活农产品比农贸市场和其他超市更低的价格，以及为之付出的时间和精力成本。叮咚买菜的消费者周回购率在60%以上，消费者周购买次数在2次以上。

(7) "产地供应商—生产基地（农户）"系统的价值。产地供应商通过和叮

第7章 基于"互联网+"的鲜活农产品流通O2O模式设计

咚买菜合作,形成稳定的订单和稳定的利润空间。生产基地(农户)通过为叮咚买菜生产所需产品,形成稳定的销量和收益,同时根据订单生产能够促进生产技术与生产管理的升级。

(8)每日优鲜的运营策略。主要体现在:

第一,品质管理与控制策略。叮咚买菜主推品类为"家庭吃菜",主攻方向和定位清晰明确,单仓SKU约1700个,涵盖蔬菜、水果、肉禽蛋、海鲜水产等鲜活农产品全品类。叮咚买菜构建八步品质控制体系:一是源头品质控制,每天专业采购队伍到源头品控,团队采购人数10人左右,占总部人数8%;二是中心仓品质控制,在中心仓进行第二次品质控制筛选,验收合格后入库;三是加工过程品质控制。蔬菜进行300~500g包装时,进行第三次品质控制;四是前置仓品质控制,运至前置仓进行第四次品质控制,然后入库;五是巡检品质控制,各前置仓每天进行两次巡检;六是分拣品质控制,蔬菜由配送人员送至顾客前,进行品质控制把关;七是顾客品质控制,配送员交给顾客时,让顾客当场验收是否新鲜;八是售后服务,消费者可以无条件退货,叮咚买菜有70多个微信群,可以反馈消费者体验。

第二,定价策略。价格基本与同类产品超市价格持平。

第三,整合传播策略。首先,在"妈妈帮"上投放广告,精准营销,"妈妈帮"的创始人即叮咚买菜的创始人梁昌霖,在其平台投放广告更为精准;其次,采取拼团、分享红包的方式顾客拉顾客,叮咚买菜的很多客户都是邻里拼团、朋友分享红包过来的,产品品质好,受到了大家的认可,效果很好;最后,采用微信等社会化媒体营销,消费者可以在群里用户讨论水果品质和体验,用户如果有不满就可以直接在群里反馈。

第四,成本控制模式。研发运营费用、仓储费用、物流费用是叮咚买菜的三大主要成本。主要成本控制方式:研发费用主要发生在早期,随着业务拓展会逐步被分摊掉;运用费用,很多是固定成本,业务拓展,单位费用会很低;大数据预测是损耗率仅仅4%,物流损耗率仅3%;叮咚买菜前置仓设置标准是1千米5万住户,且年轻人居多,这也是成本控制点;末端配送、自建仓储、精准选位;同时叮咚买菜有3年到家服务经营,自己研发的社区配送系统,选择最优路径,这都能合理控制成本。

(9)到2019年,叮咚买菜复制前置仓O2O模式,在上海、杭州、宁波、苏州、无锡、深圳、宁波6个城市开设了近550个前置仓,日均订单量超过50万单。

7.6 基于"互联网+"的鲜活农产品流通家店一体化 O2O 模式

7.6.1 模式的逻辑模型

与传统菜市场的脏、乱、差相比，鲜活农产品 B2C 电商为消费者选购海外和国内精品水果提供了更多元便捷的选择，但获得消费者和维持消费者的成本都很高，供应链和物流配送能力不强，配送效率低，损耗大，品质保持率低，成本居高不下，"次日达""隔日达"是鲜活农产品 B2C 电商的服务常态。然而，鲜活农产品标准化程度低，泡货多，重货多，易腐坏，对冷链的要求非常高，但当前我国冷链物流基础设施落后且规模不足，同时生产环节信息不对称，因此 B2C 模式很难建立消费者对鲜活农产品的信赖和忠诚。传统的社区团购为消费者提供了一种折中的选择，然而鲜活农产品品质不稳定，经常被消费者诟病。社区团购都以"价格战"在初期引流了大量消费者，但没有让消费者形成高频次的购买习惯，低标准化、低客单价使社区团购模式利润微薄。而前置仓式 O2O 解决了 B2C 电商和社区团购的软肋，但是消费者体验感不够。

与此同时，消费者在升级，20~40 岁的网购消费者占到 75%，高品质鲜活农产品和高效服务开始成为他们的重要诉求，他们希望通过品牌表达个性、展示自我，在享受线上给他们带来的快捷、物美价优的购物体验外，还喜欢走到线下，注重极致的技术和场景体验，给朋友们分享体验中的乐趣和成就感。因此，消费需求朝着"小""美""快"升级，渠道的辐射范围深刻影响消费者的选择，一个基本的现实是：互联网人口红利消失，电商空间收窄，线上获客成本攀升，但企业基于门店和生态的红利期刚刚开始或正在开始。

基于以上背景，催生了鲜活农产品家店一体化 O2O 模式。图 7.13 体现的是基于"互联网+"的鲜活农产品流通家店一体化模式的逻辑模型。

(1) 该模式鲜活农产品的来源有四种渠道。

第一种渠道是"产地供应商—生产基地（分散果农）"系统。中心流通企业（品牌）在全国不同鲜活农产品优势生产区布局，形成以下直采模式获得货源。一是与当地的大户、经纪人形成"产地供应商—生产基地（分散农户）"系统；二是与当地生产基地、分散果农以合作方式建立合作生产基地；三是承包土地，自己创建生产基地。

第7章 基于"互联网+"的鲜活农产品流通O2O模式设计

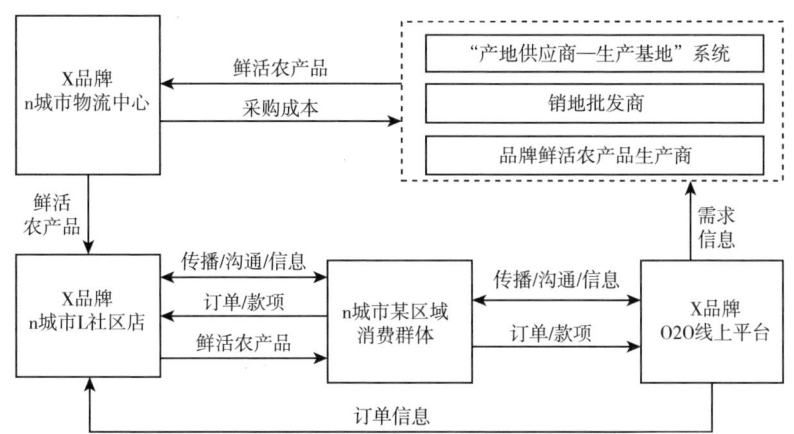

图7.13 基于"互联网+"的鲜活农产品流通家店一体化O2O模式的逻辑模型

第二种渠道是与品牌鲜活农产品生产商或经营商合作，采购品牌鲜活农产品。

第三种渠道是从当地批发市场采购，成本较高，但质量和货源稳定。

第四种渠道是以上三种渠道的排列组合。

X品牌在n城市建有该城市的物流中心。从各个渠道获得鲜活农产品最后都进入物流中心，物流中心分级、分拣、包装，然后配送至各个店面。

（2）X中心流通企业（品牌）在这个城市的按照一定的辐射半径在诸多社区布局社区店。他们通过各类广告、社交化媒体传播、口碑传播等方式整合传播。所在社区消费者对X品牌逐步认知、产生兴趣并形成需求，通过两种方式获得产品和服务：一是通过该品牌O2O线上平台下单，完成支付，该线上平台将订单信息推送到离消费者最近的店面，该店面接到订单后由专人安排配送，在一定时间节点内做到快速配送上门；二是到X品牌的社区店直接购买。

（3）X品牌各个社区店、O2O线上平台在与消费者交易与信息沟通过程中会产生海量大数据，这些大数据通过数据挖掘、分析与预测，形成需求预测，这些需求预测会传递给各地的供应商、生产基地及分散的农户，促进产品供给端按照需求趋势调整种植和养殖结构。

（4）消费者享用从X品牌社区店或O2O线上平台上购买的鲜活农产品后，在感知收益和感知成本之间会做出权衡并产生消费情绪，这些消费情绪将通过社交媒体、店面反馈、口口相传等各种方式传播，这种传播直接影响其他消费者和公众对该超市品牌的认知、美誉与忠诚。

（5）消费者感知价值模式。消费者感知收益来源于消费者根据自己的情况选择从X品牌社区店或O2O线上平台获得其需求的中高品质的鲜活农产品，X品牌的品牌价值也影响着消费者感知价值。消费者感知成本来源于支付同类鲜活农产品比农贸市场或稍高的价格，为之付出的时间和精力成本。

（6）品牌鲜活农产品生产经营商、"产地供应商—生产基地（农户）"系统的价值模式。品牌鲜活农产品生产经营商通过和X品牌的合作，获得持久的、较稳定的营销渠道。产地供应商通过和X品牌的合作，形成稳定的订单和稳定的利润空间。生产基地（农户）通过为X品牌生产所需产品，形成稳定的销量和收益，同时根据订单生产能够促进生产技术与生产管理的升级。

（7）X品牌的经营模式。主要体现在：

第一，面对一线、二线城市中产阶级以上消费群体。这部分群体希望享受品质更好的鲜活农产品，享受更好的消费者体验，因工作节奏快而希望享受更便捷的服务，只要产品优就能接受稍高的价格。

第二，产品品质管控模式。通过建立标准化体系来指导生产与流通，生产标准体系来指导生产，产品标准体系来指导流通环节。通过强化流通环节的诸如全程冷链、全程可追溯、大数据辅助决策支持等现代化手段来实现流通过程的效率优化，并在流通环节实现品质控制。

第三，定价模式。同类产品比大陆货高10%～30%，与超市定价持平或稍高于超市定价。

第四，整合传播模式。主要采取社交媒体传播、O2O平台传播、口碑传播及流通品牌的公共关系传播。

第五，成本管理控制模式。重点做好产地直采、当地批发和品牌鲜活农产品生产经营商采购等方式的采购结构。从当地批发市场采购，成本相对较高，与农贸市场相比没有成本优势；构建"产地供应商—生产基地（农户）"系统，流通环节大大降低，与前置仓搭配起来，流通时间短、损耗小、品质保持度高、成本相对较低。同时通过优化流通环节效率来对成本进行有效管控。

7.6.2　案例研究：盒马鲜生的家店一体化O2O业务[①]

盒马鲜生是阿里巴巴对线下超市完全重构的新零售业态，成立于2016年。消费者可到店购买，也可以在盒马APP下单，而最大的特点之一就是快速配送：

---

① 本案例综合网上公开资料撰写，并融入作者的分析和判断。本案例侧重于盒马鲜生的鲜活农产品业务。

第7章 基于"互联网+"的鲜活农产品流通O2O模式设计

门店附近3公里范围内,30分钟送货上门。盒马鲜生多开在居民聚集区,下单购物需要下载盒马APP,只支持支付宝付款和现金,不接受银行卡等任何其他支付方式。2017年7月,盒马鲜生上海金桥店实现首个单店盈利,该店2016年全年营业额约2.5亿元,坪效约5.6万元,远高于同业平均水平,线上订单占比超过50%,营业半年以上的成熟店铺达70%;线上商品转化率35%,远高于传统电商。2019年全年营业收入256亿元。

图7.14体现的是盒马鲜生家店一体化O2O业务的业务逻辑。

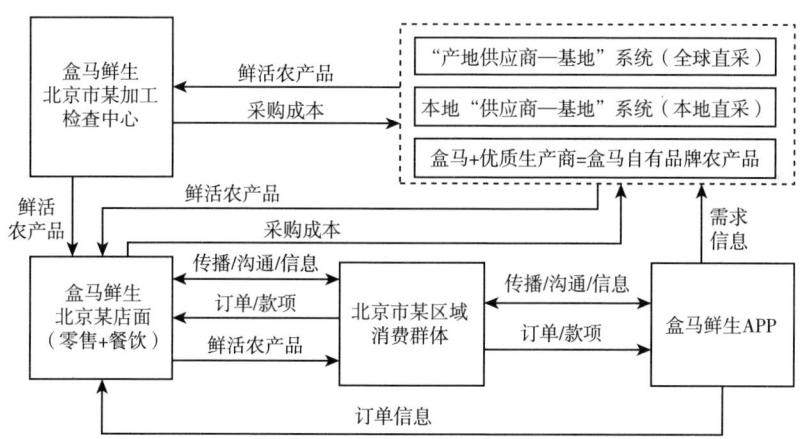

图7.14 盒马鲜生家店一体化O2O业务的业务逻辑
(以北京市某店为例)

(1)盒马鲜生的目标消费群体是一线、二线城市的,年龄在25~40岁的中高端的消费人群。这些消费者具有以下特点:一是购买力较强。他们年富力强,职场得意,收入不菲,财务自由,消费自主。二是容易接受新生事物。他们知识新、观念新、信息广、视野宽,敢反叛,易创新,愿意尝试新鲜事物,追求新的生活方式。三是追求较高的生活品质。他们能挣善花,无储蓄意识,不愿意委屈自己,喜欢个性、追求品质。四是喜欢社交。他们喜欢网络社交交流,容易受网络舆论的影响,愿意借助网络工具方便生活,网络已构成他们生活的重要部分。五是有点懒。喜欢购物、买东西,但不喜欢拿东西;喜欢吃好吃的,但不喜欢做饭。盒马鲜生的定位是:超市、餐饮和物流的复合体,以生鲜为特色,线下重体验,线上做交易,用户体验第一位,关注消费心智,形成消费粘性。

(2)盒马鲜生货源来源于:第一,全球直采。通过航班和货柜采购全球优质水产、肉制品、果蔬、乳制品等鲜活农产品;到国内成熟的生产基地做品控、采购。一部分鲜活农产品整合了阿里内部资源联合采购,部分海鲜、水果和天猫超市相通，由天猫在海外的采购团队完成。同时逐步自建供应链，对接海内外产地，深度直采。

第二，本地直采。蔬菜、肉类等鲜活农产品与本地企业合作，早上采摘下午送到门店售卖，部分从经销商和菜市场采购，满足部分即时性需求。例如，合作的河北固安合作农场，每天下午 4 点，根据当天的售卖数据，综合考虑其他因素，将次日的销售计划发给合作农场，农场根据计划进行采摘和包装，冷链送到盒马门店。包装后变成标准化商品的蔬菜鲜肉，价格统一，消费者能拿起就走。

第三，自有品牌建设。推出"日日鲜""帝皇鲜""盒马工坊"等自有品牌，覆盖不同品类，强势把控鲜活农产品品质和品牌。盒马的目标是品牌占比达 50%。

盒马采购的部分产品配送至城市的加工检查中心（城市大仓），内设冷仓，再从大仓采取班车制配送至门店，每天两配或三配。至此根据订单配送至各店。

（3）消费者通过两种渠道获得盒马鲜生的鲜活农产品：第一种渠道，在盒马鲜生 APP 下单并通过支付宝支付，后台将订单推送给离消费者最近的店铺，店铺按照订单发货，并实现 3 千米内 30 分钟送货上门。第二种渠道，消费者进入盒马鲜生店面选购、消费，支付宝自助结账或支付宝人工结账，获得需求的鲜活农产品。

货架上标准化包装的产品经过 PDA 扫码，经高效包装和分拣，通过门店顶部的悬挂链和传送带设备，实现吊装、运输和合流，最终快速配送到消费者手中。

（4）大数据技术支撑高效率运营。在盒马门店内，智能仓店系统帮助各大门店分析线上线下销售曲线均衡店员数量，根据线上线下订单的状况智能安排店员的工作内容。智能订单库存分配系统紧接着依托盒马和阿里系零售大数据终端，预测不同区域门店的商品品类，预判消费者线上购买的趋势，实现商品分配。后台算法为盒马的库存提供实时监控和管理，线上线下共享库存，对供应链进行敏锐的实时运算。

盒马还打造了以智能算法和调度系统为支撑的全自动物流模式。在配送环节，后台将拣货袋装入专用的配送箱，由配送人员送货上门。波峰时段外，由盒马内部团队配送，在小波峰（11~13 时）和大波峰（17~19 时）时段，由外包的配送团队和外卖的合作公司负责配送。所有配送人员采取统一的配送标准和流程。

盒马还引入了智能履约集单算法和调度系统，不以单个订单为中心进行作业，采用分布式算法，将大量的线上订单统一集合，根据鲜活农产品的生鲜程度、冷热情况和订单的配送路线合理安排配送路径和时间，达到订单综合成本最低，最后根据订单、批次和包裹大小对配送员和配送次数进行智能调度，实现配

第7章 基于"互联网+"的鲜活农产品流通O2O模式设计

送效率最优。

盒马还通过大数据支撑营销体系。对线下消费者,通过对客群年龄、性别以及熟客与否等维度的分析,店铺管理者可以掌握重要的用户行为转化数据,同时通过监控各货架各产品的用户关注时长,判断商品的受欢迎程度。便于门店对产品摆放进行优化。对于线上消费者,根据全数字化积淀的数据对消费者进行多维度的标签分析,对消费者的消费习惯、消费任务和消费价值观深度解析,全面融合阿里平台的全网数据,还原用户消费全貌,在盒马APP、公众号等粉丝运营平台对有不同消费需求的消费者群体进行个性化营销,让消费者由主动搜索商品信息,转变为盒马深度触达用户、为用户精准推荐所需商品。

(5)消费者享用从盒马鲜生购买的鲜活农产品后,产生消费情绪(正情绪、负情绪和中立情绪),这些消费情绪将通过社交媒体、口口相传等各种方式传播,这种传播直接影响其他消费者和公众对盒马鲜生的品牌认知、品牌保留和品牌忠诚。

(6)消费者感知价值。消费者感知收益来源于消费者根据需求选择从盒马鲜生购买鲜活农产品的途径,获得其所需求的鲜活农产品。同时盒马鲜生背书于阿里巴巴,在公众中高调横空出世,消费者享用盒马鲜生鲜活农产品也能带给自己的愉悦感和成就感。消费者感知成本来源于支付同类鲜活农产品比农贸市场和其他超市高出30%以上的价格,以及为之付出的时间和精力成本。

(7)品牌生产商、"产地供应商—生产基地(农户)"系统的价值。品牌生产商和产地供应商通过与盒马鲜生合作,形成稳定的订单和稳定的利润空间。生产基地(农户)通过为盒马鲜生生产所需产品,形成稳定的销量和收益,同时根据订单生产能够促进生产技术与生产管理的升级。

(8)盒马鲜生的运营策略。主要体现在:

第一,品控策略。一是推行买手制。盒马鲜生的买手团队由一群平均年龄在35岁,国籍遍布世界各个大洲的"高级吃货"组成。他们通过长时间的、全面的市场调研后,在盒马鲜生的全球购系统里,列出几家到十几家供应商信息,研究各种资格证书、综合供货量、产品质量、价格等因素,筛选出几家要考察的生产基地。然后,他们带着准备的资料与数据前往基地进行实地考察,融合他们的经验、大数据分析和盒马鲜生全球采购系统,来选择采购的品类、品种和数量。二是建立盒马鲜生生产基地,推动海内外商家标准化、规范化生产,实现精细化管理。三是与高品质鲜活农产品生产商合作,推出盒马鲜生自有品牌,从根本上控制质量。

第二,定价策略。优质优价,优价必优质。通过数据化精准面对消费者需求，实施不同产品、不同时段的差别定价。

第三，整合传播策略。一是对消费者做到精准传播。"顾客数字化"让盒马掌握了"盒区"范围内消费者的消费偏好信息，基于用户年龄、性别、职业、饮食习惯等标签可以帮助后台将顾客变成精准传播的对象。二是社交化传播。盒马逐渐构建自身的社区商业形式，通过与粉丝社群互动，打造立体化传播的社交电商，提升消费者黏性。三是增强消费者体验。盒马线下定期举办试吃、五星级名厨演示讲解三文鱼的烹饪方法、烘焙活动等亲朋好友共享家庭时光的 DIY 活动。四是突出设计的传播效能。盒马在门店布局设计上不仅利用空间的灵活性，凭借动线增大空间感。一横三纵的"卅"字形开放布局，将门店区块划分为体验区、超市区、招商区和服务区，消费者一进会员店入口，抬头便能看到各个品类布局标识，直接产生了购买欲望。

盒马鲜生的传播方式有两大特征：善于建立感情联系和充分利用大数据，它突破传统"一对多"的传播方式，设计一系列"一对一"的精准传播方式，做到"多参与，多优惠"。

第四，成本管控策略。一是商品数字化赋能成本管控。"商品数字化"赋予了盒马第一手的流量数据，帮助盒马鲜生划分出爆品和滞品，将 SKU 标签化，赋予特定场景信息，与数字化的消费者及数字化商品进行匹配链接。商品间的链接和消费者的组合购买意愿使盒马鲜生可以通过引入相对高价格、高毛利商品替代一些低毛利商品，以类似互补品的方式带动整体的毛利空间提高。二是盒马鲜生通过增加自有品牌的比重拓宽价格带、提升商品平均价格。三是盒马鲜生通过渠道再造，将上游的成本信息透明化，做到信息对称。通过建立全球直采、源头直采供应体系，降低批发、运输等流通环节的损耗，省去中间环节；利用产地优势实现品质化形象，降低采购价格；盒马鲜生摒弃"通道费"商业模式。将以上控制下来的成本大部分补贴在消费者身上，盒马鲜生低利润运行。

（9）盒马鲜生以家店一体化的模式，附以数字化、精准化为核心的运营理念与操作方式，使该模式快速复制和扩张。2019 年 12 月，盒马鲜生拥有 15 个一线、二线城市的 197 个盒马鲜生直营店。

7.6.3 案例研究：7FRESH 的家店一体化 O2O 业务[①]

7FRESH 是京东旗下基于 O2O 的鲜活农产品超市，主打鲜活农产品和海产

---

① 本案例综合网上公开信息撰写，并融入作者的分析与判断。

第7章 基于"互联网+"的鲜活农产品流通O2O模式设计

品。7FRESH利用京东生鲜优势,让消费者在最短时间内享受到日本金枪鱼、澳洲谷饲牛排等全球食材,无论是海鲜还是牛排,都可选择在店内交给7FRESH的大厨直接完成烹饪,相当于把餐厅搬进了7FRESH。京东7FRESH将采用顶部悬挂链技术,商品信息感应投射。2018年1月4日,京东首家线下生鲜超市——7FRESH亦庄大族广场店正式开业。试营业期间,日均单店单日客流量达1万人次以上;试营业首日,7FRESH APP注册用户数对比上线第一天增长3000%。2018年10月22日,京东7FRESH天津鲁能店在南开区鲁能城购物中心负一层试营业,店内配备了自助刷脸支付、魔镜溯源系统、智能补货等技术支持。"双11"期间,除天津店外还将有廊坊地区的新店开业,年内7FRESH也将在全国多地陆续落地。2019年12月24日,落户于北京市朝阳区银河SOHO的"七范儿"正式开业,这是京东7FRESH在写字楼商圈落地的第一个创新业态店,其店铺面积近1000平方米,包含商品种类约3500个。2019年FRESH营业收入达到了89亿元。

图7.15体现的是京东7FRESH家店一体化O2O业务的业务逻辑。

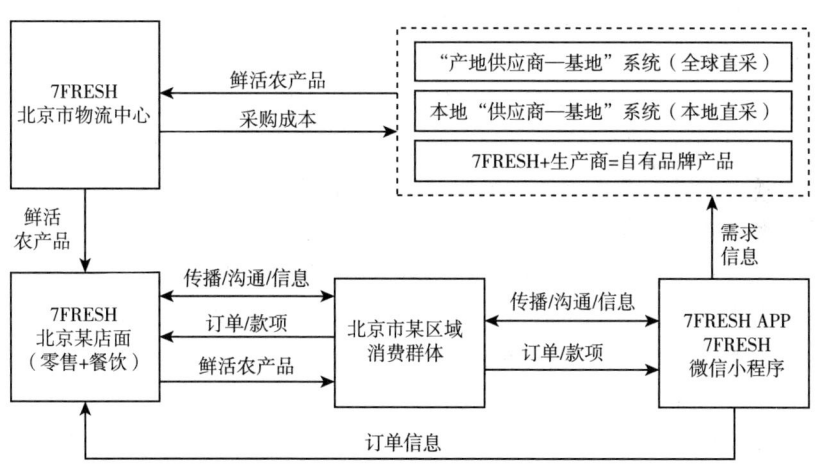

图7.15 京东7FRESH家店一体化O2O业务的业务逻辑
（以北京市某店为例）

（1）7FRESH面对的消费群体主要是一线、二线城市的中产阶级以上的"80后""90后"群体。他们年轻、有活力,在职场有稳定的职位和稳定的收入;他们容易接受新事物,喜欢创新的思维方式和生活方式;他们希望享受高品质的生活,享用高品质的农产品,张扬个性;互联网和移动互联网伴随他们的成长,更多从互联网中获得信息,从事社交活动;他们更喜欢用一种简便的方式获得自己所需。7FRESH 的定位与盒马鲜生相似：超市、餐饮和物流的复合体，以生鲜为特色，实现线下体验与线上交易的融合。

（2）7FRESH 的货源来自以下几个途径：

第一，全球直采。这部分占 20%，从 2017 年开始，京东鲜活农产品海外直采团队跑遍全球十几个海外鲜活农产品主产地，为中国消费者寻觅世界级美味，而消费者选好商品在 7FRESH 使用"魔镜"即可直观看到商品全链条信息。

第二，本地自采。蔬菜、肉类等鲜活农产品与本地供应商和生产基地合作，做到当天采摘和分割，当天配送，一天一采，一天一送，满足消费者即时性和新鲜性需求。做到统一规格，统一包装，统一价格。

第三，自有品牌。占 60% 以上，与高品质鲜活农产品生产经营商合作和定制，建设自有品牌。7FRESH 推出了自有品牌叫"京觅"。

第四，建立自己的动物工厂和植物工厂。7FRESH 动物工厂打造出了自己的明星产品——跑步鸡、游水鸭、飞翔鸽等；在植物工程打造出 6 种以上的绿色蔬菜。

（3）7FRESH 在每个城市依托京东物流中心建有城市中心仓，在全国 10 个主要城市拥有 18 个生鲜冷库，生鲜冷链配送已覆盖全国 300 个城市，保证"快"和"鲜"，更保证全国网络覆盖。根据各个店面需求，城市中心仓配货至各个门店，根据需求做到一天多配。同时依托于京东的供应链优势，保证了商品的采购和动态的库存管理，通过智能补货、商品迭代等方面的数据化管理，实现商品的高效运营及流动。

（4）消费者通过两种渠道获得 7FRESH 的鲜活农产品：第一，在 7FRESH APP 或微信小程序上下单并通过支付，后台将订单推送给离消费者最近的店铺，店铺按照订单发货，并实现 3000 米内 30 分钟送货上门。第二，消费者进入 7FRESH 店面选购、消费，获得需求的鲜活农产品。

在结算支付通道，7FRESH 可以支持现金、微信、刷卡等支付方式，还有无须提前预设、操作步骤简单的刷脸支付，为人工结算分流的自助 POS 结算以及摇一摇手机便会弹出支付二维码的"摇一摇"支付。

7FRESH 采用了"悬挂链"技术，从商品打包到上传悬挂链，订单产品在 5 分钟内即可送至配送员手中。一旦单量过多导致 7FRESH 的自有配送无法满足时效性时，"悬挂链"还会将订单快速同步给京东配送、达达众包，实现多系统并行。

（5）大数据支撑 7FRESH 的店面选址和精准营销。FRESH 的开店选址完全是基于京东大数据。北京大族广场店开业前，京东大数据就对周边 26 万用户进

第7章 基于"互联网+"的鲜活农产品流通O2O模式设计

行了精准分析,形成清晰的消费者画像,基于这些用户画像,7FRESH进行精准选品。不同区域的7FRESH门店选品会有不同。除了京东优势的仓储供应链体系外,门店还暗藏了很多黑科技产品,如智能购物车、自助收银机和智能魔镜。消费者使用智能购物车时,只需要佩戴好一个手环,就可以随心所欲地穿梭于门店,智能购物车就成为最忠实的"跟班",用户走到哪里,它就跟到哪里。在进口水果区安有智能魔镜,只要将某种水果靠近感应器,屏幕上会显示该进口水果的详细信息,包括产地、生产地、甜度、大小等。

(6)消费者享用从7FRESH购买的鲜活农产品后,产生消费情绪(正情绪、负情绪和中立情绪),这些消费情绪将通过社交媒体、口口相传等各种方式传播,这种传播直接影响其他消费者和公众对7FRESH的品牌认知、品牌保留和品牌忠诚。

(7)消费者感知价值。消费者感知收益来源于消费者根据需求选择从7FRESH购买鲜活农产品的途径,获得其所需求的品质远远高于大陆货的鲜活农产品。同时7FRESH背书于京东和京东生鲜,消费者享用7FRESH鲜活农产品也能为其带来品牌愉悦感和自身成就感。消费者感知成本来源于支付同类鲜活农产品比农贸市场和其他超市高出30%以上的价格,以及为之付出的时间和精力成本。

(8)品牌生产商、"产地供应商—生产基地(农户)"系统的价值。品牌生产商和产地供应商通过和7FRESH合作,形成稳定的订单和稳定的利润空间。生产基地(农户)通过为7FRESH生产所需产品,形成稳定的销量和收益,同时根据订单生产能够促进生产技术与生产管理的升级。

(9)7FRESH经营策略。主要表现在以下方面:

第一,品控策略。7FRESH单店产品覆盖6000余个SKU(海鲜、果蔬、肉禽蛋、餐饮、鲜花、烘焙、杂用百货等品类),其中鲜活农产品超过70%、进口商品20%、鲜活农产品自有品牌占比60%。通过以下几方面进行品控:一是与7FRESH自有品牌"京觅"的鲜活农产品生产经营商,做到全程深度参与及开发定制,实现全产业链把控、全流程安全。整个流程要经过四个关卡:第一道关卡是在超过万人的需求调研中去"倾听"用户需求,"京觅"专业的买手团在全球寻觅高品质鲜活农产品;第二道关卡是对供应商层层筛选,淘汰率高达90%;第三道关卡是千人用户评测团+专业买手鉴定团深度评测;第四道关卡是在"京觅"专业买手团的全程监控下进行产品打样。四道关卡全部通过,进入"京觅"的备选名单,进入下一步"京觅"的选择。二是强化动物工厂和植物工厂的品质控制。"跑步鸡"每只鸡要跑100万步以上才合格;"游水鸭"的饲养密度每亩水域不会超过 80 只。2018 年 12 月底，7FRESH 植物工厂落成，这是在考察了以色列、荷兰、美国、日本等先进国家技术后，选用目前最稳定成熟的日本技术来水培种植蔬菜，不使用农药、化肥、激素，用太阳光和人工光结合，生产出来的蔬菜不需要清洗就可以直接食用，植物工厂生产的 6 种蔬菜供应 7FRESH。

第二，定价策略。通过数据化精准面对消费者需求，实施不同产品、不同时段的差别定价。

第三，整合传播策略。京东背书、7FRESH 的高调入市和运行让更多的消费者产生兴趣。更重要的是，通过店面推广、APP、微信公众号及社交化媒体推广让更多的消费者产生兴趣、需求及黏性。

第四，成本管控策略。一是借助京东既有的自有物流体系，7FRESH 在成本控制上具有先天优势，成本低、时间快；二是 7FRESH 通过增加自有品牌的比重拓宽价格带、提升商品平均价格；三是上游的成本信息透明化，做到信息对称；四是建立全球直采、源头直采供应体系，降低批发、运输等流通环节的损耗，省去中间环节；五是利用产地优势实现品质化形象，降低采购价格。

（10）7FRESH 复制该模式得以快速扩张，到 2019 年 7FRESH 已经覆盖了 16 个城市 134 个店面。

7.7
基于"互联网+"的鲜活农产品流通职能终端式 O2O 模式

7.7.1 模式的逻辑模型

前面已论述，中国鲜活农产品市场规模很大，但互联网背景下的流通新模式不足 5%。占巨大多数比重的、传统的"产地批发市场—销地批发市场—农贸市场"模式和农超对接模式解决不了消费者"出门即买"的难题。学界和商界都在为解决"最后一公里"难题而努力，探索出了诸多 O2O 模式：地产地销 O2O、超市 O2O、前置仓式 O2O、家店一体化 O2O 等模式，这些模式很好地解决了鲜活农产品流通中的"最后一公里"问题。但是在满足消费者随地、即时、便捷地获取鲜活农产品方面还有待进一步优化。随着移动互联网、人工智能、物联网等技术条件的成熟，基于移动终端的 O2O 模式应运而生。

图 7.16 体现的是基于"互联网+"的鲜活农产品流通智能终端 O2O 模式的逻辑模型。

第7章 基于"互联网+"的鲜活农产品流通O2O模式设计

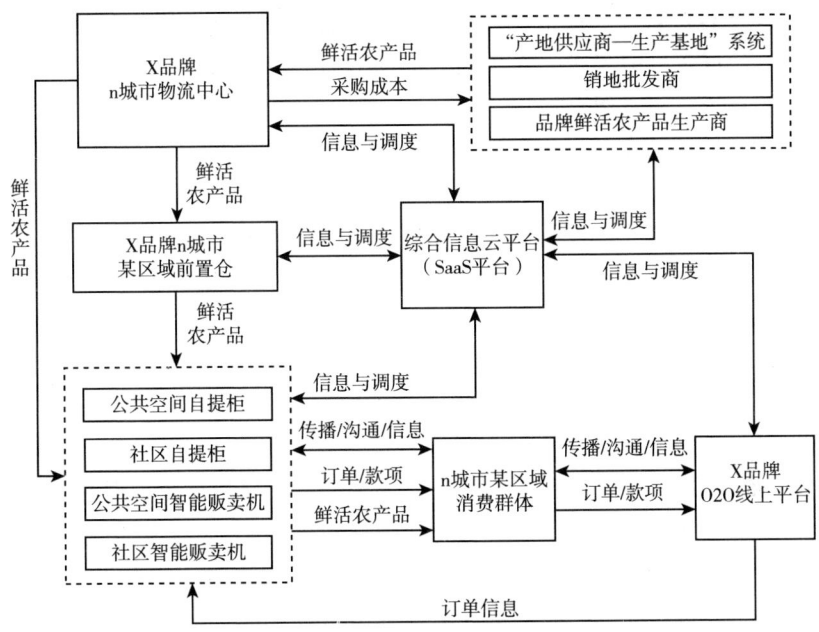

图7.16 基于"互联网+"的鲜活农产品流通智能终端O2O模式逻辑模型

（1）该模式与前置仓式O2O模式的鲜活农产品的来源类似，一般有四种渠道：第一，"产地供应商—生产基地（分散果农）"系统。中心流通企业（品牌）在全国不同鲜活农产品优势生产区布局，形成直采模式获得货源。或者与当地的大户、经纪人形成"产地供应商—生产基地（分散农户）"系统；或者与当地生产基地、分散果农以合作方式建立合作生产基地；还可以承包土地，自己创建生产基地。第二，与品牌鲜活农产品生产经营商合作，将品牌鲜活农产品纳入自己的流通渠道。第三，当地批发市场采购。第四种渠道是以上三种渠道的排列组合。

X品牌在n城市建有该城市的物流中心。从各个渠道获得鲜活农产品进入物流中心，在物流中心分级、分拣、包装，然后配送至各个前置仓，前置仓配送至各个智能终端；或者直接从物流中心配送至各个智能终端。

（2）该模式下，鲜活农产品流通智能终端有四种类型：

第一，公共空间自提柜。自提柜不具备即时选择的消费特征，需要提前下订单并支付，然后到自提柜取货。公共空间主要指在地铁、商场等非居家生活的公共场所。在公共空间，消费者需求呈现即时性、冲动性特点。

第二，社区自提柜。对鲜活农产品的需求更多的是家庭食材。

第三，公共空间智能贩卖机。对鲜活农产品的需求更多的是水果。

第四，社区智能贩卖机。对鲜活农产品的需求以水果和家庭食材为主。

以上四种方式往往组合使用。

（3）X中心流通企业在这个城市通过整合传播（做各类广告、社交化媒体传播、口碑传播、营业推广活动等）引起更多的消费者注意，让他们产生兴趣，形成需求。在该模式下，产生需求的消费者会通过两种方式获得鲜活农产品：一是通过该流通品牌O2O线上平台下单，完成支付，该线上平台将订单信息推送到离消费者最近的前置仓，前置仓接到订单由专人安排配送，配送至离消费者最近的自提柜同时给消费者发送二维码，消费者在自提柜扫码取货。二是消费者到智能贩卖机前，扫码打开职能贩卖机，获得鲜活农产品后通过移动支付付款。

（4）该模式需要配套一个综合信息云平台（SaaS平台①），直接联结布局的所有智能终端，通过与这些智能终端信息交互，来实现与消费者沟通与交易，实时监控各个智能终端的货物信息，给物流中心和前置仓推送订单信息，完成支付流程。同时，与消费者交易和信息沟通过程中会产生海量大数据，这些大数据通过数据挖掘、分析与预测，会形成需求预测，这些需求预测会传递给各地的供应商、生产基地及分散的农户，这是促进产品供给端按照需求趋势调整种植和养殖结构的基础性信息，是种植和养殖的"指挥棒"。

（4）消费者享用从X品牌智能终端获取鲜活农产品，在感知收益和感知成本之间会做出权衡并产生消费情绪，这些消费情绪将通过社交媒体、店面反馈、口口相传等各种方式传播，这种传播直接影响其他消费者和公众对该超市品牌的认知、美誉与忠诚。

（5）消费者感知价值模式。消费者感知收益来源于消费者根据自己的情况选择从X品牌智能终端获取鲜活农产品的途径及便利性，获得他需求的鲜活农产品，X品牌的品牌价值也影响着消费者感知价值。消费者感知成本来源于支付同类鲜活农产品比农贸市场持中或稍高的价格，以及为之付出的时间和精力成本。

（6）"产地供应商—生产基地（农户）"系统的价值模式。产地供应商通过和X品牌的合作，形成稳定的订单和稳定的利润空间。生产基地（农户）通过为X品牌生产所需产品，形成稳定的销量和收益，同时根据订单生产能够促进

---

① SaaS（Software‑as‑a‑Service，软件即服务）是指通过网络提供软件服务。SaaS平台供应商将应用软件统一部署在自己的服务器上，客户可以根据工作实际需求，通过互联网向厂商定购所需的应用软件服务，按定购的服务多少和时间长短向厂商支付费用，并通过互联网获得Saas平台供应商提供的服务。SaaS应用软件有免费、付费和增值三种模式。

第7章 基于"互联网+"的鲜活农产品流通O2O模式设计

生产技术与生产管理的升级。

(7) X品牌的经营模式。主要体现在：

第一，面对的是城市各个层面的消费者，尤其是一线、二线和三线城市的"80后""90后"甚至"00后"的年轻消费群体对鲜活农产品需求的变化。

第二，产品品质管控模式。主要包括：建立标准化体系来指导生产与流通，生产标准体系来指导生产，产品标准体系来指导流通环节；强化包括全程冷链和全程可追溯在内的流通环节现代化水平。

第三，定价模式。同类产品比农贸市场高20%左右，与超市定价持平或稍高于超市定价。

第四，整合传播模式。主要采取社交媒体传播、O2O平台传播、口碑传播及流通品牌的公共关系传播，同时智能终端本身也是广告的媒介，有效传播。

第五，成本管理控制模式。从当地批发市场采购，成本相对较高，与农贸市场相比没有成本优势，但货源数量和质量比较稳定；构建"产地供应商—生产基地（农户）"系统，流通环节大大降低，与前置仓搭配起来，流通时间短、损耗小、品质保持度高、成本相对较低。通过综合信息云平台的大数据来支撑生产环节和流通环节的优化，将会进一步降低流通成本。

7.7.2 案例研究：彩虹星球的智能终端O2O业务[①]

彩虹星球于2015年由王来库在西安创立。在创立彩虹星球之前，王来库曾做过移动支付、房地产电商、协作工具等业务。王来库将彩虹星球的业务聚焦于在二线、三线城市的社区做鲜活农产品，其原因来自他的三个判断：第一，在他创业的2015年，鲜活农产品电商发展遇阻，获客成本高达100~200元，远超正常水平；第二，人均可支配收入提高，消费者消费升级，高品质、安全的鲜活农产品消费需求越来越旺盛，但一线城市城镇化率较高（超过90%），供给相对充分；二三线城市城镇化率较低（50%~60%），社区鲜活农产品连锁便利店密度不够，供给严重不足；第三，传统的鲜活农产品市场，大部分是以工业化思维来做，中间渠道漫长，品质一般。这些背景下促成了彩虹星球项目的落地。2018年3月13日，彩虹星球宣布完成由熊猫资本、普华资本、哲略资本联合投资的数千万元A轮融资。

图7.17体现的是彩虹星球鲜活农产品智能终端O2O业务的业务逻辑。

---

① 该案例综合网上公开资料撰写，并融入作者自己的分析和判断。

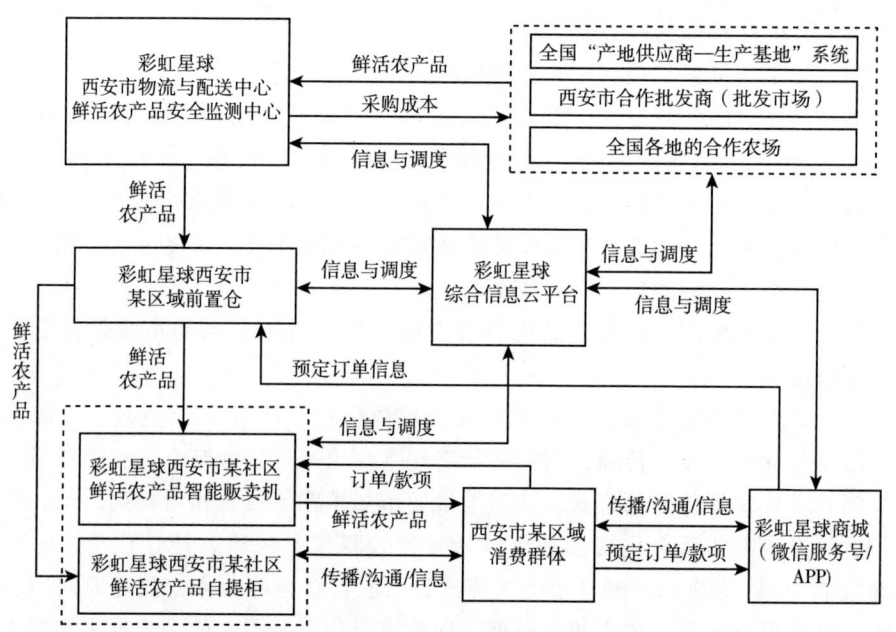

图 7.17 彩虹星球鲜活农产品智能终端 O2O 业务的业务逻辑
（以西安市某社区为例）

（1）目标消费群体与定位。彩虹星球将目标消费群体锁定为正在消费升级中二线、三线城市的社区年轻家庭使用。他们是互联网原住民，是伴随全球化和消费升级成长的一代人，他们对鲜活农产品品质有更高的要求，也愿意为高品质商品支付溢价；他们又善于在同类产品之间进行品质和价格比较，关注性价比；他们很忙碌，没有时间去超市购买鲜活农产品。因此，彩虹星球建立与夫妻店、便利店、超市、传统电商的不同的消费者定位、选品、选址和经营逻辑，强调食品安全，建立检测中心，从而让消费者形成独特的品牌联想。

（2）彩虹星球鲜活农产品的货源来源于三个渠道：一是产地自采，在全国形成"供应商—生产基地（分散农户）"系统，与全国各优势产区的供应商（大户、经纪人、收购商等）建立合作关系，实现产区供应量统筹与生产基地及分散农户的生产管理和收购；二是在西安市农产品批发市场寻找合作的鲜活农产品批发商，做到即时采购，即时配送；三是在全国，尤其是在西安市周边建立合作农场。

通过以上三种渠道筹措的鲜活农产品统一配送至物流与配送中心（也是安全监测中心），在这里安全监测、分级、分拣、包装，然后根据订单配往各个前

第7章 基于"互联网+"的鲜活农产品流通O2O模式设计

置仓。

（3）彩虹星球通过整合传播（各类广告、社交化媒体传播、口碑传播、促销活动等）引起更多的社区消费者注意，让他们产生兴趣和需求。有需求的消费者通过两种方式得到他需要的鲜活农产品：

第一，预定+自提柜。通过彩虹星球线上商城下达预定订单并支付，预定订单推送给最近的前置仓，前置仓按预定的种类、规格、数量和自提时间配送至离该顾客最近的自提柜，发二维码和通知给该消费者，消费者在约定的时间内到自提箱扫码自提。同时，也可以根据消费者需求，上门配送，从自提箱到上门保证低于20分钟。

第二，消费者到智能贩卖机前，扫码并通过移动支付获得需求的鲜活农产品。

（4）彩虹星球综合信息云平台联结着布局在社区的所有自提柜和智能售卖机，通过与自提柜和智能售卖机交互，来实现与消费者沟通与交易，实时监控各个自提柜和智能售卖机的货物信息，给物流中心和前置仓推送订单信息，完成支付流程。在经营过程中，产生的各类大数据都汇聚到彩虹星球综合云平台，这些大数据通过数据挖掘、分析与预测，会形成各种预测，这些预测会传递给各地的供应商、生产基地及分散的农户，更是彩虹星球采购团队的依据。

（5）消费者享用彩虹星球鲜活农产品，在感知收益和感知成本之间会做出权衡并产生消费情绪，这些消费情绪将通过社交媒体、店面反馈、口口相传等各种方式传播，这种传播直接影响其他消费者和公众对该超市品牌的认知、美誉与忠诚。

（6）消费者感知价值。消费者感知收益来源于消费者根据自己的情况从彩虹星球获取鲜活农产品的途径及便利性，并符合品质预期。消费者感知成本来源于支付同类鲜活农产品比农贸市场持中或稍高、与超市持中的价格，以及为之付出的时间和精力成本。

（7）"产地供应商—生产基地（农户）"系统的价值。产地供应商通过和彩虹星球的合作，形成稳定的订单和稳定的利润空间。生产基地（农户）通过为彩虹星球生产所需产品，形成稳定的销量和收益，同时根据订单生产能够促进生产技术与生产管理的升级。

（8）彩虹星球的经营策略。主要体现在：

第一，品质管控模式。彩虹星球在每个社区的布点的货柜里涵盖蔬菜、水果、肉类、海鲜等几十个SKU。"彩虹星球"已与高校联合建立食品安全检测中心，100%全品类检测。根据鲜活农产品品类和渠道制定详细完善的检测标准，定期公示检测报告。同时包括自提柜和智能售卖机在内的全程冷链确保鲜活农产品的品质。

第三，定价策略。同类产品比农贸市场高10%左右，与超市定价持平。

第四，整合传播策略。采取社交媒体传播、O2O平台传播、口碑传播及流通品牌的公共关系传播，同时彩虹星球的自提柜和智能售卖机本身就是广告，有效实现传播。彩虹星球通过智能生鲜冷柜在线下高效获取社区消费者后，在线上继续通过社群深度运营消费者，消费者线上、线下消费和服务的多维度需求。

第五，成本管理控制策略。彩虹星球具备离消费者更近、小颗粒度、高订单密度等特点，大大优化了配送及物流的效率，降低了履行订单约定的成本，解决了传统鲜活农产品电商的单点订单密度不够高和商品线下交付等问题。同时智能冷柜很好地保证了生鲜产品的质量，并且降低了损耗率，实现了更优的成本结构。彩虹星球的成本结构如下：人力成本是传统鲜活农产品店面的1/3~1/5，租金成本是传统店铺租金的1/12，全流程损耗3%（行业内最低），周转率2.5天，仓配成本占5%（传统鲜活农产品电商占15%），获客成本10~26元，每单物流成本1.12元。

(8) 彩虹星球高效率的运营数据和场地的可复制性是形成规模效应的前提。彩虹星球销售额每天每小区平均在2000~3000元，成熟网点年坪效为22万元。线上复购率超过80%，生鲜商品的损耗率仅为3%。至2019年年底，彩虹星球在西安市已拓展至1200个社区智能终端点。

7.8 本章小结

O2O是一种商业模式，其核心是实现线上功能和线下功能的深入融合，达到线上和线下的互为补充和整合，以实现消费者感知价值和生产经营者运营价值的"双赢"。基于"互联网+"的鲜活农产品流通O2O模式以消费者需求为导向和逻辑起点，以满足消费者需求为目标和逻辑终点，通过将线上和线下融合实现线上和线下的互补和效率最优，包括地产地销+O2O模式、超市业态+O2O模式、平台合作式O2O模式和社区+O2O模式。其中社区+O2O模式包括前置仓式社区O2O模式、家店一体化O2O模式和自提柜式O2O模式。重点论证和设计了地产地销O2O模式、超市O2O模式、前置仓式社区O2O模式、家店一体化O2O模式和自提柜O2O模式的总体逻辑，并对每种逻辑做了案例研究。

第8章

鲜活农产品流通模式的系统动力学建模

鲜活农产品流通系统是一个动态化的复杂系统，影响因素众多，且各因素间相互关联制约，单一的定性或定量方法难以对其进行有效描述分析，必须从全局全产业链角度，把握系统主要因素及其影响关系，才能对系统的模式及其效率进行准确的分析和描述。依据系统动力学的基本原理、特征及其优势，结合鲜活农产品流通模式效率评价的特征及难点，两者的有效结合可较好地模拟演示实际系统运行状态及变化趋势，便于后续经营策略的制定与实施。

8.1 系统动力学概述

8.1.1 系统动力学的基本思想

系统动力学（System Dynamics）始创于1956年，创始人为美国麻省理工学院（MIT）福瑞斯特（Forrester）教授，它是一门分析研究信息反馈系统的学科，也是一门认识系统问题和解决系统问题交叉的新学科。

系统动力学分析、解决问题的方法是定性与定量分析的统一，以定性分析为先导，定量分析为支持，两者相辅相成，它从系统内部的机制、微观结构入手，剖析系统进行建模，借助计算机模拟技术来分析研究系统内部结构与其动态行为的关系，并寻找解决问题的对策。系统动力学能够很好地处理延迟现象，对解决战略决策和政策问题较为有效，因此被誉为"政策实验室"。

8.1.2 系统动力学的基本方法

系统动力学认为，系统的基本结构单元是反馈回路，通过整理分析，任何复杂大系统的结构都可以抽象成"回路""积累""信息""延迟"和"决策"，这些因素之间的运动规律类似于流体在回路中流动所呈现的规律。系统动力学从系统的微观结构出发建立系统的结构模型，用回路描述系统结构框架，用因果关系图和流图描述系统要素之间的逻辑关系，用方程描述系统要素之间的数量关系，用专门的仿真软件进行模拟分析。整个分析过程从定性、半定性定量，最后又把定量的数学模型简单地转化成计算机程序，利用计算机进行最终仿真分析。因此，系统动力学基本方法包括因果关系图、流图、方程和仿真平台。

（1）因果关系图。因果关系图是一种定性描述系统中变量之间因果关系的图示模型，因果关系是系统动力学模型的基础，因此因果关系图主要是在绘制流图和建立系统数学仿真模型之前使用。

（2）流图。流图是一种图形表示方法，它在因果关系图的基础上进一步区分变量的性质，用更加直观的符号刻画系统要素之间的逻辑关系，明确系统的反馈形式和控制规律，为深入研究系统奠定基础。

（3）方程。系统动力学方程式在流图的基础上对系统要素之间的关系定量描述的一组数学关系式，它是由一个已知的初始状态开始确定下一个状态的递推关系式。

（4）仿真平台。仿真平台是将系统动力学模型输入计算机进行仿真和调试的环境，通过仿真平台，可以根据研究目的，设计不同的政策方案，对系统进行仿真。本书把 Vensim 作为仿真实验的平台。

8.1.3 系统动力学政策实验与优化方法

系统动力学被称为"政策实验室"，就是因为系统动力学把社会系统利用符号模型化，然后把这个模型送入计算机，进行政策实验，在实验过程中，随时修改政策方案以实现各种战略构想和策略的仿真。[265]

（1）系统动力学中的决策和政策。

系统动力学方法把回路看作系统的基本结构单元，通过归纳和整理，社会经济系统的结构可以抽象为回路、积累、信息、决策和延迟，这些要素之间的相互作用规律类似于流体在回路中流动所呈现的规律。流体在回路中流动必然产生积

第8章 鲜活农产品流通模式的系统动力学建模

累现象，堆积的物质就要产生压力，这种压力通过信息传递作用于决策者，迫使决策者根据收到的信息，做出必要的决策去改变流速，从而改变积累的物质。这里所提及的决策可能是一个完全明确的人为决策或人的下意识决策，也可能是在事物发展过程中自发的调节行为；决策环节可以是政府或企业的管理机构或管理者、化工厂的阀门或调节器，也可能是系统物力结构的固有影响。

无论决策过程的性质如何，它总是存在于反馈回路之中，并且以有效的信息为根据。由于动态系统的状态是时变的，因而动态系统中的决策是一系列的决策，每一个决策都导致从一个状态转移到另一个状态。而这些决策是按照事先制定的规则进行的，这个事先制定的规则就是对系统实施的政策。

系统动力学的政策是系统决策所遵循的规律，是对系统实施控制的原则。而系统动力学中的决策是指根据系统当前的状态和政策规定的原则作出的下一个改变系统状态的决定。从这个意义上说，政策是长期的、全局的；而决策是短期的、个别的。因此，一项政策会产生一系列决策，从而引导系统向既定的目标运行。

从前面的论述可以看出，政策本质上就是社会经济系统的控制策略，这种控制策略可以被描述为：从全局和长期的角度出发为决策所指定的规则，即对系统中的某个状态变量实施控制时所采取的速率方程的形式，包括控制信息源的选择、策略函数的形式及调节的强度等。我们可以把系统中第 i 状态变量实施控制的控制策略描述为：

$$R_i(t) = f_i(x_1, x_2, \cdots, x_k) \tag{8.1}$$

从式（8.1）中可以看出，对系统中第 i 个变量进行控制时，控制的信息源取自 x_1，x_2，$\cdots$，x_k 这些状态变量和辅助变量，其控制规律由函数 f_i 来确定，某个信息源的影响程度与控制强度由 f_i 中的系数和按照 f_i 所确定的综合算法而确定。f_i 可以是任意一种函数形式，既可以是线性的，也可以是非线性的；既可以是多项式，也可以是其他函数，如幂函数。

在鲜活农产品流通过程中，围绕流通效率的因果网络所形成的系统，可以看作社会经济系统的一个子系统，其控制是通过制定相应的政策来实现的，这些政策在系统动力学中具体体现为控制策略，包括控制策略所依据的信息源、控制策略函数的形式和控制策略函数的参数三个部分。

（2）系统动力学政策研究的分类。

系统动力学模型是以状态变量为中心，以速率变量为驱动的结构模型。在系统动力学模型中，有的速率变量是不可控的，是由研究的系统之外的因素决定的；有的速率变量是可以控制的。而如何确定可以控制速率变量的控制策略，就是政策设计问题。

政策设计问题，按照层次的高低可以分为三个类型：

第一类：结构型政策问题。在设计政策方案时，有时包括决策所依据的信息源的取舍问题，而取舍信息源已经涉及系统流图结构的变化。因此，我们通常把涉及系统流图结构的政策设计问题称为结构型政策问题。

第二类：函数型政策问题。控制策略（政策）函数的表达式是关于状态变量和辅助变量的线性函数或非线性函数。在明确自变量的前提下，确定政策函数表达式的形式，这是政策研究的另一个重要问题。在已知自变量前提下寻求政策函数表达式形式的政策设计问题成为函数型政策问题。

第三类：参数型政策问题。如果已知政策函数表达式的具体形式，剩下的问题就是确定表达式中相关参数。在已知政策函数表达式具体形式的前提下寻求政策函数表达式中参数的政策设计问题称为参数型政策问题。参数型政策问题是参数的组合优化问题。由鲜活农产品流通因果链所构成的复杂巨系统，需要同时对多个参数组合优化，随着参数的增加，政策设计的难度也随之增加。

综上所述，政策问题分为三个层次：第一个层次是结构，即确定系统控制所依据的信息源，具体表现为选择控制策略函数中的自变量；第二个层次是策略，就是确定控制策略函数的形式，具体表现为根据已选定的自变量确定控制函数的一般表达式；第三个层次是参数层面，就是在控制策略函数的一般表达式已经确定条件下确定其中的待定参数，其核心是参数组合优化。

(3) 系统动力学政策研究的方法。

李旭等认为，任何系统中总能找到一些政策作用点。也就是说，政策形成的决策总是与一些主要因素相联系，只要抓住了几个主要因素，就可以确定产生决策的原因与走向，从而对系统产生有效的控制，形成有效的政策。在系统中，参数对系统施加影响而改变政策；策略和结构对系统施加影响，也可以改变政策。因此，在进行政策设计时，既要考虑系统中参数的变化对政策的影响，也要考虑策略和结构的变化对政策的影响，而策略和结构变化所导致的结果变化，远远大于参数变化所引起的结果变化。[265-266]

根据以上原理，政策研究的方法主要有以下几种：

(1) 实验法。实验法是事先设计若干组政策方案，利用模型对各个政策方案的结果进行试验，分析政策调节结果，进而帮助决策者选择合适的政策方案。利用实验法进行政策研究，首先要建立一个系统模型，这个系统模型不仅要经得起推敲，还要能够很好地拟合现实系统。与此同时，要形成一组切合实际和可以操作的政策方案。在创建方案时可以从线性政策方案、非线性政策方案、改变局

第8章 鲜活农产品流通模式的系统动力学建模

部运行机制和改变整体运行机制四个方面进行考虑。

（2）试凑法。试凑法是在已知明确系统目标的情况下，按照一定的准则找到一个合适的政策方案，使系统达成既定的目标。在寻求政策方案过程中，其准则对于不同的情况有不同的指标。一般来讲需要考虑三个环节的问题：首先，政策方案要引导系统达成既定的目标；其次，政策方案要切实可行，并且易于操作；最后，在政策方案调控下，系统从目前状态向目标状态运行的过渡过程中所出现的特性和所需的时间要符合要求，在达到目标后的运行过程中的相关指标要在人们能够接受的范围之内。为了达到这样的目标，必须借助系统仿真软件反复试凑。

（3）规划法。系统动力学的政策优化是对系统目标的优化。也就是说，在给定约束条件下，使系统以一个最优的过程达到预期目标。人们对政策目标往往是多方面的，但是这些目标与系统状态有关。如果考虑单目标情况，则目标函数的表达式为：

$$Z = F(L_1(t), L_2(t), \cdots, L_n(t)) \tag{8.2}$$

政策是对国民经济体系实施控制的手段，它是以控制策略的形式作用于系统，影响系统的参数、策略与结构，从而引起系统行为特性乃至目标函数的变化。因此，政策分析与优化的规则变量为控制策略函数。系统动力学优化的一般描述为：

$$\text{Optimal} \quad Z = F(L_1(t), L_2(t), \cdots, L_n(t)) \tag{8.3}$$

$$\text{s. t.} \quad \frac{dL_i(t)}{dt} = f_i(L_1(t), L_2(t), \cdots, L_n(k)) \quad (i=1,2,\cdots,n; k \leq n) \tag{8.4}$$

Other Constrains

满足其控制策略 $f_i[L_1(t), L_2(t), \cdots, L_n(k)]$ （$i=1,2,\cdots,n; k \leq n$）就是最优控制策略。

政策规划问题可以分为结构性政策问题、函数型政策问题和参数型政策问题。结构型政策问题和函数型政策问题的难点是控制策略函数难以确定，控制策略函数确定以后，这类政策问题就转化为参数型政策问题，而参数政策问题可以利用式（8.2）、式（8.3）结合启发式算法进行求解。

把结构型政策问题和函数型政策问题转化为参数型政策问题后，所有的政策问题均为参数型政策问题。

程进等[267]、林文浩[268]以及王其藩、李旭[266]均对遗传算法求解参数型政策规划问题进行了探索。然而，通过遗传算法和系统动力学的结合对系统优化方法进行研究，还处于初级阶段，具体问题的编码作为重要而具体的问题，在学术界仍然没有得以解决。

8.2
系统动力学对鲜活农产品流通模式建模的可行性与优势

8.2.1 可行性分析

系统动力学是结合因果关系的逻辑分析及信息反馈控制原理,从系统内部结构入手,建立仿真模型并通过计算机仿真演示系统的宏观行为及演变,寻求解决问题的正确有效途径。面对复杂的实际问题,系统动力学可写着理解其结构和动态行为,能够有效地模拟经济社会系统中一大类复杂系统的变化情况,并辅助优化分析和政策模拟。

系统动力学对具备以下特征的问题解决具有较强的适用性:长期性和周期性问题的解决、数据不足或非高精度问题、多变量、高阶次、非线性等复杂问题。鲜活农产品的流通效率评价是一个复杂的动态系统,既是农产品流通领域的研究重点,也是研究难点之一,其干扰因素较多,数据搜集工作难度较大且难以获得高精度质量的数据,使鲜活农产品流通效率不易且不好量化。SD则在研究分析一个系统内的信息反馈基础上,构建与系统对应的信息反馈机制,正好可从宏观角度演示分析鲜活农产品的流通效率。同时,系统动力学认为系统所对应的信息反馈机制导致系统行为模式对很多参数具有较低的敏感性,该特征使SD可以用来解决鲜活农产品流通效率这类数据、参数或关系短缺的问题。在梳理文献的过程中,我们发现鲜活农产品自身的本质属性特征,流通过程中涉及的某些参数数据不易获取与处理,而应用系统动力学的研究方法,可采用全局与动态的观点考虑鲜活农产品的流通效率结构变化及内部逻辑,故而使用系统动力学方法进行本问题的研究具备现实可行性。

8.2.2 优势

系统动力学不追求"最佳解",而是从整体出发寻求改善系统行为的机会和途径。从技巧上而言是依据对系统的实际观测信息建立动态的仿真模型,并通过计算机试验来获得对系统未来行为的描述。

通过对鲜活农产品流通模式系统动力学建模来评价鲜活农产品流通模式的效率,可通过参数值的改变动态观测因素对效率的激励,这是系统动力学的一大优势；同时，使用 SD 的模拟仿真，可通过模拟数据分析，协助解决分析那些因鲜活农产品某些数据缺失而无法探究的问题；另外，在研究鲜活农产品流通模式效率时，很多调研资料难免有感性因素，这些感性因素容易为建模及量化带来干扰，借助系统动力学规范的结构模型及内在逻辑，可极大限度地规避感性因素的干扰，从而动态模拟复杂系统演化机理过程。

应用系统动力学鲜活农产品流通模式建模，具备形象、好操作、易理解及重点易把握等特征。既有助于我们形象化及定性定量相结合分析该复杂系统问题，又便于研究者理清重点、关联因素及其本质逻辑，从而有助于企业的经营决策及政策制定。

8.3 鲜活农产品流通模式 SD 建模

目前使用 SD 开展农产品流通的研究中，有基于供应链分销商视角的（周莹，2014）[269]、基于供应链零售商视角的（王婧，2019）[270]、基于物流商视角的（孙文健，2017；李燕飞，2018）[271-272] 和基于平台运营视角的（施建，2019）[273]，无论何种视角，研究目标主要围绕流通效率和流通安全，衡量指标以研究主体的存货和利润为主。这些研究成果多围绕某区域或某特定农产品展开，具有一定的区域局限性及特殊适用性，且多围绕某一种或某两种特定流通方式进行讨论，构建的模型并不适用于全面的流通模式及其效率比对研究。

本书在全面系统梳理各流通模式的基础上，结合前人及本书的研究成果，希望构建适用全面流通模式的鲜活农产品流通效率系统结构模型，从而既可比对分析各模式下鲜活农产品流通效率，又为政府及企业制定相应流通策略提供支撑。

8.3.1 鲜活农产品流通模式 SD 建模原则

鲜活农产品流通是鲜活农产品供应链体系的子系统，对鲜活农产品流通模式的建模，仍需要在农产品供应链整体系统框架内。在进行鲜活农产品流通模式 SD 建模时，力求把握以下几个原则：

（1）力求模型简单。鲜活农产品流通作为鲜活农产品供应链的重要内容，其贯穿供产销全流程，涉及供应链中多个主体，复杂性是可以想象的，如果把现实系统的结构、要素面面俱到地表现出来是不可能的。因此，在建模时，以流通模式的先进程度为逻辑起点,通过因果分析,找到相应的系统结构和系统要素,从而抽象现实系统。在此过程中要力求简单。

(2) 更好地拟合现实系统。建模与仿真是为了更好地了解现实系统的运行机制和运行规律,在构建模型过程中,从选取指标、构建因果关系、流图一直到方程的设计,都要力求贴近现实世界,使模型和仿真结果更好地拟合现实系统。

(3) 从宏观把握,从中观、微观入手。用系统动力学对鲜活农产品流通模式进行建模的优势是能够从中观和微观的角度来考察鲜活农产品流通模式先进程度的生成机理。但是仅仅从中观和微观的角度入手,很难从供应链全局的高度来对整个系统进行审视和建模,模型很难做到全面和有效拟合。因此,在建模时,应从宏观上把握鲜活农产品流通模式的系统结构,从中观和微观入手研究其运行机理。

8.3.2 鲜活农产品流通模式 SD 建模过程

以流通模式的先进程度为逻辑起点,以既有的认识和案例研究为主要的研究方法,进行调研、"追溯"分析和系统分析,在此基础上进行系统动力学建模。建模过程依次为鲜活农产品流通模式调研→系统分析,明确系统结构→确定变量,形成流图→涉及方程和参数→模型构建→模型检验→仿真与决策。

8.3.3 鲜活农产品流通模式 SD 建模解决的主要问题

通过鲜活农产品流通模式的系统动力学建模,试图解决以下几个问题:

探索鲜活农产品流通模式效率生成的规律与运行机理。不同的流通模式,其流通效率不同,即使同一流通模式,在不同企业的效率表现也可能不同。不同流通模式的效率表现及同一流通模式的不同表现必然有其形成和发展的原因。本书通过对鲜活农产品流通模式效率的系统动力学建模试图来探索这些问题,也是本书的核心。

企业决策或行业政策研究。企业及行业采取相应策略进行流通模式创新演进的目的在于提升鲜活农产品的流通效率,满足顾客的消费及服务需求。企业决策及行业政策的制定优化有利于鲜活农产品流通模式的创新与流通效率的提升。因此,本书试图以系统动力学为工具,以鲜活农产品流通模式效率模型为基础,以 Vensim PLE 仿真平台为实验平台,进行鲜活农产品流通模式效率仿真实验,从而优化完善鲜活农产品模式效率的策略体系。

8.3.4 鲜活农产品流通模式 SD 建模的系统分析

8.3.4.1 模型描述

无论采取何种形式的鲜活农产品流通模式，都是围绕鲜活农产品的整个产业链开展，而根据供应链理论，链上任意相邻的节点企业均为供需关系，故本章在构建鲜活农产品流通模式 SD 模型时，尝试基于需求者或用户视角（链上任两家企业之间均可划分为供应者和需求者或用户，某一子链上的供应者同时也是其上一子链的需求/顾客）的模型构建，因此，本模型的行为主体主要考虑三方：提供鲜活农产品的供应者 N，消费鲜活农产品的需求者/顾客 M，同时为供应者 N 和需求者 M 提供物流服务的流通者 L。

8.3.4.2 建模目标与边界

明确建模中的行为主体后，结合前面 3.4 节的内容中鲜活农产品流通对利润和顾客感知价值的重点关注，绘制了鲜活农产品流通服务中 SD 建模主体及其关键指标，如图 8.1 所示。

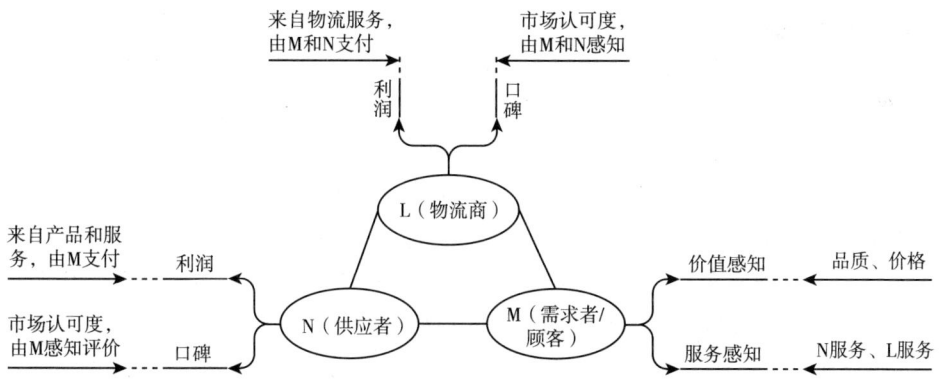

图 8.1 鲜活农产品流通模式建模主体

本章建模的目的主要如下：

（1）建模分析我国鲜活农产品流通模式效率的影响因素及其动态演化机制，根据模拟结果找出各影响因素间的运行机制，找出制约我国鲜活农产品流通模式效率提升的主要原因，提出提升策略。

（2）改变影响因素的参数比例，模拟对比不同流通模式下鲜活农产品的流通效率,从而为鲜活农产品流通模式的创新提供参考。

基于前述研究目标及研究内容,最终的建模目标为适用不同流通模式的效率机制,为便于量化分析研究,将此目标最终分解为不同流通模式下稳定供需的同时寻求(供应端)企业收益及(需求端)用户感知价值双重最大化。

为减轻系统的冗繁度,确保构建模型既精简且分析能力的有效性,综合考虑不同流通模式下供需双方及提供物流服务的物流商三者的关注重点,选取了供应端供应企业收益、需求端用户的顾客感知及物流服务提供者物流商的收益为主要变量,在根据这些主要变量依次展开,以此划分系统边界。

8.3.4.3 模型假设

为保证研究对象的针对性,本章结合研究内容及目标特征,做出以下基本假设:

假设1:鲜活农产品流通链中任一相邻两节点间均为供需关系,完整的鲜活农产品流通链是由n个"N-M-L流通子链"构成,N指代供应方,M指代需求方或顾客用户,L代表为供应方和需求方提供物流服务的物流企业。为构建适用于不同流通模式的通用SD模型,以"N-M-L流通子链"代替完整的鲜活农产品流通链,假设完整的鲜活农产品流通链效率是n个"N-M-L流通子链"流通效率的综合。

假设2:鲜活农产品流通模式系统由N端的销售子系统、M端的感知子系统和L端的物流子系统三者构成;N端销售子系统的总成本由管理成本、流通成本和产品成本三项构成;L端企业仅考虑流通成本。

假设3:"N-M-L流通子链"中,链流动对象为实体的鲜活农产品和无形的服务;无形服务主要来源两个:一个是商流中N企业的服务能力,另一个是物流中L企业的服务能力;M端关注实物鲜活农产品的品质感知和服务体验感知,L端与N端则侧重于企业利润与服务口碑。

假设4:鲜活农产品流通实证中不同的流通模式的流图虽不同,但贯穿流通的灵魂是每一级终点主体的流通效率。无论何种流通模型,其效率取决于累计利润率与顾客感知价值两个方面;而累计利润率与企业收益密不可分;顾客感知价值与累计利润率有关联,但又具独立性(与企业合作的物流商能力、产品品质、供应企业的服务能力等)。

假设5:一定时期内,"N-M-L流通子链"中M端市场需求量仅受鲜活农产品价格波动和N前端供应商供应量两者因素影响;N前端供应商的供应量则可视为"N-M-L流通子链"前一子链的需求量,为一嵌套过程,故将N前端供应商供应量视为系统边界；N 端供应的鲜活农产品的品质仅受 N 前端供应商供应品的品质限制，而 N 前端供应商所提供产品的品质为"N－M－L 流通子链"的上一子链的质量保持度结果所致，同为嵌套过程，故将 N 前端供应商供应品的质量保持度视为系统边界。

8.3.4.4 模型影响因素

根据上述假设，以效率理论及农产品流通效率等相关理论为前提，参考已有学者的研究成果，本章主要研究不同流通模式下鲜活农产品企业（流通）收益及顾客感知价值的影响作用机制。各子系统具体影响因素描述如下：

（1）N 端销售子系统影响因素：产品售价、销售额、市场认可度、总收入、总成本、利润、企业收益、企业投资、企业组织管理水平、产品品质、需求量、供应商的供应量、企业服务能力；

（2）M 端顾客感知子系统影响因素：产品品质保持度、产品性价比、"N－M－L 流通子链"中企业的服务能力感知（含 N 端企业服务能力感知和 L 端企业服务能力感知）；

（3）L 端物流子系统相关影响因素：物流需求、企业收益、利润、物流投资、企业服务能力、"N－M－L 流通子链"中流通表现（含流通模式的先进程度、流通环节与节点、组织管理能力、冷链及信息共享等技术能力表现、流通时间、流通成本、流通过程损耗、冷链物流程度）。

8.3.5 模型构建

本节根据研究内容主体及研究目标，在构建（"N－M－L 流通子链"）鲜活农产品流通模式效率因果回路图的基础上，构建鲜活农产品流通模式系统动力学通用模型。

8.3.5.1 因果回路图构建

因果回路图是系统动力学的建模基础，本节根据研究主题的特点及前面的模型假设，由此绘制了"N－M－L 流通子链"鲜活农产品流通模式效率因果回路如图 8.2 所示，其中 N 端企业的产品售价既影响 N 端销售子系统，同时影响 L 端物流子系统，且作用于 M 端顾客的性价比感知。

图 8.2 中包含主要的负反馈回路如下：

（1）（N）供应品售价→⁻（M 对 N）产品性价比→⁺顾客感知价值→⁺市场

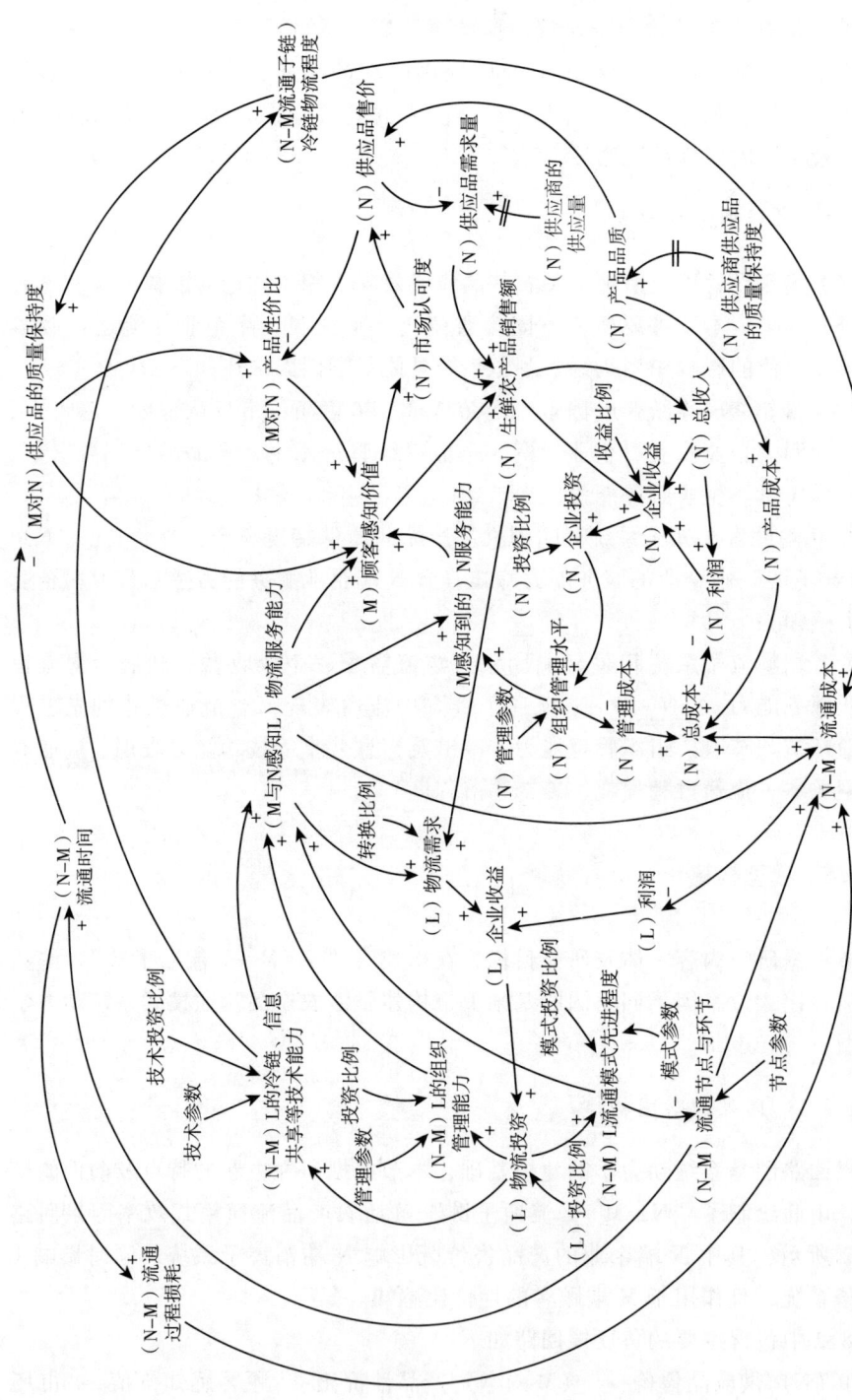

图 8.2 "N-M-L 流通子链"鲜活农产品流通模式 SD 因果回路图

"N（供应）；M（需求/顾客）；L（物流）流通子链"

第8章 鲜活农产品流通模式的系统动力学建模

认可度→⁺（N）供应品售价；本质，满足顾客需要。

(2)（N）供应品售价→⁻（N）供应品需求量→⁺（N）生鲜农产品销售额→⁺（和N合作的L）物流需求→⁺（L）企业收益→⁺（L）物流投资→⁺（M与N感知到的L企业）物流服务能力→⁺（M）顾客感知价值→⁺（N）市场认可度→⁺（N）供应品售价；M与L企业服务满足用户需求的程度。

(3)（M对N）供应品的质量保持度→⁺（M对N）产品性价比→⁺（M）顾客感知价值（M）→⁺（N）市场认可度→⁺（N）供应品售价→⁻（N）供应品需求量→⁺（N）生鲜农产品销售额→⁺（L）物流需求→⁺（L）企业收益→⁺（L）物流投资→⁺（N-M）L流通模式先进程度→⁻（N-M）流通节点与环节→⁺（N-M）流通时间→⁻（M对N）供应品的质量保持度；与N企业合作的L企业流通模式满足产品品质保持的程度。

(4)（M对N）供应品的质量保持度→⁺（M对N）产品性价比→⁺（M）顾客感知价值（M）→⁺（N）市场认可度→⁺（N）供应品售价→⁻（N）供应品需求量→⁺（N）生鲜农产品销售额→⁺（L）物流需求→⁺（L）企业收益→⁺（L）物流投资→⁺（N-M）L的冷链、信息共享等技术能力→⁺（N-M）L的冷链物流程度→⁺（M对N）供应品的质量保持度；与N企业合作的L企业的技术满足产品品质保持的程度。

(5)（M与N感知L）物流服务能力/水平→⁺（N-M）流通成本→⁻（L）利润→⁺（L）企业收益→⁺（L）物流投资→⁺（M与N感知L）物流服务能力/水平；为M和N提供物流服务的L企业的整体服务水平与流通成本之间的平衡。

(6)（N-M流通子链）冷链物流程度→⁺（N-M）流通成本→⁻（L）利润→⁺（L）企业收益→⁺（L）物流投资→⁺（N-M）L的冷链、信息共享等技术能力→⁺（N-M流通子链）冷链物流程度；为M和N提供物流服务的L企业的冷链物流程度与流通成本之间的平衡。

(7)（N）总成本→⁻（N）利润→⁺（N）企业收益→⁺（N）企业投资→⁺（N）组织管理水平→⁺（M感知到的）N服务能力→⁺（M）顾客感知价值→⁺（N）生鲜农产品销售额→⁺（L）物流需求→⁺（L）企业收益→⁺（L）物流投资→⁺（N-M）L的冷链、信息共享等技术能力→⁺（N-M流通子链）冷链物流程度→⁺（N-M）流通成本→⁺（N）总成本；供应鲜活农产品的N企业服务能力与企业成本之间的平衡。

(8)（N-M）L流通模式先进程度→⁺（M与N感知L）物流服务能力/水平→⁺（N-M）流通成本→⁻（L）利润→⁺（L）企业收益→⁺（L）物流投

资 →⁺ （N－M）L 流通模式先进程度；为 M 和 N 提供物流服务的 L 企业所选择的流通模式先进程度与 L 企业物流能力之间的平衡。

8.3.5.2　系统流图构建

通过此前分析因果回路图的构建，了解到鲜活农产品流通模式效率的三方参与主体及各自的关键关注点，无论 N 端、L 端的企业利润（或企业收益）都是依赖 M 端消费者对其所提供的产品和服务的感知，消费者的购买支付形成了整个系统流通链的需求，据此，根据研究目标及前面的分析，为进行下一步的仿真分析，本章以 N 端鲜活农产品的销售额、N 端企业服务能力/水平、L 端企业物流服务能力/水平、N 端企业利润、L 端企业利润、M 端顾客性价比感知和 M 端顾客产品品质保持度为水平变量，以顾客感知价值、产品售价、物流需求、流通模式先进程度等为辅助变量，模拟不同流通模式下鲜活农产品参与主体的利润、服务及顾客感知变化。本章利用 Venism－PLE 构建了"N－M－L 流通子链"鲜活农产品流通模式效率评价系统动力学流图，如图 8.3 所示。

8.3.5.3　主要变量设定及说明

基于已分析构建的鲜活农产品流通模式系统结构及其流图，对其所涉及的具体变量进行划分及解析，为后续的仿真模拟奠定基础。本章涉及的具体变量设定如表 8.1 所示（N、M、L 分别代表鲜活农产品供应端/商、鲜活农产品顾客/消费者、鲜活农产品物流服务商）。

表 8.1　　　　　　　　主要变量设计及说明

参数	类型	说明
NAPS：鲜活农产品销售额	状态变量	N 端企业鲜活农产品销售总额
NES：N 端企业服务水平/能力	状态变量	M 端顾客感知到的 N 端企业服务水平/能力；无量纲，使用标度
LES：L 端企业服务水平/能力	状态变量	N 端和 M 端顾客感知到提供物流服务的 L 端企业服务水平/能力；无量纲，使用标度
NEP：N 端企业利润	状态变量	N 端企业销售鲜活农产品取得的利润
LEP：L 端企业利润	状态变量	L 端企业提供鲜活农产品物流服务取得的利润
MPP：鲜活农产品性价比	状态变量	M 端顾客感知到的 N 供应的鲜活农产品性价比；无量纲，使用标度
MPQ：鲜活农产品终端质量保持度	状态变量	M 端顾客感知到的 N 供应的鲜活农产品品质保持程度（%）

第8章 鲜活农产品流通模式的系统动力学建模

续表

参数	类型	说明
LSR：L 企业服务变化率	速率变量	L 端企业服务变化情况，正表征比上期服务提升（%）
NSR：N 企业服务变化率	速率变量	N 端企业服务变化情况，正表征比上期服务提升（%）
NASR：销售额变化率	速率变量	N 端企业销售额变化情况
MPPR：产品性价比变化率	速率变量	M 端对 N 端供应的鲜活农产品产品性价比变化情况
MPQR：供应品品质变化率	速率变量	M 端顾客感知到的鲜活农产品品质变化情况
NTC：N 企业总成本	速率变量	N 端企业鲜活农产品销售总成本
NTR：N 企业总收入	速率变量	N 端企业鲜活农产品销售总收入
LTC：L 企业总成本	速率变量	L 端企业鲜活农产品物流总成本
LTR：L 企业总收入	速率变量	L 端企业鲜活农产品物流总收入
NRQ：鲜活农产品需求量	辅助变量	M 端顾客对 N 企业鲜活农产品的需求量
NPP：N 企业的市场认可度	辅助变量	N 企业最终获得的市场认可度
NP：供应品的售价	辅助变量	N 企业鲜活农产品的售价
MGZ：M 端顾客感知	辅助变量	M 端顾客对"N-M-L 流通子链"系统的感知价值
LOM：L 组织管理能力	辅助变量	L 在"N-M-L 流通子链"中的组织管理能力
LCLT：L 冷链、信息共享等技术能力	辅助变量	L 在"N-M-L 流通子链"中的冷链、信息等技术能力
LCL：L 端冷链物流程度	辅助变量	L 端企业在流通子链中的冷链物流程度
LSCM：L 端流通模式	辅助变量	L 端企业在流通子链中流通模式先进程度
LLT：流通时间	辅助变量	L 企业在"N-M-L 流通子链"中的流通时间
NOM：N 组织管理水平	辅助变量	N 在"N-M-L 流通子链"中的组织管理水平
NAPQ：N 端产品品质	辅助变量	N 端供应品的产品品质
LEI：L 企业投资	辅助变量	L 企业提供物流服务进行的投资
NEI：N 企业投资	辅助变量	N 企业提供供应销售服务进行的投资
NER：N 企业收益	辅助变量	N 企业供应销售鲜活农产品的收益
LER：L 企业收益	辅助变量	L 企业提供物流服务的收益
LR：L 企业物流需求	辅助变量	"N-M-L 流通子链"中 L 端企业的物流需求
AC：产品成本	辅助变量	N 企业供应的鲜活农产品产品成本
NMC：管理成本	辅助变量	N 企业在"N-M-L 流通子链"中的管理成本
SLC：流通成本	辅助变量	L 企业在"N-M-L 流通子链"中的系统流通成本

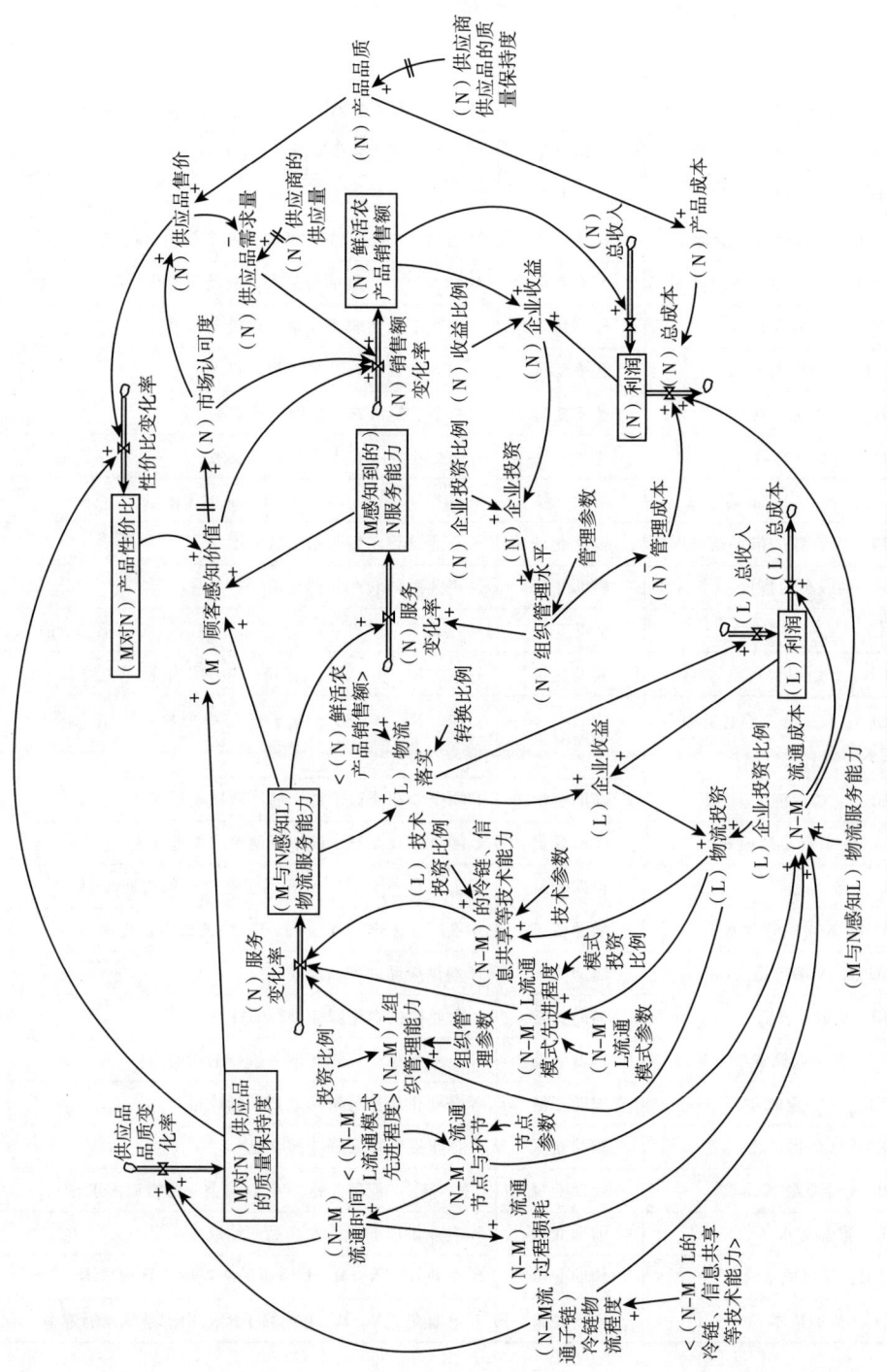

图 8.3 "N-M-L 流通子链"鲜活农产品流通模式 SD 模型流图

第8章 鲜活农产品流通模式的系统动力学建模

8.3.5.4 部分方程设计

（1）存量方程设计。

$$NAPS.K = NAPS.J + NASR.JK \times DT \qquad (8.5)$$
$$NES.K = NES.J + NSR.JK \times DT \qquad (8.6)$$
$$LES.K = LES.J + LSR.JK \times DT \qquad (8.7)$$
$$NEP.K = NEP.J + (NTR.JK - NTC.JK) \times DT \qquad (8.8)$$
$$LEP.K = LEP.J + (LTR.JK - LTC.JK) \times DT \qquad (8.9)$$
$$MPP.K = MPP.J + MPPR.JK \times DT \qquad (8.10)$$
$$MPQ.K = MPQ.J + MPQR.JK \times DT \qquad (8.11)$$

（2）速率方程设计。

$$LSR.KL = LOM.K + LCLT.K + LSCM.K \qquad (8.12)$$
$$NSR.KL = LES.K + NOM.K \qquad (8.13)$$
$$NASR.KL = NRQ.K \times NPP.K \times MGZ.K \qquad (8.14)$$
$$MPPR.KL = MPQ.K/NP.K \qquad (8.15)$$
$$MPQR.KL = LCL.K/LLT.K \qquad (8.16)$$
$$NTC.KL = AC.K + NMC.K + SLC.K \qquad (8.17)$$
$$NTR.KL = NAPS.K \qquad (8.18)$$
$$LTC.KL = SLC.K \qquad (8.19)$$
$$LTR.KL = LR.K \qquad (8.20)$$

（3）部分辅助变量方程设计。

$$NER.K = NAPS.K \times N\text{企业收益比例} + NEP.K \qquad (8.21)$$
$$LER.K = LEP.K + LR.K \times \text{单位物流价格} \qquad (8.22)$$
$$MGZ.K = \text{线性加权和}（NES.K，LES.K，MPP.K，MPQ.K） \qquad (8.23)$$
$$(N)\text{企业投资比例} = \text{表函数} \qquad (8.24)$$
$$(L)\text{流通模式投资比例} = \text{表函数} \qquad (8.25)$$
$$(L)\text{流通模式参数} = \text{表函数} \qquad (8.26)$$

辅助变量相关方程的设计，具体可根据案例企业的实际情况进行调整优化，以更契合企业实际。

8.3.5.5 参数设计

系统动力学仿真不仅需要反映系统内部各要素联系的因果图，还需要使用流图对模型开展定量分析。定量分析及仿真中所需参数可通过已知历史数据、回归拟合或夹逼等方法估计参数及软件自带函数等途径确定。在本模型中，状态变量中的企业服务能力、产品性价比及质量保持程度等使用无量纲的数值标度表征（如十标度），销售额及售价等使用历史数据，市场认可度、顾客感知价值及流通模式先进程度在 [0，1] 之间取值。故在政策仿真时，可针对流通模式的选择、流通中冷链程度和信息技术及服务等策略效果进行模拟。

本模型因尝试以通用模型评价企业或系统采用不同流通模式的流通效率或采用同一模式但不同细节参数下的效率对比，因此通用模型的构建是本章的研究重点及导向。基于此，通用模型中各变量及参数的量纲设定需要依据具体的案例进行适用化调整选择，如选取的案例数据按历史年度开展研究，则对销售额单位可选取百万元，若以月度数据进行，则可拟订万元为单元。

8.4 本章小结

系统动力学是研究动态复杂系统的有效理论和方法，鲜活农产品流通作为农产品供应链的子系统是动态复杂系统，利用系统动力学对鲜活农产品流通模式效率进行建模和仿真，研究其内部机理，是可行、有效的方法。

本章在对鲜活农产品流通主体、流通模式效率目标进行系统分析的基础上，构建了鲜活农产品流通模式系统动力学通用模型。所构建的鲜活农产品流通模式系统动力学模型，充分考虑系统各要素的特性及相互关系，对各要素及其关系进行了较详细的界定和描述，尝试以通用模型评价企业或系统采用不同流通模式的流通效率，或采用同一模式但不同组织管理细节下的效率分析，为企业及行业的实践研究提供参考。因资料搜集难度及时间所限，基于该模型的案例仿真及政策研究的详细内容将是后续研究的重点。

第9章

加强鲜活农产品流通模式创新的对策建议

加强鲜活农产品流通模式的创新，既能优化鲜活农产品流通，降低鲜活农产品的流通成本，又能保证鲜活农产品的流通安全和提升流通效率。前面在对"互联网+"鲜活农产品流通模式进行详细研究的基础上，提出了基于"互联网+"鲜活农产品流通模式的创新的逻辑模型、个性化定制营销模式、线上线下一体化商业模式及地产地销流通模式，这些模式的研究对降低鲜活农产品流通成本及提升鲜活农产品流通效率提供了丰富的理论及实践成果，因鲜活农产品流通中自身的产品特征及流通属性特征，使无论传统或现代鲜活农产品流通模式的持续创新均离不开来自宏微观层面的政策支持及辅助对策保障。

根据前面所述的我国鲜活农产品流通现状及模式研究，针对我国鲜活农产品流通模式及其创新中存在的诸多问题，因解决对策主要影响因素涉及国家政策、科技发展与应用、消费者需求等多个层面，故从不同的视角出发，可提出众多的解决策略，如基于技术层面、服务层面或监管层面的措施分析，或基于流通经营主体、流通渠道或流通体制等层面的措施分析。无论始于何出发点的对策分析，多互有交叉或殊途同归，故本章考虑基于宏微观角度的政府、产业行业及企业视角的策略分析。

9.1 政府层面相关对策建议

民以食为天，为保障国民的基本生活所需，农产品的生产及流通向来是我国政府关注的重点，因而针对农产品及鲜活农产品的产销及流通各级政府部门出台了若干政策予以支持，并制定了一系列绿色通道政策（姜长云和洪群联，2013；

本刊综合，2019；曲衍国，2006)$^{[274-276]}$。

根据前面的研究结论，基于宏观政府视角，本书提出由政府主导的交易方式创新、管理创新和流通体制制度建设创新的策略。

9.1.1 交易方式创新

鼓励并培育多样化的交易方式并存局面。目前我国鲜活农产品流通过程中的交易以传统的对手交易方式为主，该种交易方式依赖于传统的以批发商为主的流通模式，耗时耗力费资金，根据前面分析，随着消费者需求行为模式的改变及社会科技信息的进步，传统的交易及流通模式的占比在今后将逐步缩减，故政府应鼓励并支持多种交易方式并存有序发展竞争的局面，除传统的对手交易方式外，还存在拍卖交易方式、远程交易方式、远期交易、期货交易方式、电商平台方式等多种方式$^{[277]}$。多样化交易方式的发展，既需要政府的有力引导，且适应于这些方式的交易场所及平台、中心的建设，也需要政府的资金、土地及专家、政策等保障。

9.1.2 管理创新

以政府为主导的管理创新，涉及鲜活农产品营销网络和服务体系创新、组织创新和监管创新等。

营销网络和服务体系创新可采取的策略主要有：合理规划布局，构建覆盖区域内外的农产品营销信息服务系统（王玉霞，2017；张诏轩，2018)$^{[278-279]}$，开发农产品网上营销促销服务、特色农产品网上展销、休闲农业等电子商务应用系统；支持农业龙头企业、农民专业合作组织、农业生产经营大户等社会力量建立电子商务网站、开设网上直销店等；联合高校、专业研究机构、农业科技部门及人才等多渠道理论和实业界人员，合力打造鲜活农产品区域品牌，严控产品质量，讲好品牌故事，积极并定期开展主题方式的农产品展销会、拍卖展等，以帮助企业及行业持续完善品牌形象、巩固品牌价值；可规范批发市场经营管理办法，加强专业人员的培养及其技能技术的强化培训；鼓励民间资本进入鲜活农产品流通领域，鼓励金融、信息、商务等服务业与鲜活农产品流通产业的融合发展，探索设立政府主导的鲜活农产品流通产业发展基金及支农资金、加大绿色补贴力度并强化其在不同地区及不同生产者间的公平性（姜长云和洪群联，2013；张诏轩，2018)$^{[274-279]}$；基于全产业链视角对鲜活农产品流通的相关从业人员实

第9章 加强鲜活农产品流通模式创新的对策建议

行降税减税等税收优惠政策,从而降低鲜活农产品流通的税费负担,促进鲜活农产品的流通,逐步形成产销层面短链化、规模化、一体化与终端销售科技化、超市化和去中心化等局面(张诏轩,2018)[279];因政府的交通管制既在一定程度上限制了鲜活农产品的冷链配送比例,降低了净菜上市比率,又额外增加了仓储占地及道路运输负荷,故考虑采取柔性化、灵活的交通管制,为鲜活农产品的"最先一公里"与"最后一公里"流通创造便利条件。

组织创新主要举措:培育壮大流通企业;重视流通领域的科技管理人才和创业活动;协助鲜活农产品流通组织机构革新,如改分散生产组织为规模化生产组织,优化鲜活农产品市场流通布局,重点支持鲜活农产品批发市场加快功能转型;积极开展鲜活农产品流通产业的安全审查机制建设和相关试点、试验和示范活动;大力发展冷链物流,协助构建冷链物流体系,并给予金融、财税等补贴政策,通过冷链物流渠道的革新实现鲜活农产品流通模式的创新(王红莉和贾晋,2019)[280]。

监管创新策略:强化信息采集检测,加强农产品市场检测预警体系建设,稳定均衡供给;构建并持续健全鲜活农产品安全追溯机制及现货农产品流通安全监管体系建设,在全面统筹鲜活农产品安全事件的基础上,健全鲜活农产品质量安全追溯制度;借鉴国际先进经验,构建本土化的鲜活农产品"安全监管"模式:如成立或组织一独立的、职能权限明确的标准机构以专门负责监管鲜活农产品,依靠先进的互联网信息化技术对鲜活农产品的供产销、包装、加工配送等流通环节予以全方位全天候监测,以确保流通中的鲜活农产品的品质标准要求(张诏轩,2018)[280]。

9.1.3 流通体制制度创新

以政府为主导的流通体制制度创新,涉及健全鲜活农产品流通设施建设、创新农产品流通方式、加强流通秩序建设和完善流通市场调控等。

健全鲜活农产品流通设施建设:支持流通设施的建设,提高鲜活农产品流通所需的基础设施、服务体系及结构布局等,规范鲜活农产品批发市场建设;进一步加大基础设施建设所需的资金投入与税收政策优惠等,保障基础设施的建设;结构布局方面,应结合各地区域交通状况、鲜活农产品产销现状,合理规划和布局(周佳,2019)[281]。

支持引导鲜活农产品流通方式创新,依赖专业人才、科技进步、组织变革、消费新导向等深化创新流通模式革新。充分利用现代信息技术手段、扶持龙头企业等方式，发展农产品电子商务等现代交易方式，鼓励发展电子商务，创新网络销售、平台销售、全渠道新零售等交易方式的同时，进一步推进农批对接、农超对接等多种新型农产品流通方式，从而实现依靠流通模式的创新推动鲜活农产品流通业的产销结合。

强化鲜活农产品流通秩序的建设与规范流通行为，如加强流通准入管理，形成覆盖准入、监管、退出的全程管理机制，加大流通领域商品质量监督检查力度，改进监管手段和检验检测技术条件，加强网络商品交易的监督管理；规范零售商、供应商交易行为，建立平等和谐的零供关系，推进强化涵盖鲜活农产品生产、加工和流通企业等经营主体的流通诚信体系及监控制度建设。

完善流通市场调控的主要举措有：制订完善流通网络规划、加大流通业用地支持力度、完善财政金融支持政策、减轻流通产业税收负担、降低流通环节费用等支持政策；统筹制订农产品流通规划和政策，突出加强对重点领域、重点行业和薄弱环节的支持；统筹农产品集散地、销地、产地批发市场建设，构建农产品产销一体化流通链条，积极推广农超对接、农校对接以及农产品展销中心、直销店等产销衔接方式，流动售卖车等的探索使用；基于供应链视角的鲜活农产品流通市场完善调控，如产销层面借鉴美国"零供对接"和"食品短链"模式等举措合理调控以节省流通时间提升流通效率，生产及销售层面开展规模化调控，生产端培育家庭农场等，销售端与大型商超、卖场批发市场等紧密连接，实现供产销互联网信息技术化、终端销售科技化及去中心化，在稳定产销关系的基础上，避免无效与盲目生产，降低流通成本，提升流通效率。

9.2 行业产业层面相关对策建议

基于中观的行业与产业视角，提出由行业与产业引导的流通主体培育及组织化、产业生态链及价值链创新的策略。

9.2.1 流通主体的培育及组织化策略

流通行业需要在强化各类流通主体培育的基础上，促进各主体向规模化、组织化和一体化发展，可以开展的举措主要有：扩大、合并与联合各流通主体；提高各流通主体的信息化水平，如通过广播电视、互联网、社交APP等途径和手

第9章 加强鲜活农产品流通模式创新的对策建议

段,建立鲜活农产品信息服务体系,并建立健全鲜活农产品信息功能系统,实现鲜活农产品价格走势、供需情况及国家政策变动等信息的跟踪,以此推动鲜活农产品全渠道的建设及供需调节,强化流通主体之间的协作性;借鉴发达国家鲜活农产品流通主体间的规模化特征,实现鲜活农产品流通渠道模式序列的高度组织化与程序化,帮助流通主体的竞争话语权与效益保障;开展产品产地标签及身份认证、流通领域中产品分级、包装、运输等标识等活动,构建流通主体间的产销标准化,提升流通主体间的组织化水平;依赖基建投资建设、冷链技术及信息共享系统平台支撑等,保障流通主体间的信息对称化和透明化,提升流通主体的服务水平。

9.2.2 流通产业生态链及价值链创新

协助引导完善鲜活农产品流通产业的生态链及价值链重塑,提升整个流通行业的价值及服务水平。

进行流通业生态链及价值链革新的手段较多,如冷链物流的发展、鲜活农产品流通标准化及产品质保技术革新等。无论借助何手段,思维意识的变革及技术层面的突破创新均起重要作用。关于思维意识的变革可带来价值链及产业链的重塑,在前面第2章的理论研究综述中已有鲜明的印证,而在技术层面的突破创新中,主要举措有:学习发达国家的先进技术,如学习德国鲜活农产品流通相关的机制建设经验和冷链保鲜物流技术的研发应用,借鉴德国"冷链物流"模式,将物联网技术与鲜活农产品物流进行多方位深度融合;如通过物联网技术实现并保障反季鲜活农产品市场流通的安全性,通过精深加工技术及制冷设备技术实现并保障鲜活农产品的价值增值。

9.3 企业层面相关对策建议

基于微观视角的企业,因其是鲜活农产品流通行为及其变革的主要实施者,故主要侧重于产品导向的价值保值增值创新、企业为主体的物流渠道模式创新、企业技术环境深化融合及服务的创新突破等。

9.3.1 以产品导向的价值保值增值创新策略

无论生产企业还是流通销售企业,都必须将产品放在首位,必须明确所有价值创造及活动都是以鲜活农产品自身品质为主导的。故在企业进行鲜活农产品供应、流通、加工、销售等过程中，必须关注产品自身价值的保值与增值，在此基础上，塑造品牌并提炼提升品牌价值。

以产品为导向的价值保值增值策略，要求关注鲜活农产品全产业链的各环节革新：如供应阶段企业开展标准化及透明化生产策略，结合智慧农业及"互联网+"农业的技术及思想，实现鲜活农产品生产规模化、信息化和专业化的同时，提高其供产销一体化水平，从选材、生产、销售标准化程度，从源头保证产品质量安全，鲜活农产品信息公开化透明化（产地信息透明化、生产环节公开化、基于物联网的种植、选材、生产管理销售的实时监控与记录），重视源头产品检测与质量检查及其及时纠正，加大检测力度等；如销售流通过程中，涉及企业及流通过程应进行身份认证，实施全面的产地证明、合格证明、登记证明等制度，并探索完善鲜活农产品的精加工、细加工与深加工等，提升鲜活农产品的价值含量（王伟，2018；韦汝虹和方达，2018）[282-283]。

以产品为导向的价值保值增值策略，还需要企业完善品牌及营销渠道予以保障（韦汝虹和方达，2018）[283]。企业应在其鲜活农产品品牌价值的塑造、品牌情感及营销渠道及网络体系的服务完善上进行突破创新。

9.3.2　企业为主体的物流渠道模式创新

无论是自营还是外包，企业都是鲜活农产品物流的主要行为者，企业的物流渠道模式创新，重点体现在企业的冷链物流渠道建设及完善层面上。

冷链物流是鲜活农产品进城的"大动脉"，冷链物流能力的薄弱与市场不断增长的需求，成为制约消费增长的一大突出矛盾（贾楠，2019）[284]。鲜活农产品进城的"最先一公里"与"最后一公里"，均需要这些自营或外包的企业积极发展产地冷冻运输、冷库仓储和定制配送等冷链物流，完善鲜活农产品直供直销体系，补齐冷链配送短板。

参与鲜活农产品流通的企业，应借助科学技术与先进成果，实时关注行业动态与发展趋势，积极探索构建既适应企业自身，又可有效提升整个链条流通效率的物流渠道，助力鲜活农产品新鲜出村卖好价，实现城市居民的高质量消费需求与农民的丰产丰收双赢局面。

物流渠道模式的创新，还可依赖于衔接流通的上下游环节的革新，如企业依赖产品需求社区化思想发展社区支持农业模式并构建完善社区需求生态圈，以此创新适应于该模式的鲜活农产品物流模式。

第9章　加强鲜活农产品流通模式创新的对策建议

9.3.3　技术环境深化融合及服务的创新策略

不同规模的企业根据自身特点及发展战略,选择合适的生产、流通方式及技术等不断改善,如大型企业在生产端实行规模化与机械化生产,在流通环节引入物联网及相关识别技术实现流通信息透明化,在销售端实行超市化等,中小型企业或农户则可寻求特色化、绿色化、沉浸式消费体验的发展路径;开展用户行为及消费模式影响分析,引导消费者对高品质鲜活农产品的需求,系统梳理自身上下游环节与流程,探索与现代化信息技术、移动互联网技术及优化技术等的融合,实时调整企业的供应链以实现持续改善(高恺和孙婧,2019)[285];依托微信平台、社交电商、内容电商等平台探索发展以移动互联网等新零售渠道的鲜活农产品流通模式及营销渠道等(赵艳丽,2019)[286]。

另外,企业还应在各环节进行技术创新突破,如前置仓技术的再创新、SKU指标的提升、冷链技术的再突破、仓储加工技术的精细化发展、基于全渠道零售的流通模式整合及技术变革、短链技术的广泛应用等,不断优化鲜活农产品供给侧改革,优化用户体验(高恺和孙婧,2019)[285]。

9.4　本章小结

本章分别基于宏观的政府视角、中观的行业产业视角及微观的企业视角,对鲜活农产品流通模式创新的强化对策进行了分析,提出政府应主要在交易方式、管理及流通体制制度等方面进行创新的观点及相应对策、行业产业则应重点关注流通主体培育及组织化创新与流通产业链及生态链的创新、企业的策略创新重点则应聚焦于以产品为导向的价值保值增值、物流渠道模式和技术环境深化融合及服务三个方面。

第10章

研究结论、创新点与展望

10.1 研究结论

本书以鲜活农产品行业为研究对象,在文献综述、搭建基础理论、分析鲜活农产品流通现状的基础上,首先,对基于"互联网+"的鲜活农产品流通模式进行总体设计。其次,基于"互联网+"对鲜活农产品流通的C2B模式和O2O模式分别进行具体的模式设计,对C2B的6个子模式、O2O的5个子模式分别进行详细的设计,并分别进行了案例研究。再次,构建鲜活农产品流通模式系统动力学模型,试图对各种鲜活农产品流通模式进行效率评价,从而比较不同模式之间的优劣。最后,给出加强鲜活农产品流通模式创新的对策。

10.1.1 基础性研究的相关结论

(1) 创新农产品流通模式,提高农产品流通效率是破解当前"三农"问题难题、解决"卖难买贵""菜贱伤农""菜贵伤民"问题的核心途径,也是实施乡村振兴战略、推动城乡融合发展、实现农业现代化、突破"三农"问题的基础性手段。基于"互联网+"创新鲜活农产品流通模式契合了当前互联网时代的环境特征,适应了农民、消费者、流通企业等相关利益者在互联网时代的经营特征和消费特征。

(2) 本书聚焦于鲜活农产品行业的中观层面和各个流通主体的微观层面,关注的焦点是包括流通渠道模式和流通主体运营模式为主要内容的流通模式的创新。通过文献综述发现,本书的角度和研究内容具有一定的独创性,在一定程度

第10章 研究结论、创新点与展望

上充实了学术界和商界在该领域的研究。

（3）鲜活农产品流通是以不断的商业交换方式将鲜活农产品生产、收购、运输、储存、商品化处理（分级与包装）、配送、分销、信息处理、市场反馈等功能有机结合、优化管理从而实现价值增值的一般化范式，包括流通模式和流通主体的经营模式。

（4）传统的鲜活农产品流通渠道的总体逻辑模型，表现为生产要素供应市场—生产者—中间商—消费者市场的流通链条，包含物的流动、价值的流动、资金的流动、信息的流动。流通的逻辑起点是生产要素市场提供的生产要素的数量与质量水平，逻辑终点是消费者对鲜活农产品的满意度。传统的流通渠道模式包括：以批发市场为核心的流通渠道模式，以农贸市场为核心的流通渠道模式，以连锁超市为核心的流通渠道模式，以及其他的流通渠道模式。传统的以批发市场为核心和以农贸市场为核心的鲜活农产品流通渠道占绝对优势，占70%；以连锁超市为核心的鲜活农产品流通渠道占22%，电商渠道占5%，其他渠道占3%。

（5）鲜活农产品流通主体的经营模式的核心是利润生成模式，由营销模式和成本控制模式两个维度组成。营销模式的核心是收益生成模式，影响因素包括销量与定价、产品结构与研发、服务、整合营销渠道、整合营销传播、目标顾客与定位、内部管理等方面。成本控制模式的核心是成本形成模式，由固定成本模式和变动成本模式组成。

10.1.2 传统鲜活农产品流通模式方面的研究结论

（1）传统鲜活农产品流通模式存在以下问题：主流的流通渠道模式节点和环节过多；流通渠道沟通不顺畅，信息传递迟缓；冷链普及率极低，很难实现鲜活农产品真正的安全、新鲜和营养；信息化对鲜活农产品流通渠道的贡献率很低，信息化对解决鲜活农产品的核心问题的作用不明显；各流通主体操作环节有待规范，专业人才缺乏。这些问题导致的直接结果是：鲜活农产品流通过程中消耗率居高不下，流通成本很难控制，质量保持程度（鲜活程度）很难达到较高水平，价格的成本加成率居高不下，消费者对其满意程度参差不齐。传统的流通渠道模式的问题存在以下因果逻辑：其问题的核心是鲜活农产品的流通效率，鲜活农产品流通效率从顾客感知价值和流通利润率两个方面来审视。顾客感知价值取决于质量保持程度对消费者的满足感、流通时间及销售价格，流通利润率取决于销售价格和流通成本。质量保持度、流通时间、销售价格、流通成本都取决于流通过程中的各个环节的不同因素,也就是说,传统的鲜活农产品流通模式低下是由流通过程中诸多问题共同作用的结果。要从根本上解决传统鲜活农产品流通模式的流通效率问题,就要从系统的角度来审视和寻找突破,而不是"头疼医头,脚疼医脚"。

(2) 互联网时代鲜活农产品消费呈现以下特征:网民总量、结构与电子商务环境是影响互联网时代鲜活农产品消费的主要力量;新群体崛起、新消费变化、新渠道融合使消费者呈现与过去不一样的鲜活农产品的消费偏好;互联网背景下鲜活农产品的消费者成为新消费升级下的典型群体;互联网背景下对鲜活农产品的消费观念正在发生变化;鲜活农产品的高频次消费特征决定了其多渠道融合。

(3) 环境有利于我国鲜活农产品流通行业的快速发展。政策大力引导和扶持鲜活农产品行业发展;稳中有升的经济态势有利于鲜活农产品行业发展;技术进步推动鲜活农产品流通方式变革;消费者升级对鲜活农产品流通既是机会又是挑战;新零售成为鲜活农产品流通的重要推动力量;鲜活农产品消费呈上升态势;冷链物流的快速发展推动了鲜活农产品流通的标准化水平。

(4) 我国鲜活农产品流通行业的现状表现在以下几个方面:我国鲜活农产品交易额连年稳步增长;越来越多的企业进入鲜活农产品行业;鲜活农产品电商成为鲜活农产品流通的重要力量,资本看好鲜活农产品电商行业,投资金额和投资笔数呈逐年上升态势,并逐步趋向理性。

(5) 日本、韩国、欧盟、美国的鲜活农产品流通模式各有特色,是适应当地经济、产业和文化的产物,我们借鉴和吸收它们流通模式的精髓来探索符合中国国情的鲜活农产品流通模式。

10.1.3 基于"互联网+"的鲜活农产品流通模式创新方面的研究结论

(1) 基于"互联网+"的鲜活农产品流通模式创新是在充分考虑互联网背景下消费者消费习惯和消费特征基础上,将互联网技术与互联网思维与鲜活农产品流通模式深入融合,实现鲜活农产品流通模式的深度变革,从而大幅度提升流通效率,实现顾客感知价值与流通利润率的双赢。流通模式创新包括两个方面:第一,传统的鲜活农产品流通模式的互联网化;第二,互联网技术与思维与鲜活农产品流通相融合背景下所产品的新模式。

(2) 基于"互联网+"的鲜活农产品流通的本质就是用互联网思维和互联网技术重新审视和设计鲜活农产品流通过程的各个节点和各个环节,解决现有鲜

第10章 研究结论、创新点与展望

活农产品流通渠道模式中存在的环节多、链条长、成本高、时间长、生产者消费者都不满意等问题,降低鲜活农产品流通成本,提高鲜活农产品安全、新鲜和营养水平,提高流通效率,让生产者更受益,让消费者更满意。基于"互联网+"的鲜活农产品流通模式的总体逻辑模型,是将互联网思维和互联网技术与鲜活农产品流通渠道深度融合的基本逻辑。在这个模型中,互联网思维、技术与鲜活农产品流通模式的融合包含两个层面:一是互联网思维、技术与鲜活农产品流通渠道模式的融合;二是互联网思维、技术与鲜活农产品流通主体经营模式的融合。

(3)传统的主流鲜活农产品流通模式互联网化的逻辑模型。该逻辑模型是对三大类传统的主流鲜活农产品模式互联网化后的普遍化拟合的逻辑模型,包括两个方面:第一,构建一个系统化的鲜活农产品综合信息系统,各节点(生产要素市场中各供应商、各生产者、各一级中间商市场中的经销商……各N级中间商市场的经销商、各消费者)及各节点之间流动的数据和信息都通过这个综合信息平台用可视化的方式存储和展现,为各节点提供信息服务及决策支持,从而解决当前流通过程中存在的诸多问题。第二,鲜活农产品流通综合信息平台包括四个子系统:需求供给预测与市场化统筹子系统,集成化(线下、B2B、B2C、C2C、C2B、O2O)综合交易子系统,信息反馈、数据挖掘分析及决策支持子系统,鲜活农产品质量安全追溯子系统(本书详细论证与设计了鲜活农产品流通综合信息平台的四个子系统)。

(4)基于"互联网+"创新鲜活农产品流通模式包括:以企业为核心的基于"互联网+"的鲜活农产品流通C2B模式,以企业为核心的基于"互联网+"的鲜活农产品流通O2O模式。这两种模式正在和即将引领未来发展方向。

(5)基于"互联网+"的鲜活农产品流通C2B模式是在考虑鲜活农产品特点和消费特征,力图解决行业"痛点"及流通环节的核心问题,吸取当前鲜活农产品电商各模式的经验和教训,借鉴各类产品C2B模式的基本思想和基本经验的基础上,融入互联网思维和互联网技术而设计出来的。该模式的逻辑起点是消费者的个性化需求,落脚点是满足消费者的个体化需求,从而形成"需求—供给"链条的闭环。消费者可以根据自己的个性化需求来确定订单,而生产者需要评估消费者甚至对消费者个性化需求快速反应而实现鲜活农产品的柔性生产。该模式分为以下类别:C2B个性化定制模式,C2B会员定制模式,C2B社群(圈子)定制模式,C2B餐饮定制模式,C2B大规模定制模式,C2B综合性定制模式(本书详细论证和设计了六种基于"互联网+"的鲜活农产品C2B模式,对每一种模式做了案例分析)。

(6)构建基于"互联网+"的鲜活农产品流通O2O模式的基本思想是:在

充分考虑鲜活农产品特点和消费特征,解决鲜活农产品行业的"痛点"及流通环节的核心问题,充分吸取当前鲜活农产品电商各模式的经验和教训,借鉴各类产品O2O模式的基本思想和基本经验的基础上,融入互联网思维和互联网技术,设计出基于"互联网+"的鲜活农产品流通O2O模式。该模式以消费者需求为导向和逻辑起点,以满足消费者需求为目标和逻辑终点,通过将线上和线下融合实现线上和线下的互补和效率最优。该模式分为以下类别:地产地销+O2O模式、超市业态+O2O模式、平台合作式O2O模式、社区+O2O模式。其中,社区+O2O模式又分为三类:前置仓式社区O2O模式、家店一体化O2O模式、自提柜式O2O模式(本书详细论证和设计了五种基于"互联网+"的鲜活农产品流通O2O模式,并对每种模式进行了案例分析)。

10.1.4 鲜活农产品流通模式系统动力学建模方面的研究结论

(1)系统动力学是系统分析和政策研究工具,被称为"政策实验室"。用系统动力学对鲜活农产品流通系统进行系统分析并对流通效率进行评价,是可行的,也是有效的手段。

(2)通过鲜活农产品流通模式系统动力学建模来分析我国鲜活农产品流通模式效率的影响因素及其动态演化机制,根据模拟结果找出各影响因素间的运行机制,找出制约我国鲜活农产品流通模式效率提升的主要原因,提出提升策略;同时,改变影响因素的参数比例,模拟对比不同流通模式下鲜活农产品的流通效率,从而为鲜活农产品流通模式创新提供参考。

(3)对鲜活农产品流通主体、流通模式效率目标进行系统分析的基础上,构建了鲜活农产品流通模式效率评价的系统动力学通用模型。所构建的鲜活农产品流通模式系统动力学模型,充分考虑系统各要素的特性及相互关系,对各要素及其关系进行了较详细的界定和描述,尝试以通用模型评价企业或系统采用不同流通模式的流通效率,或采用同一模式但不同组织管理细节下的效率分析,为企业及行业的实践研究提供参考。

10.1.5 关于策性建议方面的研究结论

(1)政府层面,各级政府应加大对鲜活农产品流通体系建设的扶持力度,通过交易方式创新、管理创新和流通体制机制创新来推动鲜活农产品流通模式、体系创新,从而解决在鲜活农产品流通中难以解决的"痛点"问题。

第10章 研究结论、创新点与展望

（2）行业层面，通过培育流通主体的流通技术、管理水平和组织化程度，以及通过实践流通产业生态链及价值链创新来推动鲜活农产品流通行业的优化升级。

（3）流通企业层面，要以产品为导向强化价值保值增值创新的战略谋划与策略执行，要强化以流通企业为主体的物流渠道模式的优化与创新，要通过引进、融入和研发新的技术来融入鲜活农产品流通的渠道创新、管理创新和服务创新上来。通过解决行业的"痛点"问题来获得更多利润。

10.2 研究创新点

（1）从微观层面研究基于"互联网+"的鲜活农产品流通模式创新问题。这在研究角度上是创新的。

（2）重新梳理、界定和辨析了与本书相关的基础理论，包括鲜活农产品流通体系、鲜活农产品市场体系、鲜活农产品流通模式、互联网思维等。

（3）提出了基于"互联网+"的鲜活农产品流通模式创新的基本理论及理论框架，对基于"互联网+"的鲜活农产品流通模式创新进行了总体设计。

（4）对传统主流鲜活农产品流通模式的互联网化进行了总体设计，并详细论证和设计了四种子系统。

（5）对基于"互联网+"的鲜活农产品流通C2B模式及O2O模式分别进行的总体设计，对各自的子模式进行了论证和设计。

（6）基于系统动力学对鲜活农产品流通模式的效率评价进行建模。

10.3 研究展望

未来，笔者将在基于"互联网+"鲜活农产品流通模式的创新设计上进一步深化研究，并进一步优化流通效率评价的方法与实证验证。

参考文献

[1] 王山. 智能技术对政府管理的影响研究 [D]. 中国农业大学, 2018.

[2] 李骏阳. 电子商务对贸易发展影响的机制研究 [J]. 商业经济与管理, 2014 (11): 5-11.

[3] 刘明宇, 芮明杰. 价值网络重构、分工演进与产业结构优化 [J]. 中国工业经济, 2012 (5): 148-160.

[4] 工业和信息化部电信研究院. 移动互联网白皮书 [R]. 2011.

[5] 郎为民, 杨德鹏, 李虎生. 新型移动互联网关键技术研究 [J]. 电信快报, 2012 (7): 3-6+25.

[6] 文军, 张思峰, 李涛柱. 移动互联网技术发展现状及趋势综述 [J]. 通信技术, 2014, 47 (9): 977-984.

[7] 李越. 移动互联网技术的发展现状及未来发展趋势探析 [J]. 数字通信世界, 2018 (3): 88+99.

[8] 傅耀威, 孟宪佳. 移动互联网技术发展现状与趋势 [J]. 科技中国, 2017 (12): 60-62.

[9] 罗珉, 李亮宇. 互联网时代的商业模式创新: 价值创造视角 [J]. 中国工业经济, 2015 (1): 95-107.

[10] 李海舰, 田跃新, 李文杰. 互联网思维与传统企业再造 [J]. 中国工业经济, 2014 (10): 135-146.

[11] 谢莉娟. 互联网时代的流通组织重构——供应链逆向整合视角 [J]. 中国工业经济, 2015 (4): 44-56.

[12] 李成钢. "互联网+"视角下的电子商务"价值经济"研究 [J]. 中国流通经济, 2015, 29 (7): 76-81.

[13] 李冠艺, 徐从才. 互联网时代的流通组织创新——基于演进趋势、结构优化和效率边界视角 [J]. 商业经济与管理, 2016 (1): 5-11.

[14] 宋则, 王京. 新时期流通业的发展与经济结构的调整 [J]. 财贸经济, 2002 (11): 25-30.

参 考 文 献

[15] 聂林海. "互联网+"时代的电子商务 [J]. 中国流通经济, 2015, 29 (6): 53-57.

[16] 李飞. 全渠道零售的含义、成因及对策——再论迎接中国多渠道零售革命风暴 [J]. 北京工商大学学报（社会科学版）, 2013, 28 (2): 1-11.

[17] 李帆欢. 基于互联网技术的个性化设备管家系统的设计与实现 [D]. 华南理工大学, 2018.

[18] ITU, ITU Internet Reports 2005: The Internet of Things [R]. Tunis, 2005.

[19] 刘焕舒, 李硕, 郑之国. 基于物联网的结核病实验室设备管理系统设计 [J]. 中国医学装备, 2016, 13 (12): 124-128.

[20] 米永巍, 伍瑞昌, 李怡勇, 张凯, 王威, 李涛. 基于物联网的医疗设备管理体系结构和关键技术研究 [J]. 医疗卫生装备, 2016, 37 (3): 33-36.

[21] 李彦宏. 中国互联网创业的三个新机会 [EB/OL]. http://www.techweb.com.cn/internet/2011-04-12/1016072.shtml, 2011-04-12/2011-04-12.

[22] 雷军. 用互联网思想做任何事情都战无不胜 [EB/OL]. https://tech.qq.com/a/20120511/000345.htm, 2012-05-11/2012-05-11.

[23] 牛志国. 中国企业家俱乐部理事互访TCL站的道农沙龙 [EB/OL]. https://cloud.tencent.com/info/82378a0b0c5739bef57e108620ffb266.html, 2013-11-08/2017-11-21.

[24] 赵大伟. 互联网思维——独孤九剑 [M]. 北京: 机械工业出版社, 2014.

[25] 陈光锋. 互联网思维: 商业颠覆与重构 [M]. 北京: 机械工业出版社, 2014.

[26] 金元浦. 互联网思维: 科技革命时代的范式变革 [J]. 福建论坛（人文社会科学版）, 2014 (10): 42-48.

[27] 金元浦. 互联网思维: 科技革命时代的范式变革 [J]. 中华文化论坛, 2015 (4): 5-11+191.

[28] Zhe Xu. The analysis on the fundamental influence of the internet thinking on the art production [A]. Computer Science and Electronic Technology International Society. Proceedings of 2016 5th International Conference on Social Science, Education and Humanities Research (SSEHR 2016) [C]. Computer Science and Electronic Technology International Society: 2016, 5: 117-121.

[29] 李冠艺. 互联网思维下电商物流创新与传统物流转型 [J]. 商业研究, 2016 (4): 187-192.

[30] 胡国栋, 王琪. 平台型企业: 互联网思维与组织流程再造 [J]. 河北大学学报 (哲学社会科学版), 2017, 42 (2): 110-117.

[31] 王敏. "互联网+"背景下政府治理能力现代化研究 [D]. 中共中央党校, 2018.

[32] Jaffe L. D. Introducing the internet PLUS: a model presentation for trainers [M]. Berkeley, CA: Library Solutions Press, 1996.

[33] 和讯科技. 易观国际董事长 CEO 于扬: 移动互联网应结合行业 [OE/DB]. http://tech.hexun.com/2012-11-14/147950551.html, 2012-11-14.

[34] 陈运平, 黄小勇, 成忠厚, 孙红月. 基于系统基模的"互联网+"驱动传统农业创新发展路径研究 [J]. 管理评论, 2019, 31 (6): 113-122.

[35] 喻琳玲, 陈贻设. 互联网+农村零售发展的现实矛盾及变革路径 [J]. 农业经济, 2019 (7): 131-132.

[36] 刘益, 张旭梅, 但斌. 基于大数据的"互联网+"生鲜农产品数字消费者关系管理策略研究 [J]. 管理现代化, 2018, 38 (4): 71-74.

[37] 但斌, 郑开维, 吴胜男, 邵兵家. "互联网+"生鲜农产品供应链 C2B 商业模式的实现路径——基于拼好货的案例研究 [J]. 经济与管理研究, 2018, 39 (2): 65-78.

[38] 但斌, 郑开维, 邵兵家. 基于消费众筹的"互联网+"生鲜农产品供应链预售模式研究 [J]. 农村经济, 2017 (2): 83-88.

[39] 阮荣平, 周佩, 郑风田. "互联网+"背景下的新型农业经营主体信息化发展状况及对策建议——基于全国1394个新型农业经营主体调查数据 [J]. 管理世界, 2017 (7): 50-64.

[40] 杜松华, 陈扬森, 柯晓波, 蒋瑞新. "互联网+生态农业"可持续发展——广东绿谷模式探究 [J]. 管理评论, 2017, 29 (6): 264-272.

[41] 谢安世. 我国休闲农业发展演进及"互联网+"转型研究 [J]. 经济纵横, 2017 (6): 102-107.

[42] 解春艳, 丰景春, 张可, 薛松. "互联网+"战略的农业面源污染治理效应研究——基于地理空间视角 [J]. 软科学, 2017, 31 (4): 5-8+14.

[43] 单汩源, 李华, 刘小红. 基于TPB理论的"互联网+农产品"众筹影响因素研究 [J]. 科技管理研究, 2017, 37 (2): 235-240.

[44] 朱苗绘, 秦开大. 生鲜农产品拍卖市场服务模式再构——基于"互联

参 考 文 献

网+"的视角 [J]. 学习与实践, 2016 (9): 35-44.

[45] 赵敏. "互联网"对农产品流通效率的影响 [D]. 天津财经大学, 2017.

[46] 沈玉芹. 互联网+三级医院与社区卫生服务中心心脏康复转诊模式解析 [J]. 中国全科医学, 2019, 22 (21): 2548-2550.

[47] 王莉, 付阿丹, 易兰, 杨静, 张娟, 熊莺, 税桂英, 付莎莉. "互联网+"糖尿病健康管理站在2型糖尿病患者管理中的应用 [J]. 中国全科医学, 2019, 22 (15): 1836-1841.

[48] 黄志杰, 张雪姣, 陈宝欣, 周雅, 武卯富, 孙志辉, 于小岑, 肖倩, 郑晓芬, 王家骥, 陈文如, 周志衡. 社区医护人员对"互联网+"慢病管理使用意愿的多水平线性模型研究 [J/OL]. 中国全科医学: 1-6 [2019-07-30]. http://kns.cnki.net/kcms/detail/13.1222.R.20190715.1009.022.html.

[49] 许维青. H公司"互联网+"医疗健康业务的商业模式创新研究 [D]. 浙江工业大学, 2019.

[50] 杨云净. 基于"互联网+"的高血压管理服务模式研究 [D]. 重庆医科大学, 2017.

[51] 朱劲松. 互联网+医疗模式: 内涵与系统架构 [J]. 中国医院管理, 2016, 36 (1): 38-40.

[52] 韩锡斌, 陈明选. 互联网+教育: 迈向职业教育现代化的必由之路——《国家职业教育改革实施方案》(职教20条) 学习启示 [J]. 中国职业技术教育, 2019 (16): 27-31.

[53] 陈丽, 逯行, 郑勤华. "互联网+教育"的知识观: 知识回归与知识进化 [J]. 中国远程教育, 2019 (7): 10-18+92.

[54] 张大良. 谱写"互联网+教育"新篇章 共同开创亚洲高等教育美好未来 [J]. 中国大学教学, 2018 (10): 7-8.

[55] 施珺, 王勇智, 李慧, 汪前进. "互联网+"环境下智慧教育支撑平台的架构研究 [J]. 计算机应用与软件, 2017, 34 (11): 70-73.

[56] 黄炜, 刘璇, 石沛, 李岳峰. "互联网+"背景下的在线教育模式评价研究 [J]. 情报杂志, 2016, 35 (9): 124-129.

[57] 李梅. "互联网+"背景下商业银行经营模式的再造 [J]. 经济问题, 2019 (7): 45-53.

[58] 刘晓艳, 于延良, 栾双军. 谈"互联网+"背景下消费与金融产业的跨界融合 [J]. 商业经济研究, 2019 (12): 39-42.

[59] 马广奇,黄伟丽."互联网+"背景下丝绸之路经济带金融合作:基础、障碍与对策[J].云南财经大学学报,2018,34(9):13-22.

[60] 周斌,毛德勇,朱桂宾."互联网+"、普惠金融与经济增长——基于面板数据的PVAR模型实证检验[J].财经理论与实践,2017,38(2):9-16.

[61] 董玉青."互联网+"如何助力社区居家养老服务——基于SWOT分析视角[J].佳木斯大学社会科学学报,2019,37(3):57-60.

[62] 孙建娥,张志雄."互联网+"养老服务模式及其发展路径研究[J].湖南师范大学社会科学学报,2019,48(3):46-53.

[63] 贾开.从"互联网+"到"智能+"变革:意义、内涵与治理创新[J].电子政务,2019(5):57-64.

[64] 张会平,胡树欣."互联网+政务服务"跨部门数据共享的推进策略研究[J].情报杂志,2018,37(12):168-174.

[65] 吴燕."互联网+智慧养老"发展之路[J].人民论坛,2019(13):76-77.

[66] 吴开松,王昱.城市民族事务互联网+政务服务评价体系研究[J].中南民族大学学报(人文社会科学版),2019,39(1):15-22.

[67] 邹群."互联网+"背景下农产品市场营销策略[J].安徽农业科学,2019(12):231-232+235.

[68] 梁道雷,郑军红,杨聪霞,张心怡.基于"互联网+大数据"服装定制的精准营销研究[J].丝绸,2018,55(10):54-59.

[69] 王娟."互联网+"背景下ZK供电公司电力服务营销策略研究[D].郑州大学,2019.

[70] 杨懋.互联网+时代社群经济引领电商新发展[J/OL].中国建材科技:1[2019-07-30].http://kns.cnki.net/kcms/detail/11.2931.TU.20181024.1105.042.html.

[71] 张旭梅,邓振华,陈旭,吴胜男."互联网+"生鲜电商跨界合作商业模式创新——基于易果生鲜和海尔合作的案例研究[J/OL].重庆大学学报(社会科学版):1-11[2019-07-30].http://kns.cnki.net/kcms/detail/50.1023.C.20181210.1101.004.html.

[72] 雷蕾.基于"互联网+"的我国电商企业发展战略探讨[J].商业经济研究,2018(18):123-125.

[73] 刘举胜,何建佳,齐涛涛,万晨洁,胡祖平."互联网+电商"背景下基于多功能开放型供需网的街区适宜尺度研究[J].资源开发与市场,2017,

参 考 文 献

33（3）：270-275.

[74] 武亮，于洪彦．"互联网+"背景下企业线上与线下的互动融合——动因、模式与发展趋势［J］．企业经济，2017，36（2）：136-142.

[75] 李骏阳．对"互联网+流通"的思考［J］．中国流通经济，2015，29（9）：6-10.

[76] 郭宇．"互联网+"时代重塑我国商贸流通业的探讨［J］．商业经济研究，2016（8）：26-28.

[77] 李东方．"互联网+"时代中国流通组织现代化转型研究［D］．西北大学，2016.

[78] 详细解读：五中全会实施"互联网+"计划 互联网+计划是什么？［J］．农业工程技术，2015（30）：9-12.

[79] 李学工，张峥文．"互联网+流通"下的社区终端网络系统构建［J］．山东工商学院学报，2019，33（3）：97-102.

[80] 胡逸冰．"互联网+"下商贸流通业发展战略分析［J］．商业经济研究，2018（8）：16-17.

[81] 李永伟，彭靖萱，陈安江，邱实．基于"互联网+"的众筹式交通公共基础设施状态信息采集平台的开发［J］．交通工程，2019，19（S1）：10-15.

[82] 张春菊，李冠东，高飞，史超，朱少楠．"互联网+"城市智慧停车模式研究［J］．测绘通报，2017（11）：58-63.

[83] 刁仁群，王伟，李剑．"互联网+交通"背景下交通大数据应用分析［J］．交通企业管理，2017，32（4）：5-8.

[84] 吕林涛，李志勋，吕晖，袁琴琴，高环．一种面向"互联网+"智能交通管理的车辆类型识别方法［J］．现代电子技术，2017，40（13）：184-186.

[85] 白松．基于"互联网+"时代背景下加快东北地区产业转型升级的对策建议［A］．中共沈阳市委、沈阳市人民政府、国际生产工程院、中国机械工程学会．第十六届沈阳科学学术年会论文集（经管社科）［C］．中共沈阳市委、沈阳市人民政府、国际生产工程院、中国机械工程学会：沈阳市科学技术协会，2019：4.

[86] 石喜爱，李廉水，程中华，刘军．"互联网+"对中国制造业价值链攀升的影响分析［J］．科学学研究，2018，36（8）：1384-1394.

[87] 许民利，邹康来，简惠云．"互联网+"环境下考虑消费者行为的资源回收策略研究［J/OL］．控制与决策：1-9［2019-07-30］．https：//doi.org/10.13195/j.kzyjc.2018.0015.

[88] 巫月娥. 互联网+大规模定制顾客品牌价值共创的前因后效研究 [J/OL]. 重庆理工大学学报（社会科学）: 1 - 17 [2019 - 07 - 30]. http://kns.cnki.net/kcms/detail/50.1205.T.20190705.1256.006.html.

[89] 姚锡凡，雷毅，葛动元，叶晶. 驱动制造业从"互联网+"走向"人工智能+"的大数据之道 [J]. 中国机械工程, 2019, 30 (2): 134 - 142.

[90] 许晓彬，杨斌，朱小林. "互联网+"背景下电子废弃物双渠道回收策略研究 [J]. 华中师范大学学报（自然科学版）, 2016, 50 (5): 683 - 688.

[91] 沈苏彬，杨震. 工业互联网概念和模型分析 [J]. 南京邮电大学学报（自然科学版）, 2015, 35 (5): 1 - 10.

[92] 戴克清，苏振，黄润. "互联网+"驱动中国旅游产业创新的效率研究 [J]. 华东经济管理, 2019 (7): 87 - 93.

[93] 王颖，胡燏，张仕海，赵艳玲. 基于互联网+的乡村智慧旅游系统设计 [J]. 电子技术与软件工程, 2019 (13): 34.

[94] 孙雨，白冰，华培凯，张珊珊. "互联网+旅游+金融"背景下旅游企业融资能力研究 [J]. 财会通讯, 2017 (20): 11 - 17 + 129.

[95] 王敏，马纯莉，朱竑. "互联网+"时代下的乡村地方品牌建构——以从化市良口镇三村为例 [J]. 经济地理, 2017, 37 (1): 115 - 122.

[96] 马跃如，余航海. "互联网+"背景下社群旅游的兴起、特征与商业模式构建 [J]. 经济地理, 2018, 38 (4): 193 - 199.

[97] Crowell J. F. Report of the industrial commission on the distribution of farm products [M]. US Government Printing Office, 1901.

[98] Srimanee Y., Routray J. K. The fruit and vegetable marketing chains in Thailand: policy impacts and implications [J]. international Journal of retail & distribution Management, 2012, 40 (9): 656 - 675.

[99] Ahumada O., Villalobos J. R. A tactical model for planning the production and distribution of fresh produce [J]. Annals of Operations Research, 2011, 190 (1): 339 - 358.

[100] 赵锋. 农产品流通效率研究：综述与展望 [J]. 中国流通经济, 2013, 27 (12): 16 - 21.

[101] 任兴洲. 我国鲜活农产品流通体系发展的现状、问题及政策建议 [J]. 北京工商大学学报（社会科学版）, 2012, 27 (5): 1 - 5.

[102] 吕俊杰，孙双双. 城市鲜活农产品冷链物流体系构建研究 [J]. 广东农业科学, 2013, 40 (7): 233 - 236.

参考文献

[103] 孙明明,张辰彦,林国龙,丁一. 生鲜农产品冷链物流配送问题及其路径优化 [J]. 江苏农业科学, 2017, 45 (11): 282-285.

[104] 赵敏敏. 生鲜农产品冷链物流供应链构建及评价研究 [D]. 青岛理工大学, 2016.

[105] 邢鹏超. 保定惠友超市生鲜农产品冷链物流问题研究 [D]. 河北大学, 2015.

[106] 侯朝卿. 电子商务环境下农产品物流模式优化研究 [D]. 首都经济贸易大学, 2017.

[107] 李成林. 山东省鲜活农产品流通模式研究 [D]. 首都经济贸易大学, 2018.

[108] Lee H. L., Whang S. Winning the last mile of e-commerce [J]. MIT Sloan management review, 2001, 42 (4): 54-62.

[109] Rabinovich E., Bailey J. P. Physical distribution service quality in Internet retailing: service pricing, transaction attributes, and firm attributes [J]. Journal of Operations Management, 2004, 21 (6): 651-672.

[110] 赵亚丽. 基于食品供应短链视角的我国农产品流通体系研究 [D]. 安徽财经大学, 2016.

[111] 张闯,夏春玉. 农产品流通渠道:权力结构与组织体系的构建 [J]. 农业经济问题, 2005 (7): 28-35+79.

[112] 涂洪波. 中美日法农产品流通现代化关键指标之比较 [J]. 中国流通经济, 2013, 27 (1): 22-27.

[113] 陈炳辉,安玉发,刘玉国. 我国农产品批发市场升级改造的目标模式与重点选择 [J]. 农村经济, 2006 (5): 107-110.

[114] 赵尔烈. 建议实施"国家公益性农产品批发市场工程" [J]. 市场营销导刊, 2009 (3): 51-52.

[115] 刘小兰. 批发市场交易模式下农产品质量安全研究 [D]. 昆明理工大学, 2014.

[116] Sachan A., Sahay B. S., Sharma D. Developing Indian grain supply chain cost model: a system dynamics approach [J]. International Journal of Productivity and Performance Management, 2005, 54 (3): 187-205.

[117] Valentinov V. L. The organizational nature of agricultural cooperatives: a perspective from the farm problem theory [J]. Journal of Rural Cooperation, 2005, 33 (2): 139-151.

[118] Moustier P., Tam P. T. G., Anh D. T., et al. The role of farmer organizations in supplying supermarkets with quality food in Vietnam [J]. Food Policy, 2010, 35 (1): 69 – 78.

[119] 袁华. 构建以合作组织为纽带的农产品流通渠道 [J]. 科技情报开发与经济, 2005 (5): 140 – 141.

[120] 余晓东. 农产品物流配送模式及配装策略研究 [D]. 内蒙古科技大学, 2010.

[121] 凌宁波, 朱凤荣. 构建由超市主导的生鲜农产品供应链 [J]. 农村经济, 2006 (7): 116 – 118.

[122] 宾幕容, 周发明. 农产品连锁超市经营的经济学分析及推进思路 [J]. 全国商情 (经济理论研究), 2007 (8): 79 + 92 – 93.

[123] 梁海红. 我国鲜活农产品流通模式创新研究 [J]. 安徽农业科学, 2012, 40 (30): 15030 – 15032.

[124] 陈德宝. 农产品流通电商化新模式构建 [J]. 商业时代, 2013 (32): 23 – 24.

[125] 李明, 邱淼, 田洪春, 郭璐, 叶小滢, 黄智刚. "互联网 + 农产品" 模式在农产品批发市场上的应用研究 [J]. 现代农业科技, 2016 (10): 340 – 343.

[126] 李艳菊. 基于国际经验的中国农产品电子商务模式分析 [J]. 世界农业, 2014 (7): 185 – 188 + 212.

[127] 李冬梅. 基于互联网的农产品直营模式构建研究 [J]. 农业经济, 2016 (5): 141 – 142.

[128] 孙群花. 农产品电子商务物流配送体系优化研究 [D]. 成都理工大学, 2015.

[129] 张树梁. 电子商务环境下云配送物流模式研究及其应用 [D]. 重庆大学, 2014.

[130] 薄琳. 生鲜农产品配送中的物流联盟构建研究 [D]. 西南交通大学, 2017.

[131] 刘妍. O2O 模式下生鲜农产品流通渠道分析 [D]. 首都经济贸易大学, 2017.

[132] Rausser G. C., Perloff J. M., Zusman P. The food marketing system: the relevance of economic efficiency measures [J]. 1985.

[133] van Anrooy R. Vertical cooperation and marketing efficiency in the aqua-

culture products marketing chain: a national perspective from Vietnam [C] //Aquamarkets 2003 Conference. Manila, Philippines. 2003: 2 - 4.

[134] 李辉华, 何曙. 我国当前买方市场下的商品流通效率分析 [J]. 山西财经大学学报, 2001 (1): 44 - 46 + 49.

[135] 徐从才, 李颋. 论流通创新与贸易增长方式转变 [J]. 商业经济与管理, 2008 (11): 56 - 61.

[136] 寇荣, 谭向勇. 论农产品流通效率的分析框架 [J]. 中国流通经济, 2008 (5): 12 - 15.

[137] 龚梦, 祁春节. 我国农产品流通效率的制约因素及突破点——基于供应链理论的视角 [J]. 中国流通经济, 2012, 26 (11): 43 - 48.

[138] Mavi H. K., Sidhu R. S., Sidhu J. S. Investigating the efficiency of various marketing models and problems of kinnow growers of Punjab [J]. Agricultural Economics Research Review, 2012, 25 (347 - 2016 - 16904): 87 - 97.

[139] Hameri A. P., Pálsson J. Supply chain management in the fishing industry: the case of Iceland [J]. International Journal of Logistics: Research and Applications, 2003, 6 (3): 137 - 149.

[140] Cadilhon J. J., Fearne A. P., Moustier P., et al. Modelling vegetable marketing systems in South East Asia: phenomenological insights from Vietnam [J]. Supply Chain Management: an international journal, 2003, 8 (5): 427 - 441.

[141] Fearne A., Hughes D. Success factors in the fresh produce supply chain: insights from the UK [J]. Supply chain management: an international journal, 1999, 4 (3): 120 - 131.

[142] Pan C., Kinsey J. D. The supply chain of pork: US and China [R]. 2002.

[143] Jones E. T., Lynch K. A. Nontimber forest products and biodiversity management in the Pacific Northwest [J]. Forest ecology and management, 2007, 246 (1): 29 - 37.

[144] Lindgreen A., Hingley M. The impact of food safety and animal welfare policies on supply chain management: the case of the Tesco meat supply chain [J]. British Food Journal, 2003, 105 (6): 328 - 349.

[145] Palmer C. M. Building effective alliances in the meat supply chain: lessons from the UK [J]. Supply Chain Management: An International Journal, 1996, 1 (3): 9 - 11.

[146] Kliebenstein J. B., Lawrence J. D. Contracting and vertical coordination in the United States pork industry [J]. American Journal of Agricultural Economics, 1995, 77 (5): 1213 - 1218.

[147] Ting S. L., Tse Y. K., Ho G. T. S., et al. Mining logistics data to assure the quality in a sustainable food supply chain: a case in the red wine industry [J]. International Journal of Production Economics, 2014, 152: 200 - 209.

[148] 马凤才. 农产品流通通道与流通效率研究 [D]. 沈阳农业大学, 2008.

[149] 王家旭. 我国农产品流通体系效率评价与优化路径 [D]. 哈尔滨商业大学, 2013.

[150] 刘亚楠. 西部地区农产品物流效率及影响因素研究 [D]. 陕西科技大学, 2017.

[151] 陈金波, 陈向军, 张彩. "农超对接"模式下农户心理契约与农产品流通效率关系机制研究——理论综述与展望 [J]. 商业经济研究, 2017 (3): 180 - 183.

[152] 仲昇. 外生性环境因素对中国农产品物流业技术效率影响作用研究——基于2000~2015年数据的实证分析 [J]. 物流科技, 2018, 41 (9): 18 - 22.

[153] 董承华, 刘国辉. 信息技术提升流通业效率的路径研究 [J]. 北京工商大学学报（社会科学版）, 2013, 28 (2): 31 - 34.

[154] 田乐. "互联网+流通"下的流通效率提升研究 [D]. 安徽财经大学, 2016.

[155] 福井清一. 菲律宾蔬菜水果流通和顾客关系 [J]. 农林业问题研究, 1995: 118 - 118.

[156] Garcia F. A., Marchetta M. G., Camargo M., et al. A framework for measuring logistics performance in the wine industry [J]. International Journal of Production Economics, 2012, 135 (1): 284 - 298.

[157] 姚力鸣. 现代日本流通结构和流通效率及其与欧美的比较 [J]. 日本学刊, 1992 (2): 46 - 56.

[158] 宋则, 张弘. 中国流通现代化评价指标体系研究（之二）[J]. 商业时代, 2003 (14): 4 - 5.

[159] 杨宝宏, 郭红莲, 魏国辰. 提高生鲜农产品流通效率的探讨——深圳"布吉模式"的启示 [J]. 物流技术, 2009, 28 (2): 28 - 30 + 37.

参 考 文 献

[160] 杜红平, 魏国辰, 付建华. 果品流通效率评价指标构建及改善建议 [J]. 商业时代, 2009 (10): 23 + 96.

[161] 涂洪波. 农产品流通现代化评价指标的实证遴选及应用 [J]. 中国流通经济, 2012, 26 (6): 18 – 23.

[162] 王伟新, 祁春节. 我国农产品流通现代化评价指标体系的构建与测算 [J]. 经济问题探索, 2013 (1): 128 – 133.

[163] 李耀华. 基于生态经济视角的农产品冷链物流效率评价研究 [J]. 商业经济研究, 2015 (36): 31 – 32.

[164] Kumar R., Husain N. Marketing efficiency and price spread in marketing of gram (chickpea): a study of Hamirpur district, UP [J]. Indian Journal of Agricultural Economics, 1998, 53 (3): 390.

[165] Chahal S. S., Singh S., Sandhu J. S. Price spreads and marketing efficiency of inland fish in Punjab: a temporal analysis [J]. Indian Journal of Agricultural Economics, 2004, 59 (3): 498.

[166] Athanassopoulos A. D., Ballantine J. A. Ratio and frontier analysis for assessing corporate performance: evidence from the grocery industry in the UK [J]. Journal of the Operational Research Society, 1995, 46 (4): 427 – 440.

[167] Donthu N., Yoo B. Retail productivity assessment using data envelopment analysis [J]. Journal of retailing, 1998, 74 (1): 89 – 105.

[168] Keh H. T., Chu S. Retail productivity and scale economies at the firm level: a DEA approach [J]. Omega, 2003, 31 (2): 75 – 82.

[169] Kuosmanen T. Stochastic nonparametric envelopment of data: combining virtues of SFA and DEA in a unified framework [J]. 2006.

[170] Barros C. P. Efficiency in hypermarket retailing: a stochastic frontier model [J]. The International Review of Retail, Distribution and Consumer Research, 2005, 15 (2): 171 – 189.

[171] 徐良培, 李淑华. 农产品物流效率及其影响因素研究——基于中国2000 – 2011 年省际面板数据的实证分析 [J]. 华中农业大学学报 (社会科学版), 2013 (6): 71 – 79.

[172] 汪旭晖, 文静怡. 我国农产品物流效率及其区域差异——基于省际面板数据的 SFA 分析 [J]. 当代经济管理, 2015, 37 (1): 26 – 32.

[173] 李专, 于爱淼. 中国农产品流通效率的实证分析 [J]. 农业经济, 2016 (8): 131 – 133.

[174] 王彬, 傅贤治, 张士康. 基于综合"DEA-偏好锥"模型的鲜活农产品流通模式效率评价的研究 [J]. 安徽农业科学, 2008 (12): 5176-5181.

[175] 肖艳丽, 冯中朝. 油菜流通效率的影响因素分析 [J]. 安徽农业科学, 2009, 37 (30): 14896-14898.

[176] 杨贵梅, 张克荣, 程向阳, 刘斌. 我国农产品物流发展实力评价指标体系研究 [J]. 阜阳师范学院学报 (自然科学版), 2016, 33 (2): 102-106.

[177] 张浩, 孙庆莉, 安玉发. 中国主要农产品批发市场的效率评价 [J]. 中国农村经济, 2009 (10): 51-57.

[178] 欧阳小迅, 黄福华. 我国农产品流通效率的度量及其决定因素: 2000—2009 [J]. 农业技术经济, 2011 (2): 76-84.

[179] 任艳红. 基于DEA的四川省水产品流通效率评价 [D]. 西南交通大学, 2012.

[180] 孙剑. 我国农产品流通效率测评与演进趋势——基于1998~2009年面板数据的实证分析 [J]. 中国流通经济, 2011, 25 (5): 21-25.

[181] 赵锋, 段风军. 1999~2012年广西农产品流通效率及其演进趋势的实证分析 [J]. 南方农业学报, 2014, 45 (3): 509-514.

[182] 李晓青. 我国农产品流通效率的区域性差异及影响因素分析 [D]. 东北财经大学, 2013.

[183] 赵云龙, 刘恩平, 侯媛媛, 汪汇源. 互联网背景下海南农产品全渠道零售模式研究 [J]. 热带农业科学, 2018, 38 (6): 102-105.

[184] 范宇. 全渠道零售模式下水产品销售与冷链配送的创新研究 [J]. 现代经济信息, 2018 (8): 169-170.

[185] 金琰, 侯媛媛. 海南品牌农产品全渠道零售模式的构建 [J]. 热带农业科学, 2017, 37 (6): 106-109.

[186] 牛鹤燕, 石夔, 朱梦茹. 生鲜农产品全渠道供应链创新运营策略分析 [J]. 经贸实践, 2017 (1): 141.

[187] 徐明. 吉林省农产品全渠道零售模式的构建 [J]. 税务与经济, 2016 (6): 100-105.

[188] 潘冠男. A农产品企业全渠道零售模式构建研究 [D]. 吉林财经大学, 2015.

[189] 吴宇轩. 互联网+背景下农产品流通新模式构建研究 [D]. 首都经济贸易大学, 2017.

[190] 陈民. "互联网+"背景下的都市农产品流通企业商业模式创新研究

参 考 文 献

[D]. 北京交通大学, 2018.

[191] Marsden T., Banks J., Bristow G. Food supply chain approaches: exploring their role in rural development [J]. Sociologia ruralis, 2000, 40 (4): 424-438.

[192] Renting H., Marsden T. K., Banks J. Understanding alternative food networks: exploring the role of short food supply chains in rural development [J]. Environment and planning A, 2003, 35 (3): 393-411.

[193] Ilbery B., Maye D. Retailing local food in the Scottish-English borders: a supply chain perspective [J]. Geoforum, 2006, 37 (3): 352-367.

[194] Chiffoleau Y. From politics to co-operation: the dynamics of embeddedness in alternative food supply chains [J]. Sociologia ruralis, 2009, 49 (3): 218-235.

[195] Alvarez G. Fair trade and beyond: voluntary standards and sustainable supply chains [M] //Delivering Performance in Food Supply Chains. Woodhead Publishing, 2010: 478-510.

[196] 赵玻, 葛海燕. 食品供应短链: 流通体系治理机制新视角 [J]. 学习与实践, 2014 (8): 35-43.

[197] 殷戈. 农户参与食品短链模式影响因素研究 [D]. 南京农业大学, 2016.

[198] 李红卫. 农产品 CSA 流通体系的经济效应分析——基于供应短链视角 [J]. 商业经济研究, 2019 (9): 135-138.

[199] 郭娜, 刘东英. 农产品网上交易模式的比较分析 [J]. 农业经济问题, 2009, (3): 75-80+112.

[200] 骆毅. 我国发展农产品电子商务的若干思考——基于一组多案例的研究 [J]. 中国流通经济, 2012, 26 (9): 110-116.

[201] 赵志田, 何永达, 杨坚争. 农产品电子商务物流理论构建及实证分析 [J]. 商业经济与管理, 2014, (7): 14-21.

[202] 孙炜, 万筱宁, 孙林岩. 电子商务环境下我国农产品供应链体系的结构优化 [J]. 工业工程与管理, 2004, (5): 33-37+41.

[203] Bao L., Huang Y., Ma Z., et al. On the supply chain management supported by e-commerce service platform for agreement based circulation of fruits and vegetables [J]. Physics Procedia, 2012, 33 (1): 1957-1963.

[204] Parker C., Ramdas K., Savva N. Is it enough? Evidence from a natural experiment in India's agriculture markets [J]. Management Science, 2016, 62

(9): 2481-2503.

[205] Verdouw C. N., Vucic N., Sundmaeker H., et al. Future internet as a driver for virtualization, connectivity and intelligence of agri-food supply chain networks [J]. International Journal on Food System Dynamics, 2013, 4 (4): 261-272.

[206] Srivastava H. S., Wood L. C. Cloud computing to improve agri-supply chains in developing countries [M]//Encyclopedia of Information Science and Technology, Third Edition. IGI Global, 2015: 1059-1069.

[207] 王珂, 李震, 周建. 电子商务参与下的农产品供应链渠道分析——以"菜管家"为例 [J]. 华东经济管理, 2014, 28 (12): 157-161.

[208] 赵晓飞, 李崇光. 农产品流通渠道变革: 演进规律、动力机制与发展趋势 [J]. 管理世界, 2012, (3): 81-95.

[209] 刘刚. 基于农民专业合作社的鲜活农产品流通模式创新研究 [J]. 商业经济与管理, 2013, (8): 5-10.

[210] 王胜, 丁忠兵. 农产品电商生态系统——一个理论分析框架 [J]. 中国农村观察, 2015, (4): 39-48+70+96.

[211] 刘振滨, 刘东英. 共享资源视域下的农产品供应链整合研究 [J]. 农村经济, 2015, (1): 44-48.

[212] Renyuan D., Yang L. The researches of agile logistics system of fresh agricultural products based on e-commerce [C]// International Conference on Information Management, Innovation Management and Industrial Engineering. IEEE, 2008: 520-523.

[213] 白桦. 基于"互联网+"的农产品物流发展对策研究 [J]. 中国农业资源与区划, 2016, 37 (3): 176-179.

[214] 剧希. 基于互联网+的优特农产品供应模式再造研究 [D]. 河北师范大学, 2016.

[215] 武沁宇. 我国"互联网+生鲜农产品"宅配业态探析 [J]. 经济纵横, 2016, (6): 76-79.

[216] 但斌, 郑开维, 刘墨林, 邵兵家. 基于社群经济的"互联网+"生鲜农产品供应链C2B商业模式研究 [J]. 商业经济与管理, 2016, (8): 16-23.

[217] 刘助忠, 龚荷英. "互联网+"时代农产品供应链演化新趋势——基于"云"的农产品供应链运作新模式 [J]. 中国流通经济, 2015, 29 (9): 91-97.

参 考 文 献

[218] 马晨，李瑾. 天津市"互联网+农产品流通"发展现状、存在问题与对策 [J]. 中国蔬菜, 2017, (3): 6-12.

[219] Yan B., Wu X., Ye B., et al. Three-level supply chain coordination of fresh agricultural products in the internet of things [J]. Industrial Management & Data Systems, 2017, 117 (9): 1842-1865.

[220] Shen Q., Zhang J., Hou Y., et al. Quality control of the agricultural products supply chain based on "internet +" [J]. Information Processing in Agriculture, 2018, 5 (3): 394-400.

[221] 中华人民共和国农产品质量安全法（2018修订版）[M]. 北京：中国法制出版社, 2018.

[222] Oster Walder A. The business model ontology a proposition in a design science approach [D]. Lausanne: Universite de Lausanne, 2004.

[223] C. Romm, N. Pliskin, R. Clarke. Virtual communities and society: toward an integrative three phase model [J]. International Journal of Information Management, 1997, 17 (4): 261-270.

[224] 田汉. 吉林省农产品营销模式研究 [D]. 长春：吉林大学, 2014.

[225] 陈杨. 技术创新与营销模式转型的互动问题研究 [D]. 哈尔滨：哈尔滨理工大学, 2014.

[226] 王博. 电子商务背景下企业微信营销模式研究 [D]. 哈尔滨：哈尔滨工业大学, 2015.

[227] 陈世清. 中国经济解释与重建 [M]. 北京：北京时代经济出版社, 2009.

[228] 余来文等. 互联网思维：云计算、物联网、大数据 [M]. 北京：经济管理出版社, 2014.

[229] 崔勇. 移动互联网：原理、技术与应用（第2版）[M]. 北京：机械工业出版社, 2018.

[230] 维克托·迈尔-舍恩伯格, 肯尼思·库克耶. 大数据时代 [M]. 杭州：浙江人民出版社, 2013.

[231] Thomas ERL 等. 云计算：概念·技术与架构 [M]. 北京：工业机械出版社, 2014.

[232] 李文军. 计算机云计算及其实现技术分析 [J]. 军民两用技术与产品, 2018, (22): 57-58.

[233] 王雄. 云计算的历史和优势 [J]. 计算机与网络, 2019, 45

(2): 44.

[234] 宋航. 万物互联：物联网核心技术与安全 [M]. 北京：清华大学出版社, 2019.

[235] Seppo Leminen, Mervi Rajahonka, Robert Wendelin, Mika Westerlund. Industrial internet of things business models in the machine – to – machine context [J]. Industrial Marketing Management, 2020, 84.

[236] 华为区块链技术开发团队. 区块链技术与运用 [M]. 北京：清华大学出版社, 2019.

[237] 朱岩, 甘国华, 邓迪, 等. 区块链关键技术中的安全性研究 [J]. 信息安全研究, 2016, 2 (12): 1090 – 1097.

[238] 品途集团, 中国电商委. 2017 中国食品生鲜数字消费者洞察报告 [R]. 2017.11.

[239] 王福. 新零售流通供应链商业模式创新体系构建 [J/OL]. 当代经济管理：1 – 14.

[240] 姜淼, 文泊阳, 黄文一, 刘冠成. 京津冀生鲜农产品流通渠道研究 [J]. 合作经济与科技, 2018 (23): 86 – 87.

[241] 米新丽. 国际视野下批发市场主导型农产品供应链研究 [D]. 河北大学, 2017.

[242] 陈民. "互联网＋" 背景下的都市农产品流通企业商业模式创新研究 [D]. 北京交通大学, 2018.

[243] 焦必方, 方志权. 中日鲜活农产品流通体制比较研究——从生产者到消费者 [M]. 上海：上海财经大学出版社, 2002：65 – 141.

[244] 河北新发地快讯. 河北新发地集团董事长米亚林赴欧洲考察农产品市场发展新模式 [EB/OL]. http://www.sohu.com/a/237418638_711144, 2018 – 06 – 23.

[245] 涂洪波. 中美日法农产品流通现代化关键指标之比较 [J]. 中国流通经济, 2013, 27 (1): 22 – 27.

[246] 纪良刚, 刘东英. 农产品流通的关键问题与解决思路 [J]. 商场现代化, 2011, (32): 9 – 11.

[247] 赵晓萌, 寇尚伟. 厨易时代：源头到终端的专业流通者 [J]. 农经, 2016 (6): 92 – 94.

[248] 张小蓉, 赵敏. 物联网视角下鲜活农产品流通问题及对策探析 [J]. 山西农业科学, 2015, 43 (12): 1693 – 1696, 1714.

参考文献

[249] 赵松岭. 河北省鲜活农产品流通模式优化策略研究 [D]. 河北大学, 2014.

[250] 周强. 我国农产品流通效率及其提升路径研究 [D]. 北京交通大学, 2019.

[251] 薄琳. 生鲜农产品配送中的物流联盟构建研究 [D]. 西南交通大学, 2017.

[252] 王斌, 于淑华. 中国农产品流通发展报告（下）[J]. 中国流通经济, 2009（2）: 14-17.

[253] 安玉发. 中国农产品流通面临的问题对策及发展趋势展望 [J]. 农业经济与管理, 2011（6）: 62-67.

[254] 张浩, 雷有春. 中国农产品流通组织发展趋势展望 [J]. 农业展望, 2015（7）: 70-74.

[255] 王琨. 三维C2B电子商务模式的界定及机理研究 [D]. 中国社会科学院研究生院, 2017.

[256] 戴国良. C2B电子商务的概念、商业模型与演进路径 [J]. 商业时代, 2013（17）: 53-54.

[257] 孙娟, 李艳军. 农业现代化的新方向: 社区支持农业的发展及政策建议 [J]. 农村经济, 2015（8）: 84-88.

[258] 高强, 高桥五郎, 李洁琼. 日本"地产地销"经营模式与农协的作用——以爱知县尾东农协实地调查为例 [J]. 农业经济与管理, 2014（1）: 42-49.

[259] 雷大章. 社群文化、延伸自我与品牌资产建设 [J]. 中国市场, 2020（3）: 11-13.

[260] 刘梦轩. 基于虚拟社群的商业模式研究 [D]. 北京邮电大学, 2018.

[261] 吕家慧. 社群经济视角下二次元社区企业商业模式研究 [D]. 青岛大学, 2018.

[262] Alex Rampell. O2O商务将超越传统电子商务 [EB/OL]. https://tech.qq.com/a/20100811/000333.htm, 2010-08-11/2020-03-02.

[263] 叶开. O2O实践: 互联网+战略落地的O2O方法 [M]. 北京: 机械工业出版社, 2015.

[264] 王其藩. 系统动力学 [M]. 北京: 清华大学出版社, 1994.

[265] 李旭. 社会系统动力学 [M]. 上海: 复旦大学出版社, 2009.

[266] 王其藩, 李旭. 从系统动力学观点看社会经济系统的政策作用机制

与优化 [J]. 科技导报, 2004 (5): 34-36.

[267] 程进, 王伟华, 何祖玉. 基于遗传算法的系统动力学仿真模型研究 [J]. 系统工程, 2002.5, Vol 20 (3): 78-80.

[268] 林文浩. 系统动力学关键参数的遗传算法估计 [J]. 福建农林大学学报 (自然科学版), 2002.9, Vol 31 (3).

[269] 周莹. 基于系统动力学的农产品分销商销售稳定性研究 [J]. 北京农业, 2014 (6): 258-259.

[270] 王婧. 基于 SD 的生鲜农产品双渠道供应链信息共享研究 [D]. 兰州理工大学, 2019.

[271] 孙文健. 基于系统动力学的冷链物流组织模式研究 [D]. 华南理工大学, 2017.

[272] 李燕飞. 基于系统动力学模型的城市生鲜蔬菜配送系统优化研究 [D]. 中南林业科技大学, 2018.

[273] 施建. 基于线上线下融合的生鲜电商渠道系统动力学建模及优化研究 [D]. 江苏大学, 2019.

[274] 姜长云, 洪群联. 2012 年农产品流通政策回顾与评述 [J]. 经济研究参考, 2013 (56): 30-50.

[275] 本刊综合. "绿色通道"政策优化了! [J]. 中国公路, 2019 (18): 28-29.

[276] 曲衍国. 鲜活农产品"绿色通道"的建设与管理 [J]. 综合运输, 2006 (5): 64-66.

[277] 我国鲜活农产品拍卖模式之现状 [J]. 中国拍卖, 2019 (11): 38-43.

[278] 王玉霞. 基于物联网的大连市鲜活农产品营销渠道创新研究 [J]. 对外经贸, 2017 (1): 101-103.

[279] 张诏轩. 我国鲜活农产品流通问题及对策研究 [D]. 河南师范大学, 2018.

[280] 王红莉, 贾晋. 金融支持农产品物流健康良性发展的对策建议 [J]. 农业经济, 2019 (12): 99-100.

[281] 周佳. "互联网+流通"背景下公益性流通基础设施发展对策研究 [J]. 首都经济贸易大学学报, 2019, 21 (5): 22-33.

[282] 王伟. 鲜活农产品流通价值链价值增值机理研究 [J]. 吉首大学学报 (社会科学版), 2019, 40 (S1): 91-94.

[283] 韦汝虹, 方达. "互联网+"背景下农业价值链的构建路径研究

[J]. 农业经济, 2018 (7): 3-5.

[284] 贾楠. 一线 l 补冷链物流短板 河北助农产品进城"最先一公里" [EB/OL]. https://xw.qq.com/cmsid/20191203A0KI1200, 2019-12-03.

[285] 高恺, 孙婧. 乡村振兴战略背景下生鲜电商平台用户再购行为研究 [J]. 江苏科技大学学报 (社会科学版), 2019, 19 (3): 79-87.

[286] 赵艳丽. 移动互联网下特色农产品流通模式现状考察及创新策略——以西南地区为例 [J]. 商业经济研究.

后 记

本书是在 2020 年初春完成的。

这注定是一个难忘的冬春之交。

在这个冬春之交，全国上下齐心协力共同抗击新冠肺炎疫情。笔者和所有人一样，以不给社会、政府和他人添乱为原则，坚持宅在家里修身养性，为抗击疫情做贡献。在个人工作的内容结构及侧重点方面，这个时期笔者也完成了近十年来的一次大调整，可谓神清气爽。

笔者崇尚武侠小说《笑傲江湖》中风清扬"无招胜有招"的至高境界，但深知要达到"无招胜有招"的前提是练通、练熟各门"招数"，将"招数"化为"道"、融入骨髓，才能忘掉"招数"，做到见招拆招。笔者仰慕《天龙八部》中扫地僧默默无闻、静静修炼却在关键时刻救他人于危难之中的至高心态，但笔者深知扫地僧在修心的同时修炼了世上数一数二的武功。笔者的道行离行业中的"风清扬""扫地僧"相差得太远太远。学习风清扬一直在路上，学习扫地僧一直在路上，练招、悟道、修心、修行一直在路上。

怀着这样的心态，笔者把平时在鲜活农产品流通领域吸收的"他山之石"，把平时对鲜活农产品流通行业的理解，把与合作者近两年来对鲜活农产品流通领域的科学研究成果，按照一定的逻辑进行整理，写成了本书。

本书是笔者 2015 年承担的河北省社会科学基金项目研究成果（项目编号是 HB15GL039）。同时，本书得到了河北省高校重点学科建设项目和河北地质大学长城研究项目的资助。在此，对项目资助的单位和领导表示由衷的感谢。

本书是笔者与合作者李美羽博士共同完成的。李美羽博士热衷于用系统论的思想和方法来研究现实中的管理问题，这与笔者习惯的研究思维和研究范式是一致的，多年来合作默契，一直合作至今。

笔者形成本书的基本思路和基本框架，负责前言、第 1 章、第 3 章、第 5 章、第 6 章、第 7 章及第 10 章的撰写任务；李美羽博士负责了第 2 章、第 4 章、第 8 章和第 9 章的撰写任务；最后由笔者统稿。另外，石家庄邮电职业技术学院的高会生老师参与了本书所涉及课题的相关研究。

后　记

河北地质大学商学院院长、硕士生导师苗泽华教授给予本书诸多指导意见，笔者经常找苗泽华教授就本书涉及课题进行讨论，这些讨论常常让笔者茅塞洞开，受益匪浅。在此，向苗泽华教授表示感谢。

河北地质大学商学院本科生辛岩、陈治同、王彬彬，河北富岗食品有限责任公司曲健在本书的资料搜集、文本校对、图表绘制等方面给予了一定的支持，在此，表示感谢。

著名导演谢晋在一次接受采访时说："电影是一门遗憾的艺术。"我在想，科学研究何尝不是遗憾的艺术！也许存有一点点遗憾，才会保持在一个研究领域内持续挖下去的动力。笔者相信与合作者们将会在农产品品牌和商业模式的科研与实战的领域内一直坚持下去。

王成敏

2020 年 3 月于河北石家庄